地方公務員

フレッシャーズ ブック

第6次改訂版

自治研修研究会　編集

ぎょうせい

は　し　が　き

　我が国の行政は、国民の福祉の増進という共通の目的に向けて、国と地方公共団体が相互に協力しながら推進されています。その中で、地方公共団体は、地域における行政を自主的かつ総合的に実施するという重要な役割を広く担っており、また、住民のニーズに即応した行政という見地から、住民に身近な行政はできる限り地方公共団体が担っていくことが期待されています。

　現在の我が国は、長期間経済が低迷し、人口減少・超高齢社会が進展する中、デジタルなど先端技術の発達、激甚化する自然災害、不安定な国際情勢による生活への影響や国民ニーズの多様化などに対応した様々な改革を進めていかなければならないという極めて難しい状況に置かれていますが、このような中で、地域社会及び住民にとって、これからの未来に明るい展望を拓いていくためには、地方分権の推進を図るとともに、公的サービスの中で大きなウエイトを占めている地方行政の質的向上を図っていくことが極めて重要な課題です。

　こうした山積する課題を解決していく上でカギを握るのは、地方行政の担い手である地方公務員の皆さんの意識と行動であると言えます。

　今、この本を手にしているフレッシャーズの皆さんは、これからの地方公務員としての生活に様々な抱負を持っていることと思いますが、今後ますます重要になっていく地方公共団体の仕事を自ら担当していく中で、きっと大きなやりがいを見出されることでしょう。しかし、このように地方公務員に対する期待が大きいということは、他方で、それだけ大きな責任を負うということでもあります。そして皆さんには、地域の住民の期待に応えて、その責任を立派に果たしていけ

るだけの知識や能力を身に付けるために、仕事上の努力と併せて、日々の自己研鑽に励むことが求められます。地方公務員であり続ける限り、幅広い分野にわたって知識や能力を身に付けるため、継続して努力を続ける必要があります。むろん地方公務員になられたばかりの皆さんにいきなり高度な知識や能力を身に付けるように要求することは無理な話ですが、これから知識を身に付けるための基礎となること、特に仕事を始めるに当たってまず知っておかなければならないことは、早い時期にきちんと学んでおくことが重要です。

　この「地方公務員フレッシャーズブック」は、地方公務員になられたばかりの皆さんが必要な基礎知識を学ぶための入門書として編集したものであり、地方公務員として仕事を始めるに当たりまず知っておくべきことをまとめたものです。また、最近の地方分権改革の動向や、昨今の社会経済情勢を踏まえた行政の課題についてもできるだけ触れるように心掛けました。

　最後に、皆さんが公務員人生の第一歩を踏み出すに当たり、適切な道標として本書を活用されることによって、将来の皆さんの一層の御活躍の基礎となることを心からお祈りします。

　　令和５年12月

　　　　　　　　　　　　　　　　　　自治研修研究会

目　　次

第1編

地方公務員となって

は　じ　め　に

　私たちの人生において、職業とはどのような意味を持つのでしょうか。職業は、かつて生業、世過ともいわれました。自分自身が世の中で生きていくための仕事という意味です。「人はパンのみにて生きるにあらず」ということは真実でしょうが、パンがなければ生きられないのもまた厳然たる事実です。しかし、職業の意義は決してそれだけにとどまるものではありません。職業の果たす最も大きな役割は、個人と社会の結び目となるということではないでしょうか。私たちの社会は、いろいろな人間が社会の各種の機能を分担することによって成り立っています。私たちは、職業に就くことを通じて、人間が幸福に暮らせる社会を作るために、それぞれ一定の社会的役割を果たしているわけです。

　また、職業は、私たちの個性や能力の発揮の場でもあります。私たちは職業を通じて社会の発展に寄与すると同時に、自分自身も生きがいを見出し、自己を成長・完成させることができます。つまり、職業は、社会的役割を果たしながら、自己実現を図る場でもあるのです。

　ところで、地方公務員となった皆さんには、民間企業に就職した人と異なった行動規範が要求されています。言うまでもなく、民間企業の場合は、目標は利潤の追求であり、この目標達成のためにそこには大幅な営業活動の自由があります。これに対し、地方公共団体の場合は、住民の福祉の増進を第一義的な目的とし、最少の経費で最大の効果を挙げることを目標に、法律や条例の定めに従って運営されなければなりません。また、地方公務員の地位も、地域住民の信託によるものであり、その権原は地域住民に由来し、その活動の成果は地域住民が享受すべきものです。

　つまり、地方公務員は、納税者である地域住民一般によって、その税金で雇用され、その税金を活用して納税者である地域住民全体の福祉の増進を図るために働くものとされています。そのため、地方公務員については、その地位や職務の特殊性に基づいて、民間企業の場合とは違った服務上の規制が定められています。信用失墜行為の禁止、秘密を守る義務、政治的行為の制限等その具体例については、個別に学ぶ必要があります。

　皆さんが担っている公務は、住民の信託によるものであり、何よりもその廉潔性と公私のけじめとが求められています。公務員について、刑法上汚職に関する厳しい罰則が求められている理由もここにあります。公務員生活スタート時の潔癖な心情と高い志を持続し、絶えず自分の在り方をチェックしながら、最終目的である住民の福祉の増進に向けて、組織の一員として効率的かつ効果的に仕事を進めるよう心掛けましょう。そのことが、ひいては皆さん自身の自己実現に通じることも覚えておいてもらいたいと思います。

　以下では、地方公務員としての基本的心構えや仕事の進め方について述べた上で、フレッシャーズとして仕事を進める上で最初に身に付けておく必要のある接遇や文書事務について、特に章立てをして解説をしたいと思います。

第1章

地方公務員としての心構え

基本的心構え

　フレッシャーズの皆さん、入庁おめでとうございます。新社会人としての生活に期待と不安が入り交じった気持ちでいる人も多いかと思います。

　そのような皆さんに、まず「地方公務員としての心構え」をお話しするのは、ちょっと大げさに感じる方もおられるかもしれません。しかし、皆さんはこれまでの学生・生徒のときとは異なり、組織の一員である社会人として責任ある行動が求められています。さらに、住民の福祉の増進のために働き、住民が負担する税金によって雇用される地方公務員には、民間企業の従業員と異なり様々な服務上の制約があります。

　住民に信頼される職員になるためにも、地方公務員を志した原点を思い出しながら、まずは皆さんに求められる心構えを、自分なりに理解できるまで読んでみてください。

1　地方公務員とは

(1)　全体の奉仕者

　日本国憲法第15条第2項は、「すべて公務員は、全体の奉仕者であつて、一部の奉仕者ではない。」と規定しています。地方公務員法第30条でも、「すべて職員は、全体の奉仕者として公共の利益のために勤務し、且つ、職務の遂行に当つては、全力を挙げてこれに専念しな

ければならない。」と規定しています。公務員となった皆さんは、住民全体の奉仕者として勤務し、常に公務員としての自覚を持って、時代に即応した知識や技能を身に付け、公共の利益のために全力を挙げて仕事に取り組まなければなりません。公務に対する信用を損なうことのないよう、全体の奉仕者としての自覚が必要です。

(2) 住民の福祉の増進

　では、全体の奉仕者としての皆さんは、何を第一義的な目的として仕事に取り組むべきでしょうか。日本国憲法第13条は、包括的人権としての「幸福追求権」を保障していますし、地方自治法第2条第14項は、「地方公共団体は、その事務を処理するに当つては、住民の福祉の増進に努めるとともに、最少の経費で最大の効果を挙げるようにしなければならない。」と規定しています。これらの規定を見ますと、地方公共団体の存立の第一義的な目的は、住民の福祉の増進にあり、地方公務員である皆さんも、住民の福祉の増進を第一義的な目的として仕事に取り組むことが必要といえるでしょう。ただし、公務員は、全体の奉仕者ですから、ここでいう住民の福祉の増進というのも、公共の利益のために勤務し、かつ、職務を遂行することによって、全体としての住民の福祉の増進に努めることであるということは言うまでもありません。

■ 2　公務員としての目標と基本方向

(1) 最少の経費で最大の効果を挙げよう

　住民の福祉の増進を図るに当たっては、皆さんは、自分が担当する仕事には、経費がどのくらいかかり、その経費に見合った効果の挙がる仕事をしているかどうかを考え、更に効率的かつ効果的に仕事を行う方法を日頃から検討する姿勢が大切です。皆さんが行う仕事にかかる経費は、皆さんの人件費も含めて住民の負担によっているもので

す。そうした住民の負担に見合うだけの効果が挙がらないとしたら、真に住民の福祉の増進を図ることも困難です。したがって、皆さんは、常に原価意識、コスト感覚を持つように努め、地方自治法第2条第14項に規定してあるように、「最少の経費で最大の効果を挙げる」ことを目標にすることが必要です。

　そして、このように能率の上がる仕事を進めるためには、公務員倫理に反しないようにすることは当然の前提として、さらに、実際に仕事に取り組むに当たり、その目的、内容、職場の仕事全体の中での位置付けなどを十分に理解しておかなければなりません。その上で、①過去の実績、住民ニーズの現状、将来の見通し等を考慮し、取り組むべき課題、目的・成果目標及び達成方針を検討して、具体的な仕事の計画（作業目標と達成スケジュール）を策定し、②実施に移し、③その過程や結果を評価して、改善を図ることが必要といえましょう。

⑵　能力開発を図ろう

　皆さんが担当する仕事において最少の経費で最大の効果を挙げるには、常に向上心を燃やしながら、必要な能力の開発・伸長に努めることが必要です。また、そのことは、皆さんの自己実現（社会のために能力を開発し、発揮すること）の喜びにもつながり、公務員としての有意義な人生を送ることにも役立つものと思われます。

　このように、能力の開発・伸長とそれを含めた自己実現を図ることは、皆さんのもう一つの重要な目標といえますが、この目標の達成を図るには、①仕事の計画－②実施－③考査（評価・改善）というサイクルを着実に繰り返すことに合わせて、自己啓発を進めていくことが必要です。自己啓発の方法には、読書、講座への参加、e－ラーニングなどの通信教育の受講、テレビ・ラジオ講座の受講、勉強会への参加など、やる気になればいくらでもあります。このような自己啓発は、仕事に役立つだけでなく、皆さんの人生を豊かにすることにもつなが

るものといえますので、いわば自分自身への投資と考え、積極的に取り組んでいただきたいと思います。

第2節　職場等での執務

　住民の福祉の増進を図るため、最少の経費で最大の効果を挙げるようにするとともに、皆さんの能力開発を図るという目標を達成するには、組織全体及び各職場ごとの仕事の運営の仕組みを理解するとともに、それを前提にして、皆さん自身の仕事の目的や内容をよく理解し、①仕事の計画－②実施－③考査（評価・改善）というサイクルを着実に繰り返すとともに、一日一日を大切にしながら仕事を進めていくことが必要です。

　このような組織としての仕事の運営の仕組みや皆さん自身の仕事の進め方については、詳しくは「第2章　職場と仕事」で述べたいと思いますので、ここでは、フレッシャーズである皆さんが登庁したその日から、毎日の仕事においてすぐに必要になる事柄に絞り、一日の流れに沿って心構えを列記します。

　なお、仕事に慣れてくると、往々にしてこうした公務員としての大切な心構えを忘れがちになるものです。皆さんには、是非初心を忘れないようにしていただきたいと思います。

1　出勤

　皆さんが住民の福祉の増進に向けて日々の仕事にあふれる情熱を持って赴き、能率を上げるには、一日のスタートが肝心です。出勤に際しては、次のことを心掛けましょう。

⑴ 服装・身だしなみ

皆さんは、もう学生ではありません。服装や身だしなみにも、次に述べるように、社会人として当然の気配りをしましょう。

① 服装については、常に清潔・清楚で周囲の多くが好感の持てるものにすること。服装がきちんとしていれば、他人に良い印象を与えるだけでなく、自分も気持ちよく仕事ができるからです。そして、そのことは、皆さんの気持ちを引き締めることにもなり、仕事の能率の確保向上にもつながるものと考えられます。

② 髪や爪等は、常に清潔を心掛けること。良い身だしなみは、住民に良い感じを与え、より良い行政サービスにもつながっていくことになるからです。

⑵ 休暇・欠勤の連絡等

常に所在を明らかにしておくことは、組織で働く社会人としての基本です。職場の人達に心配をかけ、組織全体の能率に支障を来すことのないよう、以下のように所在を明らかにしましょう。

① 無断欠勤は、絶対にしないこと。

② 休暇をとるときは、早めに所定の手続をしておき、病気等で当日急に出勤できなくなったときでも、できるだけ本人が職場に連絡すること。

③ 朝出勤せずに直接他を訪問する場合にも、その旨を前日に上司に届け出るようにし、当日になって急に連絡するような事態は避けること。

④ 遅刻をしないように、早めに家を出ること。

2 職場での勤務時間

朝出勤したら、まずフレッシャーズらしく元気に「おはようございます。」と挨拶しましょう。元気よく挨拶を交わすことは、職場全体

を活性化し、能率を上げる基本だからです。そして、勤務時間中は、次のようなことを心掛けながら、最少の経費で最大の効果を挙げられるよう、①定められた仕事の計画に従って、②全力を挙げて職務の遂行に専念するとともに、③時々スケジュールどおり進捗しているかどうかをチェックし、また、仕事の結果を自分で評価するようにしましょう。

(1)　勤務の際の基本的な事項

ⓐ　勤務時間中の公私のけじめ

　公務員である皆さんは、まず公私のけじめをきちんとつけることを忘れてはなりません。勤務時間中に私用の用務を行ったり、職場の物品を私用で使ったりすることは、結果的に住民に損害をもたらすことにもなりますので、公私のけじめをつけることは、能率的に仕事を進める以前の問題です。

ⓑ　勤務時間中の所在

　勤務時間中に皆さんがどこにいるのか分からないと、用事があっても連絡がとれなくなり、組織として能率的に仕事を進める上で支障が出ます。次の点に留意し、常に所在を明らかにするよう心掛けましょう。

　①　席を離れるときは、必ず隣席の人に行き先を告げること。

　②　休憩時間を守ること。

(2)　対人関係における態度

　皆さんは、仕事を進める上で、住民、上司、同僚、その他の仕事の相手方など様々な人と接することになります。ここでは、このような対人関係においてまず心掛けておかなければならないことをお話しします。

ⓐ　住民に対する態度

　住民の方々は、皆さんの態度を通じて役所の行政全体を評価しま

す。応対する公務員の言葉遣いや態度一つで、住民の方々に喜んで
いただけるか、不愉快な思いをさせるかが決まってくることは、フ
レッシャーズであろうとベテラン職員であろうと変わりはありませ
ん。詳細については、「第3章　接遇」でも述べますが、ともかく
公務員の仕事の第一義的な目的が住民の福祉の増進にあることをも
う一度思い出し、以下のことに留意しながら、誠意あふれる公務員
として住民の方々に接することを心掛けましょう。

① 　職場のプロとして、法令や役所の仕組みなどをよく理解し、住
　民が適切かつ公平にサービスを受けられるよう努力すること。

② 　職務上知り得た秘密事項を漏らさず、住民のプライバシーを守
　ること。

③ 　役所の代表という気持ちで相手の方の話をよく聴くこと。

④ 　相手を尊重し、丁寧な言葉遣いを心掛けること。

⑤ 　相手に分かりやすい言葉で話すこと。住民の方々は、皆さんが
　担当する行政の中身について専門知識を持っておられないのが普
　通だからです。もちろん相手がよく知らないからといって、そん
　なことも知らないのかといった態度をとることは論外です。

⑥ 　説明に当たっては、十分納得が得られるまで誠意をもって接す
　ること。

⑦ 　どうすれば住民の方々に喜んでいただけるかを絶えず考え、工
　夫をこらすこと。住民の方々に喜んでいただければ、きっと皆さ
　ん自身も、公務員としての自己実現の喜びを味わえるはずです。

b 上司に対する態度

　皆さんには、職務の遂行に当たって、上司の職務上の命令に従う
義務があります。組織としての目的・目標の達成に向けて、能率よ
く統一性を保ちながら仕事を進めるため、まずは次のようなことに
留意しましょう。

① 　上司の指示の内容をよく聴き、ポイントは、忘れないようにメモをとること。

② 　指示の内容をよく理解するために、分からない点があれば必ず確認や質問をすること。

③ 　常日頃から仕事の要所要所の情報を小まめに報告すること。

c 　同僚に対する態度

　行政の仕事は、一人でできるものではありません。皆さんは、次のようなことに留意しながら、一緒に仕事をする同僚との連絡調整を密にし、組織全体で能率よく仕事を進めることが必要です。

① 　チーム・ワークを大事にし、気軽に何でも相談し、議論しあえる仲間として、いつも変わらず接すること。

② 　職場の全員が気持ちよく仕事ができるように、明るく、はっきりと挨拶や受け答えをするように心掛けること。

③ 　人の和を大切にし、職場のマナーを守ること。

d 　仕事の相手方に対する態度

　仕事では、国や他の地方公共団体の人達など職場外の様々な人と接する機会があります。特に名刺交換や会議に出席する際のマナーとして、次のようなことは、身に付けておきたいものです。

① 　名刺交換に当たっては、

・ 　名刺は、相手方が複数名の場合は役職が上の方から順に交換すること。

・ 　名刺入れは胸のポケットに入れておき、名刺は相手に向けて差し出すこと。

・ 　いただいた名刺は、名前を確認して名刺入れに納めること。

・ 　相手の名前は、できるだけ早く覚えること。

② 　会議への出席に当たっては、

・ 　必要な準備は、事前に十分行うこと。

- ・　発言者の言うことは、まず真剣に聴くこと。
- ・　必要な発言は、積極的に行うこと。
- ・　発言に当たっては、自分だけで時間を独り占めしないように気を付けること。
- ・　重要なポイントはメモをとり、会議の概要は、終了後速やかに上司に報告すること。

⑶　文書事務の留意点

　文書事務は、接遇と並んで皆さんの仕事において大きなウエイトを占めています。詳細については、「第4章　公文書管理・情報公開・個人情報保護」のところで述べますが、ここでは、以下のことを留意点として押さえておきたいと思います。

① 　文書管理規程等をよく読み、それに従うこと。
② 　論理の流れや時間の流れをよく考えて、全体の構成を練ること。
③ 　必要なことを過不足なくポイントを絞って書くこと。
④ 　正確な用語法で、かつ、分かりやすく書くこと。
⑤ 　誤字・脱字に気を付けること。

3　外出時

　仕事の関係で外出をする際は、一般的な執務上の心構えのほか、次のようなことに留意しましょう。

⑴　外出に当たっての所在

　外出に当たっても、次のように所在を明らかにしましょう。

① 　行き先と帰庁の予定時刻を明確にしておくこと。
② 　必要に応じ、出先から状況報告を入れること。

⑵　公用車の使用等

　公用車の使用等に当たっては、次のことに留意しましょう。

① 　公用車を公用以外に使用することを厳に慎むとともに、効率のよ

い公用車の利用に努めること。

② 　公用車、タクシーに乗る場合、原則として、上位者には、運転手の後ろの席に座ってもらい、皆さん自身は、助手席に座ること。

③ 　用務先を去るときには、車の窓を開けて見送りの人に挨拶をすること。

(3) 秘密の保持等

　皆さんには、地方公務員法第34条により、職務上知り得た秘密を漏らしてはならないという義務（これを「守秘義務」といいます。）が課せられています。次のようなことに留意して、秘密の保持等に気を付けましょう。

① 　一歩外へ出たら、仕事に関しての言動は慎重にすること。

② 　特に、他人に会話が聞かれやすい電車、タクシー、飲食店などでは職場の話は避けること。

③ 　重要な書類は、机の上などに放っておかないこと。また、公務以外では外に持ち出さないこと。

4　退庁

　公務員である皆さんは、勤務時間が終了し、退庁したからといって公務員でなくなるわけではありません。以下のようなことを心掛け、公務員としての節度のある態度を守りましょう。

(1) 退庁時の所在

　退庁時においても、次のように所在を明らかにしましょう。

① 　退庁の際は、「お先に失礼します。」等の声をかけて帰ること。

② 　翌日直接他を訪問する等の理由で朝から出勤しないときは、その旨を届け出ておくこと。

(2) 秘密の保持等

　退庁後の秘密の保持等についても、３の(3)で述べたことと同様の注

意を守りましょう。

特に、SNS での発言には十分留意すること。

⑶　信用失墜行為の禁止

勤務時間外であっても、例えば飲酒運転や SNS での不適切な発言など、公務に対する信用を損なうような行為をすることのないようにしましょう。

第3節　職場の人間関係

職場での執務についての心構えは、第2節で述べたとおりですが、職場における仕事は、いわばチームプレーの形をとって行われ、およそ他人と関係なく一人で処理しきれる仕事は、まずないでしょう。加えて、人間は機械ではありません。ある人が他の人に対して持つ感情は、善かれ悪しかれ組織としての仕事に影響を及ぼしてしまうことが多いのです。職場における人と人との関係、すなわち、人間関係が良ければ仕事の能率も向上するでしょうし、また、良好な人間関係を築くということは、皆さん自身の幸福にとっても、重要な要素となるはずです。こうしたことを踏まえ、ここでは、職場の人間関係を良くするための心構えについて述べたいと思います。

1　職場の人間関係の基本

私たちは、「個人の尊厳」を最も重要な原理とする日本国憲法の下で暮らしています。もしこの憲法の理念を尊重するというのなら、まず皆さん自身も、他の全ての人々を個人として尊重することが基本的な生活態度でなければならないはずです。職場の人間関係を良くするために最も大切なことも、まさに全ての人を個人として尊重し、他者

の喜びを我が喜びとすることを人生の基本目標として設定することにあるといえるでしょう。このことは、きれいごとのようにも思えますが、人間には、他の人々の幸福のために能力を開発し、発揮したいという自己実現の欲求があります。そして、このような他の動物には見られない高次の欲求があることが、人間の人間たる所以にもなっています。したがって、人の喜びのために役立つことは、ひいては皆さん自身の自己実現の喜びにもつながるということを知っておいてほしいのです。以上のことを踏まえて、まず職場の人間関係を良くするための最も基本となる原則を紹介したいと思います。

⑴　**人を非難しない**

　人は、全て皆さんと同じように自尊心を持っています。たとえ客観的には自分が悪いと分かっていても、人からそれを指摘されたときに素直に対応することは本当に難しいことです。ですから、皆さんも、他人のあら探しは何の役にも立たず、しかも、自尊心を傷つけられた相手は、結局反抗心を起こすだけで何の解決にもならないことを理解すべきです。人を決して非難せず、仮にどうしても注意をしなければならない場合でも、皆さん自身が決して感情的にならないようにして、相手の自尊心を傷つけないよう、細心の注意を払いましょう。

⑵　**人の長所を誠実に評価する**

　欠点のない人は、一人もいません。誰しも長所と短所を持っています。そして、人には長所を評価してもらい、それを生かしたいという基本的な欲求があります。ですから、人間関係を良くするには、相手の長所を誠実に評価するという態度が必要です。ただし、だからといって心にもないお世辞が何の役にも立たないことは言うまでもありません。あくまで皆さんが常日頃から人の長所に目を向ける努力をし、本当に素直に感じたその人の長所を評価することが大切です。

⑶ 人の立場に身を置く

　人には、それぞれ立場というものがあります。それを無視して自分の都合だけを相手に押し付け、自分の思いどおりに他人を動かそうとしても、うまくいくはずがありません。皆さんも、これから立場の異なる多くの人々とのかかわりの中で仕事をすることになります。まず相手の立場を考慮しながら、皆さん自身の仕事を進めていくよう心掛けましょう。

2　職場で好感を持たれる

　職場の人間関係を良くするには、皆さんがフレッシャーズとして好感を持たれる態度を心掛けることが大切です。このための心構えを列記すると次のとおりですが、これは、好感を持たれようと意図するあまり、過剰なスタンドプレーによって無理に自分を飾って良く見せようとすることを意味するものではありません。一方的な自己主張をするのではなく、人間としての誠実さを基本に据えた素直な態度を心掛けることが、結果として好感を持たれることにつながるということを忘れないようにしましょう。

⑴ 人に誠実な関心を寄せる

　誰しも関心があるのは、他人のことではなく、自分のことです。そして、人は、自分に関心を寄せてくれる人に関心を寄せ、好感を持つものです。ですから、まず皆さんの方から、積極的に挨拶をするなど、人に対して誠実な関心を寄せる努力をすることが、結果的に好感を持たれることにもつながることを心にとめておきましょう。

⑵ 明るい笑顔で接する

　皆さんは、いつもしかめっ面をして不平不満ばかり言っている人と、いつも元気に明るい笑顔で接してくれる人とどちらの人に好感を持つでしょうか。答えは、言うまでもないはずです。喜びにあふれる

笑顔は、人間本来の素直な心の表現です。笑顔を見せることは恥ずかしいとか、かっこ悪いとかいった誤解をしている人がいたら、それは大きな間違いです。皆さんは、フレッシャーズらしく明るい笑顔で周りの人に接しましょう。

⑶　人の名前を尊重する

人は、誰しも自分の名前を大事にしていますし、名前を間違えることぐらいその人に不愉快な思いをさせることはありません。ですから、皆さんも、人の名前を尊重し、できる限り早く正確に覚えるように心掛けましょう。

⑷　聞き手に回る

人は、どうしても自分の価値観で他人を見てしまいます。これに加えて先入観があるときなど、相手の言うことに耳を貸さなくなります。好ましい印象を相手に与えるのに失敗するのは、大抵の場合、このように相手の言うことを注意深く聞かず、こちらの言いたいことだけを一方的にしゃべってしまうことにも原因があるのです。したがって、皆さんは、感情的な好き嫌いを持ち込まず、先入観も持たずに素直な気持ちで相手の言うことに耳を傾け、お互いの意思疎通を良くすることが必要です。また、まず相手の話をよく聞いて、意思の疎通が上手にできれば、たとえ仕事の上で意見が対立することがあっても、意見交換の末、解決策を見出すことが容易になるでしょう。

⑸　相手の関心のありかを知る

人は誰しも、自分の関心のあることについては、楽しく話をすることができますが、逆に関心のないことをいつまでも聞かされても、あまり愉快な気持ちにはなれません。聞き手に回るという基本的な態度に加えて、さらに相手の関心のありかを知り、それを話題にすることも、結果として皆さんが好感を持たれることにつながるでしょう。

⑹　心からほめる

　皆さんの中には、世渡り上手は、お世辞の上手な人であるという誤解をしている人はいないでしょうか。答えは、その逆です。見え透いたお世辞などいつまでも通用するものではありません。これに対して、皆さんが本当にその人の良いと思えるところを口に出していうことは、遠慮する必要はありません。皆さんが日頃から他の人の長所に目を向けるよう努力していた結果思わず口をついて出た言葉が、その人を喜ばすことができれば、その人が皆さんに好感を持ってくれるだけでなく、皆さん自身にも、すがすがしい気持ちが残ることを感じることができるでしょう。

3　職場での信頼関係を確立する

　職場において良い人間関係を築くには、以上のような好感を持たれる態度をとるよう心掛けると同時に、社会人としての節度や基本的なルールを守り、職場の人達との信頼関係を確立することも必要です。

　このため、皆さんは、感情的にならず穏やかに話す、謙虚にふるまう、挨拶をきちんとする、礼儀正しくする、時間やお互いの約束をきちんと守る、職場の決まりを守る、公私のけじめをきちんとつける、自分のミスを指摘されたときに他人のせいにしない、助言を素直に受け取る、人の悪口は言わないといったことなどを心掛け、職場における信頼関係の確立に努めるとともに、それを守っていくよう心掛けましょう。

4　職場外での付き合い

　職場の人との職場外での良好な付き合いも、良い人間関係を作る上で意味があります。

(1)　親睦会

　職場の人との親睦会で主催する旅行、クラブ活動、会合等は、文字どおり互いの親睦を深める機会として活用することができます。なお、お酒の付き合いについては、ほどほどに飲むならば、良い人間関係を作る上でプラスになることもありますが、度が過ぎて翌日の勤務に差し支えたり、皆さん自身の健康に悪い影響を及ぼしたりするようなことは慎みましょう。

(2)　冠婚葬祭等

　冠婚葬祭等の付き合いについても、社会通念上必要とされる範囲内で行っておくことが、お互いの人間関係を作る上でプラスになるでしょう。

第4節　私生活

　公務員である皆さんは、公務員であるが故に、職場だけでなく、私生活においても、一般の方々より公私のけじめをつけた節度ある態度を要求されます。たとえ私生活上のことであっても、住民の福祉の増進という使命を担う公務員にふさわしくない行為をして、その職の信用を傷つけ、又は職全体の不名誉となるようなことがあった場合には、懲戒処分の対象にもなります。同時に、皆さんの私生活は、公務員としての仕事をする上で欠かせない健康の増進を図り、また、幅広く自己研鑽をする場としても重要です。そこで、ここでは、このような私生活上の心構えについて述べたいと思います。

(1)　公私のけじめ

　公私のけじめをきちんとつけるという心構えは、職場を離れた場合でも、しっかりと身に付けておかなければなりません。こうした感覚

が麻痺していくと、最悪の場合には汚職等の非行につながることも考えられます。「これくらい」、「こんなものぐらいは」という気持ちは捨て去ってしまわなければなりません。業者からのお中元やお歳暮も受け取らないように注意し、仮に自宅に届けられてきた場合でも、すぐに上司に報告して返送しましょう。

なお、国家公務員の不祥事が相次いで発覚したことを受け、平成11年8月に国家公務員倫理法が制定されました。多くの地方公共団体でも、職員が遵守すべき職務に係る倫理規程が定められてきました。これらの基準にも留意しながら、自らの行動が住民から見て、公正な職務の執行の観点から、疑惑や不信を持たれないものであるかどうか、常に意識するようにしましょう。

⑵ 節度ある生活

公務員である皆さんは、勤務時間が終わってからも、公務員としての自覚を心の内にしっかりと持っていなければなりません。例えば、飲酒運転は絶対にしないなど、交通安全については、一般の方々以上に常日頃から注意しなければなりません。

⑶ 健康増進

楽しく能率よく仕事をしていく上で、心身の健康の増進に努めることは、非常に大切です。そのため、健康診断を必ず受けるようにするだけでなく、休日等にはスポーツやレクリエーションでストレスを発散させるなど、積極的に心身の健康の保持増進を図るよう心掛けたいものです。

なお、変革の時代といわれるように、変化の激しい時代の真っ只中にいる公務員には、困難な課題であっても正面から取り組めるような積極的な心理状態に自分をもっていくことのできる能力、すなわち、メンタル・タフネスの向上を図ることがますます求められるものと思われます。このためには、まずは効果的にストレス・コントロールで

きるようにすることが基本ですので、睡眠、運動、栄養、入浴といった基本的事項に加え、森林浴、メディテーション、サウンド瞑想法（音楽を活用したストレス解消法）、アロマセラピー、アニマルセラピーなどのリフレッシュ方法や、自律訓練法（自己暗示の練習によって全身の緊張を解いてリラックスする方法）やアンガーマネジメント（怒りを予防し制御するための心理療法プログラム）などの手法から、自分に合ったものを積極的にやってみることも効果的でしょう。

⑷　自己研鑽

　余暇時間を有意義に過ごすには、前にも述べたように仕事に役立つ読書をするなどの自己啓発に努めるほか、幅広い教養を身に付ける努力をし、豊かな人間性を養う自己研鑽に努めることも大切です。これからの皆さんには、こうした自己研鑽を通じて、仕事の面でも私生活の面でも充実した有意義な人生を送られることを期待いたします。

【参考文献】
「明るい公務員講座」岡本全勝　時事通信社
「公務員1年目の教科書」堤直規　学陽書房
「若手公務員が失敗から学んだ一工夫」芳賀健人　ぎょうせい

第2章

職場と仕事

第1節 地方公共団体の仕事を運営する仕組み

　皆さんが地方公務員として勤務するに当たって、まず心掛けておかなければならないことについては、第1章で述べてまいりました。ここでは、皆さんが働く地方公共団体において仕事を運営する仕組みについてお話ししたいと思います。

1　基本的な仕組み

(1)　地方公共団体の仕事とは

　地方公共団体は、健康、環境、経済、家庭生活、安全、学校生活、勤労生活、地域・社会活動、学習・文化活動といった住民のあらゆる生活領域において発生するニーズのうち、行政が対応しなければならないものを課題として選択し、住民の幸福の増進を図るために、健康の確保、環境の保全、産業の振興、地域発展の基盤整備、社会福祉、教育文化の振興、安全な生活の確保、勤労者福祉、まちづくりなどいろいろな事務事業を受け持っています（詳細については、「第3編　地方公共団体の施策と課題」でお話しします。）。

　そして、地方公共団体は、これらの事務事業を民主的かつ能率的に行うために設けられた地方自治制度、地方公務員制度、地方税財政制度といった「地方行財政制度」の下で（詳細については、「第2編　地方行財政制度の仕組み」でお話しします。）、仕事の運営（行政運営）に努め、総合的かつ計画的にそれぞれの事務事業を執行しています。

⑵　行政運営の目的・目標

　それでは、行政運営の第一義的目的は何かといいますと、第1章で
もお話ししましたように、地方公共団体の存立の第一義的目的が「住
民の福祉の増進」にある以上、行政運営に当たっても、これが第一義
的目的になることは言うまでもありません。そして、この目的及びこ
れから派生する様々な分野別の行政目的により良く資するためには、
地方公共団体の行政の民主的かつ能率的な運営を図ることが必要で
す。特に、公務能率の向上を図るためには、次のことが行政運営の基
本的な目標として挙げられます。

🅐　効率性・効果性の向上

　公務能率の向上という場合、まずは「最少の経費で最大の効果を
挙げる」ようにすること（自治法2⑭）が必要であり、これは能率
性の概念として、民主性と並ぶ行政の指導原理とされています。具
体的には、次の二つのことが要請されます。

① 　効率性の向上：労働時間のインプット量に対する仕事のアウト
　　プット量の比の向上

② 　効果性の向上：投入資源のインプット量に対する住民の幸福増
　　進のアウトプット量の比の向上

　すなわち、職員個々人の労働の効率性向上を図ることだけでな
く、住民のために何をスクラップし、何をビルドすべきかという行
政施策の効果性の向上を図ることも、行政運営の目標として挙げな
ければなりません。なぜならば、例えば、住民にあまり利用されな
いような建物をいくら効率的に建設しても、また、効果の薄くなっ
た零細補助金をいくら効率的に交付したとしても、第一義的目的で
ある住民の幸福の増進には役立たないからです。したがって、皆さ
んも、これから仕事を進めるに当たっては、「効率性」と「効果性」
の双方の向上を図ることを行政運営の基本的な目標として念頭に置

いておくことが必要といえるでしょう。

（注）　能率性、効率性、効果性等の用語は、論者によって異なった意味で使用されておりますので、皆さんがこれから自分でいろいろな文献を参照する際には、どのような意味で用いられているかを確認する必要があるといえます。

b　職員の能力の開発・伸長を含む自己実現

　上記のように、効率性・効果性の向上が行政運営の基本的な目標であるとしても、行政の仕事を実際に担うのは、皆さん方一人ひとりの職員です。したがって、一人ひとりの職員がやる気を起こして、仕事に創意工夫をこらし、住民の幸福の増進に資する成果を挙げることを通じて、満足感を得られるようでなければ、効率性・効果性の向上を図ることも困難といえます。このように公務能率の人間的な側面は、効率性・効果性の向上という仕事の側面といわばコインの裏表の関係にあるものといえるのです。

　そして、全て人間は、それぞれの境遇に応じて多少は人生観や価値観を異にしますが、組織に勤務するものにあっては、一般に自己の保有する個性と能力をその職域において最大限に発揮すること、すなわち、「自己実現」を図ることに対する欲求を持っているのではないでしょうか。地方公共団体において公務能率の向上を図るに当たっては、職員のこのような人間的欲求（モチベーション）をしっかり受け止め、育むことが大切です。端的にいえば、各職員が能力の開発・伸長を含む自己実現を果たすことができるようにすることが重要です。

(3)　行政運営の仕組みの基本方向

　上記のような行政運営の目標は、前例踏襲主義、マンネリ化、縦割り行政、行財政構造の硬直化といった言葉で表されるような非能率な行政運営の仕組みによっては達成できないことは言うまでもありません。

図1−1　マネジメント・サイクル

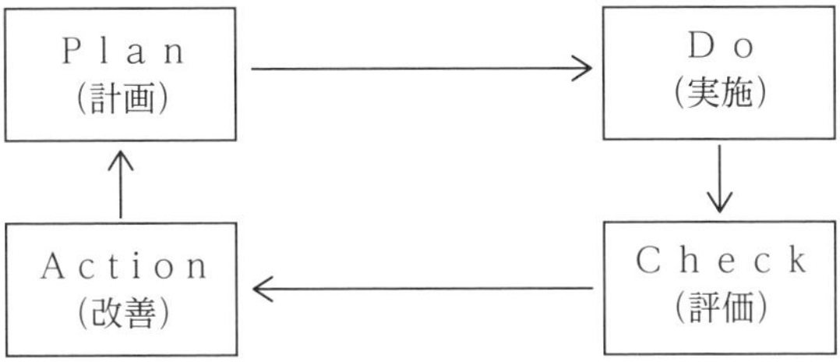

　そこで、効率性・効果性の向上と職員の能力の開発・伸長を含む自己実現を図るには、手続や方法だけでなく、住民の幸福の増進という観点に立った成果をも重視し、職員の人間性の尊重を図ることを基本理念とする能率的な行政運営の仕組みが必要です。それは、基本的には、①計画の策定−②実施−③評価−④改善というマネジメント・サイクルを繰り返す仕組みであることが必要です。計画によって目標を明確にするだけでなく、評価によって目標を効率的かつ効果的に達成できるかどうかを点検し、改善を進められてこそ、効率性・効果性の一層の向上を期することができるからです。

　以下では、こうした基本的考え方を踏まえながら、①組織全体の仕事の運営の仕組みと②各職場の仕事の運営の仕組みとに分けてお話しすることとします。

2　組織全体の仕事の運営の仕組み

　まず、組織全体の仕事の運営の仕組みは、トップによる適切なリーダーシップと企画、人事、財政等のスタッフ部門の補佐の下で、以下のように①総合計画の策定−②実施−③評価−④改善を着実に繰り返すというものになります。

⑴　総合計画の策定（政策形成）

　「計画」とは、前もって何を、いかに、いつ、そして誰がすべきか

を決定することであるといわれています。地方公共団体の仕事においては、まずは将来図を明らかにした「総合計画」を策定することが重要です。

そして、実際には、多くの地方公共団体が、ますます高度化、多様化する住民ニーズに的確に対応するため、基本構想、それを具体化する基本計画や実施計画を総合計画の形にまとめて将来のビジョンを明らかにし、さらに、行政分野別の計画や毎年度の予算等によって、そこに盛り込まれた施策・事務事業の具体化を図っています。このように総合計画は、その地方公共団体の行政運営を方向付ける重要な役割を果たしていますので、皆さんは、以下のようなポイントに留意しながら、自分の勤務する地方公共団体の総合計画の内容を勉強し、皆さんの勤務する地方公共団体の行政がどのような方向に進もうとしているのかを把握しておくことが大切といえます。

ⓐ　基本構想

「基本構想」とは、地方公共団体の将来の振興発展を展望し、これに立脚した長期にわたる地方公共団体の経営の根幹となる構想のことをいいます。この基本構想は、通常はおおむね10年程度の展望を持って策定されるもので、策定に当たっては、次のようなステップを踏むことが合理的であると考えられます。

① 　当該地方公共団体の特性や住民ニーズ（行政素需要）及びその充足状況等の現状を的確に分析するとともに、その将来予測を行った上で、行政として対応すべき行政需要を課題として選定すること。

② 　選定した課題を踏まえて、当該地方公共団体の振興発展の基本目標（将来図）をできる限り具体的に明らかにすること。

③ 　基本目標を効率的かつ効果的に達成することのできる施策を体系的に整理した施策の大綱を作成すること。

b 基本計画

「基本計画」とは、基本構想において定められた目標の達成のため、地方公共団体が直接に実現手段を有する施策の大綱を体系付け、その総量及び根幹的事務事業を示すものです。現在では基本構想と同様に、おおむね5年程度の展望をもって策定されているのが普通です。

c 実施計画

「実施計画」とは、基本構想、基本計画で定められた施策の大綱を具体的化し、詳細事項について補足すると同時に地方公共団体の毎年度の予算編成の指針となるものです。この実施計画については、計画期間を概ね3年程度とし、毎年度ローリング方式により策定することが望ましいといわれています。

d 総合計画の実効性の確保

以上のような総合計画の実効性の確保を図るため、必要に応じて、環境保全計画、老人保健福祉計画、農業振興計画などの「分野別計画」や毎年度の重点施策の概要をまとめた「重点施策大綱」を策定することも有用です。また、毎年度の「予算」の編成も、こうした計画を踏まえて行うことが合理的といえるでしょう。

(2) 実施

総合計画等の「実施」の段階においては、常に組織及び運営の合理化に努めることが要請されています（自治法2⑮）。具体的には、①仕事の集まりとしての組織を形づくる組織化を合理的に行い、②できあがった組織に対して適切に人を配置して研修を実施し、③円滑な連絡調整や④適切な指揮監督の過程を経て、⑤対外的に事務事業の執行をするとともに、⑥財務事務の執行に努めることが求められることになります。

a 組織化

「組織化」とは、一般に、人々が目標の達成に向かって能率的に働くことができるように、職務の体系を設計し、維持することをいいます。実施の段階では、まず総合計画等で定められた施策・事務事業を民主的かつ能率的に実施できるような「組織化」が行われなければなりません。このことは、「組織は戦略に従う」という命題によって表されることがありますが、重要なことは、組織は、一定の共通目的を持っており、組織そのものは、その目的を達成する手段であるということです。共通目的のない集団は、組織とはいえません。いずれにせよ、組織は、皆さんが仕事をする具体的な場所ですので、皆さんは、以下のことを踏まえながら、自分の勤務する地方公共団体において、どのように組織化が図られているかを確認しておきましょう。

① 事務の分配

組織化に当たっては、「事務の分配」の在り方を決めることになりますが、そもそも行政組織は、事務の分配の体系、より厳密にいうと、「職」の分配と集合の体系であるということができます。皆さんの属している組織を思い描いてみてください。部長、課長、係長、主事といった肩書を持った人たちがいます。このような肩書を「職」といい、これが組織を形づくる最小単位になっています。そして、職を果たすための役割が「職務」と呼ばれているものであり、職務を果たす責任が「職責」と呼ばれているものです。

地方公共団体の職の分配と集合ないし事務の分配の在り方を見てみますと、地方公共団体においては、長の権限に属する事務を処理するために部、課、係等の事務分掌組織を定めることとされており、この事務分掌組織については、地方公共団体間の相互のバランスを考え、また、そのいたずらな膨張を防止し、かつ、系統的に組織化

を図るために、最低限の法定事項が地方自治法等の法令で定められていますが、細部については、各地方公共団体の組織条例、組織規則などで定められています。

ア　事務の配分に関する組織原則

ここでは、公務能率の向上を図るため、事務の分配に当たり、まず第一に、踏まえるべき「組織原則」を紹介しておきますと、伝統的組織理論においては、次のようなことがいわれています。

・同じ種類の仕事は、できるだけ一つの組織にまとめるべきであること（専門化の原則）
・職能の細分化や複雑化のしすぎを避けなければならないこと（簡素化の原則）
・管理監督者にとって部下の数が適正であること（監督範囲の原則）
・命令系統がはっきりしていること（命令一元化の原則）

なお、このうち監督範囲の原則は、結果的に、トップを頂点として下へいくほどセクションが多くなるピラミッド型の組織編成を要請することになります。すなわち、管理監督者にとっては部下の数が適正になるよう組織を編成するには、基本的には直接監督する部下の数を一定範囲に止めるピラミッド型にならざるを得ない面があるのです。

イ　基本的部門化

第二に、このような組織原則を念頭においた上で、事務を分配するに当たっての「基本的部門化」の在り方についてお話ししますと、地方公共団体においては、目的、必要とされる技術、対象、地域などを基準に、事務事業を実施するための基本的部門化が図られ、組織条例（事務分掌条例）によって必要な部局が定められております。図1−2に掲げてあるK市行政組織機構図を見ますと、住民の生活の各領域にわたる広範な事務事業に関する部門

図1−2　K市行政組織機構図

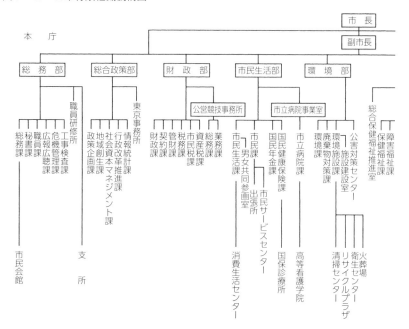

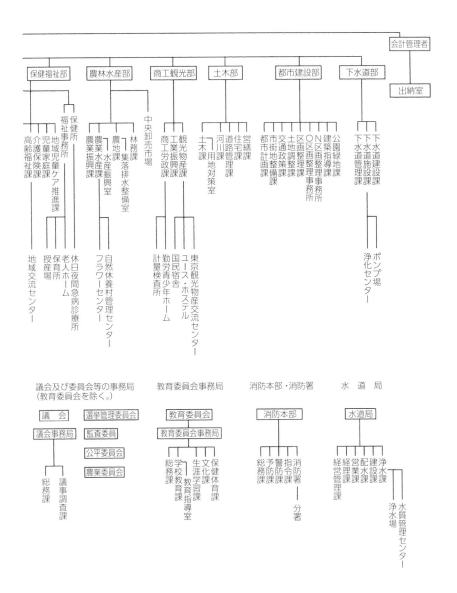

会計管理者

出納室

保健福祉部

農林水産部

商工観光部

土木部

都市建設部

下水道部

福祉事務所
保健所

高齢福祉課
介護保険課
地域家庭課
児童家庭課
地域ケア推進課

地域交流センター
休日夜間急病診療所
授産所
保育所
老人ホーム

農業振興課
農地課
林務課
農業水産振興課
集落排水整備室

自然休養村管理センター
フラワーセンター

中央卸売市場

商工労政課
観光物産課
工業振興課
商工振興課

計量検査所
勤労青少年ホーム
国民宿舎
ユース・ホステル
東京観光物産交流センター

土木課
道路課
河川課
住宅課
営繕課
土木用地対策室

都市計画課
交通政策課
市街地整備課
土地区画整理課
ON区画整理事務所
建築指導課
公園緑地課

下水道管理課
下水道施設課
下水道建設課

ポンプ場
浄化センター

議会及び委員会等の事務局
（教育委員会を除く。）

議会
議会事務局

選挙管理委員会
監査委員
公平委員会
農業委員会

総務課
議事調査課

教育委員会事務局

教育委員会
教育委員会事務局

総務課
学校教育課
生涯学習室
文化課
保健体育課
教育指導課

消防本部・消防署

消防本部

総務課
予防課
警防課
指令課
消防課

分署

水　道　局

水道局

経営管理課
営業課
配水課
建設課
浄水課

水質管理センター
浄水場

の名称が整然と並べられていることに気が付きます。各部門では、その名称に応じた仕事が割り当てられ、実施されています。このように見ると、組織は、いろいろな仕事の集まりであるということができます。また、ただ仕事を集めているのではなく、目的、技術、対象、地域などを基準に、秩序正しく系統付けられていることも特徴です。

　また、組織管理を担当する人事当局は、上記のような基準を踏まえ、各職場（課、室）の管理監督者が部下職員に対して具体的に仕事を割り振る際の目安となる係編制及び事務分掌を組織規則（事務分掌条例施行規則）などによって定めることになります。

ウ　ラインとスタッフ

　第三に、ラインとスタッフの区別についてお話しします。地方公共団体の仕事は、その多くが命令によって行われます。したがって、上司の意思が下までよく伝わらなければなりません。通常行政組織では、トップの意思が上から下へ単一の経路を通って伝達され、各職務の担当者は、ただ一人の直接の上司のみから指揮監督を受けるという組織の形態が採用されています。このような組織を「ライン組織」といい、命令一元化の原則が最も貫かれた組織といえます。ところが、実際の行政組織においては、部長、課長、係長といったライン組織のほかに、主幹、主査、副主査、主任といった職が設けられています。これらの職に従事している人たちは、一定の職務の専門職で、ライン組織の人たちにそれぞれの立場から助言、援助等を行います。このような人たちを「スタッフ」といい、このスタッフを加えた組織を「ライン・アンド・スタッフ組織」といいます。この組織ですと、ライン組織の長所の上に専門家の知識が活用できるという長所を加えることができます。

エ　組織の弾力化

　第四に、公務能率の向上を図るための事務分配の基準について
は、基本的には以上のとおりですが、これらの基準による事務の
分配は、硬直的に考えるべきものではありません。行政組織は、
行政サービスを提供するための手段ですから、行政需要の変化に
応じて、より良い行政サービスを提供できるか、柔軟かつ簡素で
効率的な組織体制の構築を図ることが大切です。近年のように住
民ニーズが多様化、高度化すると、既存セクションや一つのセク
ションだけでは解決のつかない課題も多く生ずるようになります
が、そうした中で公務能率の向上を図っていくには、「組織の弾
力化」を図ることも重要です。近年、図 1 － 3 に示していますよ
うに、責任体制の明確化や意思決定の迅速化を図るため、中間的
なポスト（部次長、課長補佐など）を廃止したフラットな組織づ
くりや機動的な職員の配置を可能にするために、係制を廃止して
グループ制を導入している地方公共団体もあります。また、多く
の分野にまたがる課題の解決を図るため、関係のあるセクション
から必要な専門知識と能力を持った人材を集め、その仕事に当
たってもらうチーム〈プロジェクト・チーム〉を作ることもあり
ます。このように様々な形で組織の弾力化を図ることにより、住
民ニーズに即応することが可能になるのです。

②　権限の割当て

　組織化に当たってもう一つ重要なことは、権限の割当てです。地
方公共団体のトップの権限は、事務を能率的に執行するために、事
務決裁規程（訓令）等によって各部局の長等に割り当てられていま
す。この場合次のようなことが重要な原則とされています。

・割り当てられる権限とこれを行使する責任とのつりあいがとれて
　いること（権限と責任の一致の原則）。

図1-3 組織のフラット化、グループ制の導入

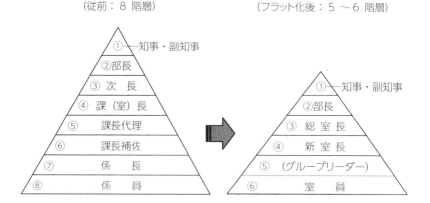

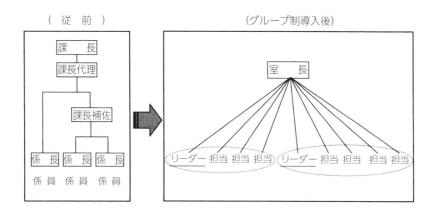

・担当する職務についての権限と責任はできる限り当該職務を担当
する職員に移譲されるべきであること（権限移譲の原則）。

なお、権限移譲の方法としては、権限の全部又は一部を代理者に
行使させる「代理」や権限そのものを他の行政機関に移す「権限の
委任」（事務の委任）が挙げられます。しかし、実務においては、
膨大な件数に上る日常の事務処理のため、事実上権限を代理行使さ
せる「専決」や「代決」の方法も多く用いられています。

b　人事

　組織化が図られたら、次は、組織構造に対して適材適所の人材配置をすることが必要になります。「人事」とは、このように組織体が合目的的に運営されるよう組織構造へ人を配置することであるといわれています。これには定員管理、経歴管理（職務遍歴、任用、研修、人事評価等）、服務規律の確保、勤務条件の管理、福利厚生、安全衛生管理、労使関係の管理等が含まれています。

　特に組織構造に人を配置するという側面についていいますと、地方公共団体においては、知事・市長を頂点とするピラミッド型の組織のそれぞれの職に人が配置されています。部長、課長、課長補佐、係長といった職に就いている人たちがライン組織の人たちです。また、主幹、主査、副主査といった職についている人たちがスタッフの人たちです。

　なお、職員定数については、条例で上限が定められておりますが、昨今の地方行財政をめぐる厳しい状況にかんがみ、最少の職員数で最大の効果を挙げられるよう、適正な定員管理の推進が求められています。

c　連絡調整

　公務能率の向上を図るには、定められた目的・目標の達成に向けて各行政部門の行動の統一をもたらすようにすることも必要です。「連絡調整」とは、このように共通目標の達成に向けて行動の統一をもたらすように、集団的努力を順序よく配列することをいいます。

　この連絡調整の場面で重要なのがコミュニケーションです。これには口頭によるものや文書によるものがあります。地方公共団体においては、「稟議制」と呼ばれる定型化された文書起案の手続を通じて連絡調整がなされ、様々な決定がなされていますので、文書がコミュニケーションの手段の大宗をなしています。このため、文書

取扱規程に基づく適切な「文書管理」が重要になります。

　なお、連絡調整においては、住民の方々を始めとする対外的なコミュニケーションも重要です。

d　指揮・指導（指揮監督）

　地方自治法第154条は、「普通地方公共団体の長は、その補助機関である職員を指揮監督する。」と規定しています。地方公共団体が能率的に仕事を進めるには、トップ等による適切な指揮監督ないし指揮・指導も重要です。「指揮監督」ないし「指揮・指導」とは、部下が組織の諸目標を理解し、それに向かって効率的かつ効果的な貢献をするように導くという対人的側面の職能のことをいいます。

e　事務事業の執行

　地方公共団体における対外的な事務事業は、以上述べてきた連絡調整やトップ等の指揮・指導のような過程を経ながらなされますが、公務能率の向上を図るには、システム化、マニュアル化等を行うとともに、民間委託する方が何より能率的に遂行できる事務事業について、積極的に民間委託を推進することも必要です。

f　財務事務の執行

　一方、歳入管理、歳出管理、契約管理、現金及び有価証券の管理並びに財産管理（公有財産、物品及び債権並びに基金の管理）に係る財務事務については、地方自治法第2編第9章の財務に関する規定に基づいて適正に執行される必要があります。

(3)　評価

　効率的かつ効果的な行政の推進を図るには、行政の実施過程及びその結果について評価をする必要があります。「評価」とは、計画の標準に対し達成度合いを測定し、計画に従って目標が達成されるように計画からの逸脱を是正することをいい、一般には、①評価基準の設定、②実績の評価、③見直し改善の順に行われます。

　地方公共団体における行政評価については、コスト削減、職員の意識改革、成果重視の行政サービスの確立等行政運営の質の向上を導くための有効な手段であり、新しい観点での行政改革を推進する手段の一つとして注目され、多くの地方公共団体で積極的取組が行われています。図1－4及び表1－1のA県の行政評価の流れに示しましたように、これまで個別に行われてきた大規模事業に対する評価や公共施設の評価などから、全体的な評価システムの確立へと展開されようとしていることが見てとれます。今後の地方行政においては、目標に基づいて政策効果の評価がなされ、次期の総合計画や予算への結果のフィードバックがなされるように、行政評価制度の体系的構築が求められます。

3　各職場の仕事の運営の仕組み

　各職場の仕事の運営の仕組みは、組織全体の基本的な方針を踏まえて、管理監督者の適切なリーダーシップの下に、以下のように、①各職場の計画の策定－②実施－③評価を着実に繰り返すというものになります。そして、職員参加によって能率の向上を図ることをねらいとする「目標による管理」の考え方を応用した「職員参加の目標による行政運営」という行政運営手法の推進を図ることが、効率性・効果性の向上と職員の能力の開発・伸長を含む自己実現を図る上で有用であると考えられますので、このことを踏まえながら、各職場において仕事を運営する仕組みについてお話ししたいと思います。

(1)　職場の計画の策定（政策形成）

　まず「計画」の段階では、当該地方公共団体の目標や施策の方向を踏まえ、職員の参画を図りながら、以下のようなステップを踏んで、当該職場の目標、方策及び推進手順を明らかにした職場の計画を策定し、それを作業目標スケジュール表にまとめることになります。

図1－4　A県行政評価の流れ

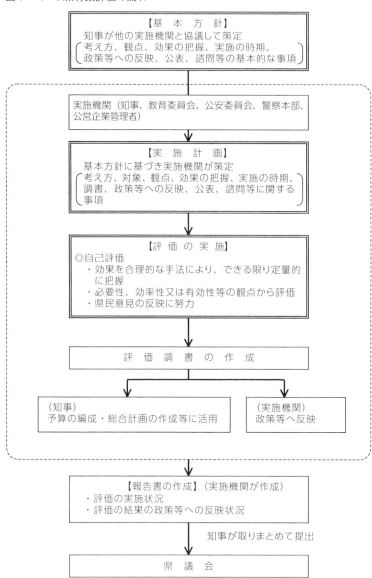

【基　本　方　針】
知事が他の実施機関と協議して策定
（考え方、観点、効果の把握、実施の時期、
　政策等への反映、公表、諮問等の基本的な事項）

実施機関（知事、教育委員会、公安委員会、警察本部、
公営企業管理者）

【実　施　計　画】
基本方針に基づき実施機関が策定
（考え方、対象、観点、効果の把握、実施の時期、
　調書、政策等への反映、公表、諮問等に関する
　事項）

【評　価　の　実　施】
◎自己評価
・効果を合理的な手法により、できる限り定量的
　に把握
・必要性、効率性又は有効性等の観点から評価
・県民意見の反映に努力

評　価　調　書　の　作　成

（知事）
予算の編成・総合計画の作成等に活用

（実施機関）
政策等へ反映

【報告書の作成】（実施機関が作成）
・評価の実施状況
・評価の結果の政策等への反映状況

知事が取りまとめて提出

県　議　会

表1－1　A県行政評価システムの種類

名　称		主たる目的	評価対象
政　策　評　価		政策を構成する施策の優先性の明確化	県総合計画上の21政策
施　策　評　価		施策の効果的推進	県総合計画上の65施策（教育委員会が所掌する5施策を除く）
事業評価	事前評価	事業実施の可能性の検討	普通会計予算上の新規事業（災害復旧事業等は除く）、次年度実施の重点化方針に適合する重点事業
	中間評価	効果的・効率的な事業の推進	以下の普通会計予算の継続事業 ・政策予算に係る事業 ・経常予算に係る事業（一定の施設の管理運営事業等） ・大規模事業　　　　　　　　等
	事後評価	将来の類似事業の企画立案、今後の施設等の効果的な利活用	終了した一定の要件を満たす大規模事業
公共事業継続箇所評　価		事業の中止を含む翌年度事業の推進方向の判断	継続して実施する公共事業で総事業費5億円以上、翌年度以降2年以上継続実施する予定箇所
公共事業再評価		公共事業の効率性及び実施過程の向上	各省庁が定める事業
研　究　評　価		・研究予算等の効率的配分 ・良好な研究開発環境の実現 ・透明性の確保（研究開発に対する県民の理解等の向上）	県立試験研究機関が行う一定の試験研究開発課題

① 当該職場の所管事項について、これまでの経緯を把握し、住民ニーズ及びその充足状況等の現状分析、将来予測、課題の選択を行うこと。

② 選択した課題を踏まえ、目指す目的、成果目標を明確化すること。

③ 成果目標を効率的かつ効果的に達成する方策（達成方針）を検討し、決定すること。

④ 方策を具体化するための作業目標と達成スケジュールを一覧表にまとめた作業目標スケジュール表を作成すること（これが単年度の計画になります。）。

⑤ 計画の実効性を確保するため、関係先との調整等を行い、上司の承認を得ること。

⑵　**実施**

　次に、「実施」の段階では、基本的に職員の「自己統制」に委ね、できる限り権限を委譲し、管理監督者自身は、支援的態度で臨むことが求められますが、要所要所で適時適切なリーダーシップも要請されます。実施の段階の主なステップは、次のとおりです。

①　作業目標を達成するために、必要な役割分担を行い、権限の委譲を図ること。役割分担は、組織規則に定められた係の事務分掌を踏まえ、職場内の事務分掌表に従ってなされますが、より具体的な事務の割り当てについては、前述の作業目標スケジュール表によって行われます。

②　職員の強みを生かした人材配置を行い、作業目標の達成に必要な職場研修を施すこと。

③　作業目標の達成に向けて連絡調整を円滑に行うこと。

④　例外事項や異常事態への対応を含め状況適応的な指揮・指導を行うこと。

⑤　職員自身は、作業目標を踏まえ、自己統制の下に責任を持って事務事業の執行をすること。

⑥　同様に、作業目標を踏まえ、自己統制の下に責任を持って財務事務の執行をすること。ただし、公金の出納に当たっては、管理監督者自身も適切な監督を行うことが求められます。

⑶　**評価**

　さらに、「評価」の段階では、①評価基準の設定、②実績の評価、③見直し、改善の順に行うことになります。この場合、職員による「自己評価」を中心に、上司の評価と突き合わせて話合いを行うこと、目標が達成できなかった場合は、その原因を明らかにするとともに改善に努め、次期の計画に結果をフィードバックさせることが求められます。

効率的・効果的な仕事の進め方

第1節では、地方公共団体の仕事の運営の仕組みのあるべき姿の一例を見てきました。ここでいよいよ皆さん方フレッシャーズの代表として、Ｋ市に今年採用され、農林水産部農業振興課の庶務係に配属された鈴木和夫君という若い職員に登場してもらい、どうすれば組織の一員として、住民の幸福の増進に向けて能率的な仕事ができるか、言い換えれば、どうすれば効率性・効果性の向上を図り、併せて能力の開発・伸長を含む自己実現を図れるような仕事の進め方ができるかを検討することにします。

むろん、若い皆さんには、最初から役所の重要施策の方向を決めるような仕事が任されるわけではありません。中には自分にはもっと大きな仕事ができるのに、なぜこんな仕事しか任せてもらえないんだろうというような思いを持つ人もいるかもしれません。しかし、皆さんは、小さな仕事すらきちんとやれない者に大きな仕事が任せられるはずがないということを忘れてはなりません。ですから、職場で担当する仕事については、図１－１に示したように、①計画を立て、②実施し、③結果を評価して次の計画に反映させるというきちんとした手順を踏みながら、積極的に取り組み、住民の幸福の増進に貢献しましょう。ここでは、皆さんが仕事を進めるに当たってのポイントを①仕事の計画－②実施－③評価の順にお話しすることにいたします。

1 仕事の計画の策定

効率的・効果的な仕事を進めるためには、まずは事務分掌表で自分の仕事の内容を理解し、課や係がどのような仕事をどのようなスケジュールで進めようとしているかなど必要事項を確認した上で、上司

の指示に従い、自分の仕事の「計画」を策定することが必要です。具体的には、合理的な課題解決のステップを経て、仕事の方向を決め、その上で皆さん自身の仕事の単年度計画になる「作業目標スケジュール表」を作って適切に時間管理をすることが肝要です。これが皆さんの仕事を能率的かつ効果的なものにするための中心的な道具になりますので、このような作業目標スケジュール表の作成だけは、面倒がらずに行うようにしましょう。こうすることによって、ムリ、ムダ、ムラなく、時間を有効に活用しながら仕事を進めることができるのです。

　以下、仕事の計画の策定に際して役立つ合理的な課題解決の各ステップと単年度計画としての作業目標スケジュール表の作成方法等についてお話しすることとします。

⑴　合理的な課題解決のステップ

　皆さんは、どのようにすれば効率的・効果的な仕事の計画の策定ができるとお考えでしょうか。もちろん最初は、前任者からどのように仕事を進めたかということをよく聴き、法令の根拠や判断の根拠などを確認し、十分に理解して自分の仕事に生かしていくことが必要です。しかし、今日のように変化の激しい時代においては、前例踏襲で仕事をするだけで、効率的・効果的に仕事を進めることができるとは限りません。また、前例すらないという状況にフレッシャーズといえども直面する可能性があります。このような場合には、上司の指導を仰ぎながら仕事を進めることが必要ですが、同時に皆さん自身も、若いうちから合理的な課題解決のステップを身に付けるよう訓練することが大切です。

　そこで、合理的な課題解決のステップとはどのようなものかといいますと、それは、図１－５に示したように、①自分の仕事に関するニーズの動向等を踏まえて重点的に取り組むべき課題を選定し、②仕事の

図1－5　合理的な課題解決の基本ステップ

	1 現状（展望）と課題		2 目的・目標	3 方策・手順
当該行政分野に係るニーズ	既存の方策によるカバーの状況	未充足のニーズ等の認知→課題の選択・原因分析	財源等に照らして目標水準を決定	①複数の代替案（A案、B案…）を考え、②費用対効果等（良く、速く、楽に、安く）の観点から長所、短所を評価し、③最も効率的かつ効果的に目標を達成できる案を選択。
新規のニーズ		未充足のニーズ	新規目標	｝新たな方策・手順の検討
伸びているニーズ		不十分な充足	充実目標	｝充実策の検討
変化のないニーズ		適度な充足	現行目標	｝現行の方策の推進
縮小しているニーズ		供給過剰	縮小目標（改良目標）	｝縮小の方策・手順の検討（ただし、改良して他のニーズに振り向け得る可能性があれば、改良策を検討）
		ニーズに合致しない部分	スクラップ目標（改良目標）	｝スクラップの方策・手順の検討（ただし、改良して他のニーズに振り向け得る可能性があれば、改良策を検討）

（出典）「職員参加の目標による行政運営―分権の時代の地方公共団体職場活性化マニュアル―」・地方行政活性化研究会編・産業能率大学出版部　40頁

目的・目標を明確化し、③それを達成するための方策・手順を明らかにするというものになります。なぜこのようなステップをたどることが必要かといいますと、①仕事に関するニーズ等の現状（展望）と課題の分析が不十分で、②目的・目標もあいまいなまま、③何かよいア

イデアはないかということで、いきなり特定の方策を検討するといった作業をすれば、結果的に次のような弊害の発生が予想されるからです。

・仕事に関するニーズに適合しているかどうかの検討があまりなされないため、成果の挙がる方策を採用できる保障がないこと。
・ほかに一層効率的かつ効果的に目標を達成できる方策があったとしても、代替案の検討という作業ステップを踏まないため、そうした方策が採用される可能性が少なくなること。

　こうした弊害の発生を防ぐために、皆さんは、はじめに述べたようなステップを念頭に置きながら、①仕事に関するニーズ等の現状（展望）と課題の分析、②仕事の目的・目標の明確化、③方策・手順の検討の順に作業を進め、しかも、方策の検討に際しては、（a）複数の代替案を考え、（b）それぞれについて長所、短所を評価し、（c）その上で最も効率的かつ効果的に目標を達成することのできる案を原案として選択するという作業ステップを踏むことが必要になるのです。

　もちろん多くの仕事は、常軌的な仕事（ルーティン・ワーク）ですので、ちょっとした改善の工夫をするだけで済む場合も多いかと思いますが、それでも一度以下のようなステップを経て、自らの仕事の意味を考えてみることは、フレッシャーズである皆さんにとっても、より良く仕事を進める上できっと役に立つことと思います。

⑵　予備的作業・経緯等の把握

　皆さんは、採用辞令をもらった後、それぞれの課に配属され、課長からどの係の仕事をすることになるかを告げられます。そして、係長から具体的な仕事の割り振りをしてもらい、前任者からの仕事の引き継ぎを受けることになります。この場合、次のようなことが大切です。
①　職場の事務分掌表で分配された仕事の内容、特にこれまでの経緯、仕事の目的・目標、達成方針、作業スケジュール等の必要事項

を前任者からよく聴いて、十分に理解しておくこと。中途半端な理解では満足な成果は挙げられません。また、それでは上司からの質問にも的確に答えられず、上司の期待に応えることもできません。したがって、引き継ぎ中はもちろん、引き継ぎを受けた後も、自分の仕事について十分に勉強しておきましょう。

② そもそもの前提として、配属された課及び係の事務分掌を見て、その職場が果たしている役割を確認するとともに、課及び係の仕事の目的、目標、達成方針、作業スケジュールをよく理解しておくこと。これは、自分の仕事をどの方向へ進めればよいかを決定するのに必要なことだからです。

③ 時間を見つけて、当該地方公共団体がこれまでどのような施策を実施し、どのような方向に進もうとしているかについて、総合計画（基本構想、基本計画、実施計画、総合戦略）、分野別計画（例、環境保全計画、老人保健福祉計画、農業振興計画）、予算などを手掛かりにして勉強しておくこと。このことは、自分の属する職場の仕事が皆さんの地方公共団体の中でどのような位置付けを持っているかを知る上で有用といえるでしょう。

ここで、鈴木君が農業振興課に配属された後どのようにしたかを見てみましょう。4月1日に採用の辞令を受け取った鈴木君は、配属先の農業振興課の上司に付き添われて課長に挨拶をした後、課長から庶務係で仕事をするように命じられ、職場の同僚の人たちに紹介されました。そして、初任者研修を経て職場に戻ってみると、いよいよ初めての仕事が待っていました。渡された事務分掌表を確認すると、鈴木君の担当する主な仕事は、文書の収受保管、物品の調達、市農業振興計画の策定・推進の基礎となる各種調査事務の補助といった事務のほか、K市が後援している農業祭の開催に関する事務の補助でした。鈴木君は、上で述べたような定石に従って、次のようなことを行いまし

た。

① 前任の担当者から引き継ぎを受ける際に、鈴木君は、これまでの経緯、仕事の目的・目標、達成方針、作業スケジュール等の必要事項をよく確認しました。その結果、自分の主に担当する仕事は、地味ではあるけれども、課全体の仕事を円滑に進めるために必要不可欠な仕事であることを理解しました。また、農業祭についても、五穀豊穣を願うだけでなく、K市の農産物のPRを目的とする大切な行事であることを理解しました。

② 鈴木君は、また、農業振興課の事務分掌を確認するとともに、課のスケジュール表によって課全体の仕事の方向を確認しました。

③ 鈴木君は、さらに、K市の基本構想、基本計画や総合戦略の記述、特に農業関係の施策の目標や基本方向に関する記述を読むとともに、K市の現在の農業振興計画なども勉強して、農業振興課の仕事がK市の行政においてどのように位置付けられているかを確認しました。

⑶ ニーズの現状（展望）と課題の分析

効率的・効果的に仕事を進めるには、これまでの経緯を踏まえ、前任者のやったことを十分理解した上で創意工夫をしながら進めることが必要ですが、同時に前述のような合理的な課題解決のステップを踏んで、積極的に課題を発見していくことも大切です。ここでは、皆さんが上司の指導の下で、積極的に課題を発見するのに役立つ分析方法を紹介します。ここの記述は、初めて仕事をする皆さんには、いささか難しいと思いますが、ある程度仕事に慣れてきた段階で改めて読み直し、できることから仕事に応用していくようにすれば、きっと成果を挙げられるようになると思います。

a ニーズ及びその充足状況の現状分析と将来予測

まず、職場で受け持っている仕事に関するニーズ（行政素需要）

及びその充足状況等の現状分析を行います。地方公共団体の第一義的な目的が住民の幸福の増進にある以上、住民が具体的に何を望んでいるかを把握することは、行政として取り組むべき課題を発見するに当たっての出発点といえるからです。

　具体的には、所管の行政分野に係る議会や住民の直接的な要望を把握したり、住民意識調査の結果を分析したりするだけでなく、①当該地方公共団体の特性関係指標（例えば、人口、世帯数、産業別就業者数、行政資源等）、②住民ニーズ関係指標（例えば、民生部門なら65歳以上人口等、土木部門なら道路延長、都市計画区域人口等）、③行政水準関係指標（例えば、民生部門なら特別養護老人ホーム整備率等、土木部門なら道路改良率、下水道普及率等）といった指標を分析し、ニーズ及びその充足状況を間接的ながらも全体的に分析しておくことが、住民の声なき声を聴くという意味で合理的でしょう。また、これらの指標の傾向をつかみ、ニーズ及びその充足状況の将来予測を行うことも大切といえるでしょう。

　特に近年、「確かな根拠に基づく政策立案」（EBPM（Evidence Based Policy Making））の重要性が高まっています。総務省が開設している「e-Stat（https://www.e-stat.go.jp）」では、国勢調査や国民経済計算など政府統計を利用することができます。また、経済産業省・内閣官房が開設している「地域経済分析システム（RESAS）（https://resas.go.jp）」では、各地方公共団体の産業マップの作図や自治体間比較などができます。

　現状分析と将来予測に際しては、こうした国の統計サイトを活用することが有効です。

　鈴木君は、自分の課の仕事や自分の担当する仕事は、どのようなニーズに応えようとするものなのだろうと考えました。そして、職場の先輩にお願いして、農業関係の統計データの見方を教えてもら

い、K市の経営耕地面積、農業就業人口、農家数、農産物の生産量、農業粗生産額、農業所得等の現状を調べました。そして、農業がK市の重要産業であり、今後ともその振興を図っていく必要があることを理解しました。また、自分が直接担当する仕事に関しても、年間の文書収受件数、物品の必要購入数、現行の農業振興計画が策定されてどのくらい経過し、今後改定のためにどのような基礎作業が必要か、毎年の農業祭の参加者数などを調べました。

b　課題の選定

課題の選定に当たっては、以上のような現状分析や将来予測を踏まえ、行政の守備範囲、とりわけ地方公共団体の役割の枠内で、重要性、緊急性、実現性、効果性等の観点に立って、対応すべき行政需要を課題として抽出することが必要になります。そして、特に問題となる事項については、原因を分析しておくことも重要になります。同時に、ニーズの変化等に伴って効果の薄くなった事務作業のスクラップを図ることを取り組むべき課題に加えることにも留意すべきであるといえます。

鈴木君も、庶務係長から今後のK市の農業振興を図っていく上で何が課題になっているかを教わりました。また、自分が直接担当する仕事については、毎年取り組まなければならない常軌的な課題のほかに、K市農業振興計画の改定の準備、農業祭のより一層の活性化などが課題になっていることを把握しました。

⑷　目的・目標の明確化

ニーズ等の現状（展望）と課題を分析したら、今度は、その結果を踏まえ、当該職場の事務事業の目的・目標を明確化するというステップに移ることになります。すなわち、課題の選定だけでは、特定の行政需要に「対応する必要がある」という認識にとどまっていますので、その必要性を受けて「具体的にどう対応すべきか」という方向性を示

す指標としての目的・目標の明確化を図ることが必要になるのです。

a 目的の明確化

「目的」とは、一般に、個人又は組織の求める最終的、長期的な属性をいうものとされています。人は、ともすると方法や手続にのみ注目するあまり、そもそも目的は何だったのかということをあいまいにしたまま仕事を進めることがあります。しかし、目的が不明確であれば、効率的かつ効果的な手段について検討する際の判断の前提を欠くことになるばかりでなく、より効率的かつ効果的な手段についての検討がおろそかになるおそれさえあります。また、目的そのものがニーズの変化によって陳腐化し、妥当性を失っても、惰性的に事務事業が続けられ、なかなかスクラップされないといった弊害の発生さえ考えられます。そこで、効率的・効果的に仕事を進めるには、目的の明確化が極めて重要なステップであるといえます。

それでは、どのように目的の明確化を図ればよいかということが問題になりますが、前述したように、まず地方公共団体の存立の第一義的目的が「住民の福祉の増進」であることは言うまでもありませんので、具体的に問題となるのは、行政分野別の目的をどのように明確化するかということです。この点については、当該行政分野を規律する法律や条例があれば、その目的規定などを参考に明確化を図ることが可能ですが、既存の根拠法令等がないような新しい事務事業については、当該事務事業によって対応しようとするニーズの内容を踏まえて文書化することが合理的といえます。

なお、行政分野別の基本的な目的を例示すると、以下のとおりです。

① 総務……………広報、行財政改革の推進、各部局の調整等
② 民生……………健康で文化的な最低限度の生活を保障すること

等

③　衛生…………………生活環境の保全及び公衆衛生の向上を図ること
　　　　　　　　　　　等

④　労働…………………労働者（勤労者）の福祉の向上と職業の確保を
　　　　　　　　　　　図ること等

⑤　農林水産……………生産性の向上を図ること、従業者の所得の増大
　　　　　　　　　　　を図ること等

⑥　商工…………………生産性の向上を図ること、従業者の所得の増大
　　　　　　　　　　　を図ること等

⑦　土木…………………交通の発達に寄与すること、洪水・高潮等によ
　　　　　　　　　　　る河川災害の発生を防止すること、都市の健全な発展と秩序ある
　　　　　　　　　　　整備を図ること等

⑧　警察…………………個人の生命、身体及び財産を犯罪から保護する
　　　　　　　　　　　こと等

⑨　消防…………………国民の生命、身体及び財産を犯罪から保護する
　　　　　　　　　　　とともに、水火災又は地震等の災害を防除し、及びこれらの災害
　　　　　　　　　　　による被害を軽減すること等

⑩　教育…………………人格の完成を目指し、平和的な国家及び社会の
　　　　　　　　　　　形成者として、真理と正義を愛し、個人の価値を尊び、勤労と責
　　　　　　　　　　　任を重んじ、自主的精神に満ちた心身ともに健康な国民の育成を
　　　　　　　　　　　期すること等

　鈴木君も、食糧・農業・農村基本法などの法律の規定を見て、自分の課の仕事が基本的には農業の生産性の向上を図ること、農業従事者の所得の増大を図ること等を目的とするものであることを理解しました。また、自分の仕事については、文書の適正な管理、物品の適正かつ効率的な管理、農業の総合的かつ計画的な振興、農産物のPRといったことを目的とするものであることを理解しました。

b 成果目標の明確化

　目的が明確になったら、それを踏まえて「目標」の明確化を図ることが必要です。しかし、抽象的な目的だけでは、単なる良き意図かスローガンに終わってしまい、具体的な成果に結び付きにくいといえます。逆に目標が明確になれば、仕事の生産性を高め、質を改善することができると同時に、目標設定の際、本当に必要な事務事業は何かという選択をより効果的に行えるようになり、効果の薄い事務事業のスクラップが図れるようになるため、行政全体としての成果を向上させることができるものと考えられます。また、担当する職員自身にとっても、やる気が出て、能力の開発・伸長につながり、そのことがまた組織全体の目標達成への貢献に結び付くことにもなると考えられるところです。したがって、目標の設定は、仕事を進める上で、まさに要といえるのです。

　なお、直接の成果を表す目標である成果目標については、表1－2に示すように、いくつかの目標項目ごとにできる限り達成基準（目標水準）を明確化することが求められます。このうち「目標項目」とは、数ある課題の中で「どれから」やるかを明らかにするものであり、明確化に当たっては、目標体系を明確にすること、達成期限を決めること、長期と短期のバランスを考えること、優先順位を考えて項目を絞ること等が大切です。また、「達成基準（目標水準）」とは、目標項目ごとに「どれだけ」やればよいかという期待される成果を示すものであり、これを明確化するに当たっては、できる限り整備率（％）といった形で「計量化」を図ること、計量化が困難な場合でも、例えば、「○○地域の森林の通常の管理行為等軽易な行為以外原則として一切手を付けない状態に維持すること」といったように、できる限り成果を客観的に評価しうる程度に具体化すること、努力すれば達成できるものを最適水準で考えること等

表1-2　成果目標の例

分野	目　標　項　目	達成基準（目標水準）
総務	・自治会活動の活性化の条件整備	・人口千人当たり集会施設面積……㎡ ・人口千人当たり広場面積……㎡
民生	・老人福祉施設整備水準の向上 ・在宅福祉サービスの向上	・特別養護老人ホーム設備率……% ・老人保健施設……床 ・デイサービスセンター……箇所
衛生	・医療水準の向上 ・ごみの適切な処理 ・水環境基準の達成 ・生態系の保護保全水準の確保 　　特定植物群落の保護水準の確保 　　森林全体の保全水準の確保	・乳児死亡率の引下げ ・人口千人当たり病院・診療所病床数…床 ・ごみ処理率……% ・再資源化率……% ・BOD、CODの環境基準の達成 ・通常の管理行為等軽易な行為以外は、原則として一切手を付けない状態に維持すること ・森林面積……㎢の確保
労働	・労働時間の短縮 ・勤労者福祉施設整備水準の向上	・年間総実労働時間1,800時間の達成 ・勤労青少年ホーム……箇所
農林水産	・農業基盤の整備 ・林業基盤の整備	・ほ場整備率……% ・農道延長……km ・林道延長……km
商工	・工業の振興 ・観光の振興	・工業団地処分率……% ・年間入り込み観光客数……万人
土木	・道路の整備水準の向上 ・河川の氾濫防御 ・海岸の保全 ・都市公園の整備水準の向上 ・下水道の整備水準の向上	・道路改良済み延長……km ・氾濫防御率……% ・海岸整備率……% ・都市人口一人当たり都市公園面積……㎡ ・下水道普及率……%
警察	・犯罪発生の予防 ・犯罪への適切な対処 ・交通事故防止	・犯罪発生率の引下げ ・検挙率……%以上 ・交通事故死亡者数の引下げ ・信号機設置基数……基
消防	・火災の予防 ・消防力の基準の充足	・火災による死亡者数の引下げ ・消防ポンプ車……台
教育	・義務教育施設整備水準の向上 ・図書館の整備 ・公民館の整備	・児童、生徒一人当たり校舎面積……㎡ ・人口千人当たり蔵書数……冊 ・公民館利用者数……人

（出典）「職員参加の目標による行政運営―分権の時代の地方公共団体職場活性化マニュアル―」地方行政活性化研究会編・産業能率大学出版部　58頁

が大切です。

　この「達成基準（目標水準）」には、どれだけ生み出したかというアウトプット指標とどれだけの効果を挙げたかというアウトカム指標の二つがあります。例えば、道路の整備であれば、アウトプット指標は道路整備延長ですが、本質的な目的の達成度は、それにより渋滞がどれだけ改善したか、あるいは、利便性が向上したかといったアウトカム指標によって評価することができます。当該事務事業が、どのような行政目的の下に行われているのかという観点を持つアウトカム指標は今後重要となってくるといえます。

　鈴木君も、農産物ごとの生産量の目標などK市の農業政策の目標について調べました。また、自分自身の仕事については、文書の正確な収受を図ること、必要な物品を過不足なく保管・提供することのほか、次期の農業振興計画を目標が明確で効果的なものとすること、農業祭の参加者数の増加を図ることが目標であることを把握しました。

(5)　目標達成のための方策の検討

　目標が明確になったら、次は、それらを達成するためにどういう方策（達成方針）がよいかを検討することになります。方策（達成方針）の検討に当たっては、①複数の代替案を考え、②費用対効果等の観点からそれぞれの案の長所・短所を評価し、③最も効率的かつ効果的に目標を達成することができる案を選択し、整理することが必要です。建物の整備の場合を例にとると、年間利用者の目標を建物の耐用年数の間は達成するものと仮定して、利用者一人当たり費用（建設費、運営費等）がいくらになるかを計算すれば、費用対効果の観点からみて妥当な案であるかどうかを具体的に評価する判断材料にすることができるので、その結果を基に実施する案を選択し、整理することになります。

鈴木君も、Ｋ市の農業政策の目標を達成するために、農業振興課がどのような施策を推進しようとしているかについて把握するとともに、自分が直接担当する仕事についても、文書管理の方法、物品管理の方法、計画策定の方法、農業祭の内容等をよく勉強するとともに、創意工夫の余地はないか検討を続けることにしました。

⑹　**作業目標スケジュール表による時間管理**

　目的、成果目標及び（達成方針）が明らかになったら、それらを具体化する手順の検討が必要になります。この場合、具体化のための行動を示した作業目標を明確化するとともに、達成スケジュールの検討を行い、これらを、その年度の単年度計画ともいえる「作業目標スケジュール表」にまとめることが必要です。ただし、現実の実務においては、成果目標や方策（達成方針）が年度当初では確定できない場合も考えられます。この場合は、そうした事項をいつまでに確定するかということを作業目標にすることが有用でしょう。

　なぜこのようなことが必要かといいますと、自分の時間を管理し、絶えず時間の浪費を少なくすることは、意外に難しいことだからです。具体的にいえば、皆さんは、定型的な仕事を行う際に、通常自分が必要とする時間が分かっているでしょうか。文書の読み方、書き方にはロスがなく十分に速いといえるでしょうか。これらが十分でないときには、もちろん速くするよう努力が必要ですが、同時に、作業目標スケジュール表のような道具を活用して、いつまでに何を優先的にやらなければならないかを常に意識し、少しでも余裕があれば、できることを早め早めに前倒しして行いながら、時間を有効に活用することが大切といえるのです。

　鈴木君も、課全体の作業目標スケジュール表に合わせて、自分自身の年間作業目標スケジュール表を図１－６のように作成しました。また、毎月の日程も、図１－７のような様式によって管理し、やらなけ

図1-6 年間作業目標スケジュール表

（基本目的）農業の生産性の向上、農業従事者の所得の増大等

（担当者：鈴木利夫）

区分	目的	作業目標	n年 4月〜12月	n+1年 1月〜3月
文書収受関係	文書事務規定に従って、文書の適正な管理を図ること	文書収受及び受け入れ文書の仕訳	文書収受・仕訳（随時）	
		文書の保存年限・廃棄年次の調整	文書の調整（文書整理簿等に記載）／文書の調整（文書整理簿に記載）	文書の調整（文書整理簿に記載）
		文書の保存・廃棄	保存期間満了文書の廃棄	今年度文書整理
物品管理関係	会計上の諸手続に従った物品（備品・消耗品）の適正かつ効率的な管理を図ること	必要な物品の取得	物品取得計画策定／第1回備品購入／第2回目	第3回目
		物品の適正な会計処理	物品の発注・納入・支払い事務／同左／同左	同左
			物品の点検整理／関係帳簿整理	関係帳簿整理／不用物品の廃棄
農業振興計画関係	市の農業の総合的かつ計画的な振興を図ること	農業振興計画の改定の準備	委員の委嘱／影響調査 連絡会議／1回会議	2回会議 3回会議
		部分開放の対策案の策定	幹事会／幹事会／幹事会	幹事会 策定
		農政関係資料の作成	要綱作成／連絡会議／連絡会議	連絡会議 対策会議 要綱作成
		農業関係の実態の正確な調査	内容検討／照合／とりまとめ 結果公表／［うごき］作業	
農業察関係	五穀豊穣を願うとともに市農産物のPRを図ること	開催事務局の設置と適切な運営	事務局会議 最終会議／次回開催事務局発足会 事務局会議	次回開催決定 会議
		関係者団体との打ち合わせ	打合会 最長打合会／次期関係者団体との引継会／次期関係者団体発足会 広報打合会／打合会 打合会	打合会 打合会
		住民への広報	PR／次回開催市町村との引継会	PR開始 対策会議実施 要覧作成
議会	会		6月定例会／9月定例会／12月定例会	3月定例会
予算	算		補正予算の要求／当初予算の要求／補正予算の要求	補正予算の要求

55

図1-7 月別作業目標スケジュール表

令和n年6月

(担当者：鈴木和夫)

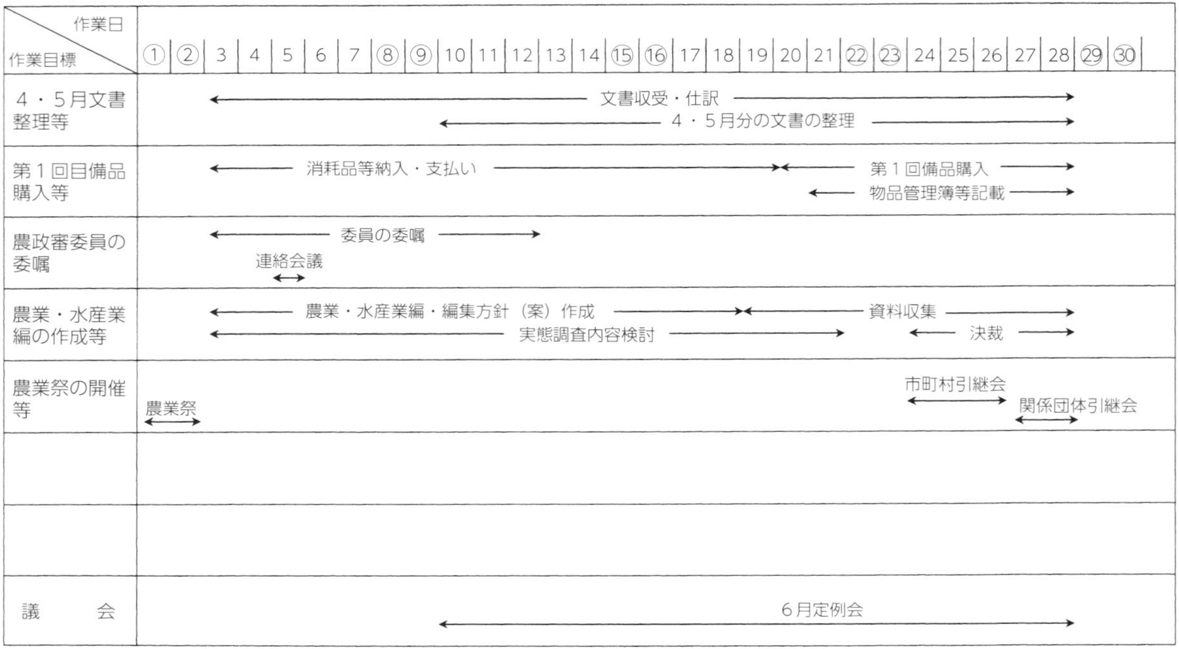

作業日 / 作業目標	作業内容
4・5月文書整理等	文書収受・仕訳 ／ 4・5月分の文書の整理
第1回備品購入等	消耗品等納入・支払い ／ 第1回備品購入 ／ 物品管理簿等記載
農政審査委員の委嘱	委員の委嘱 ／ 連絡会議
農業・水産業編の作成等	農業・水産業編・編集方針（案）作成 ／ 実態調査内容検討 ／ 資料収集 ／ 決裁
農業祭の開催等	農業祭 ／ 市町村引継会 ／ 関係団体引継会
議会	6月定例会

作業日：① ② 3 4 5 6 7 ⑧ ⑨ 10 11 12 13 14 15 ⑯ 17 18 19 20 21 ㉒ ㉓ 24 25 26 27 28 ㉙ ㉚

56　第1編　地方公務員となって

ればならない仕事を漏れなく期限までに果たせるように時間管理をすることにしました。

⑺ 計画の実効性の確保

　以上のように、目的、成果目標及び方策（達成指針）を検討し、具体化のための手順を示す作業目標スケジュール表を作成したら、同僚や関連のある係の人達との調整を行い、上司に報告して承認を受けることになります。

　鈴木君も、自分の作業目標スケジュール表について、同僚や関連のある係の人達との連絡調整を行った後、庶務係長に報告して了承を得ました。

2　実施

　仕事の計画の「実施」の段階においても、地方公共団体の場合、自分だけの判断ですぐ執行できるわけではありません。地方公共団体として、それをするかしないかを、正しく、公平に決定するためには、定められた手続に従うことが必要で、最終的には権限のある上司の判断によって結論が出されるのです。このように、地方公共団体としての結論を出すことを、組織としての意思決定をするといいます。そして、このような意思決定を経て、はじめて対外的に事務事業の執行と財務事務の執行ができることになるのです。

　以下、皆さんがこのような組織としての仕事を実施するための手順についてお話ししたいと思いますが、仕事を実施する上で重要な接遇や文書事務については、「第3章　接遇」のところや「第4章　公文書管理・情報公開・個人情報保護」のところで再度詳しく解説しますので、後で該当箇所をよく読んでください。

⑴ 事務管理の基本

　皆さんが仕事の計画に基づいて事務を行う場合、まずは必要な書類

をきちんとファイルし、整理しておくことが必要です。上司から求められたときに必要な書類がすぐに出ないというのでは、大切な時間のロスにもなります。

　また、DX・デジタル化によって効率化できる部分は極力効率化を図る時代です。皆さんの職場にも様々なシステム、デジタルツールが導入されていると思いますが、一日も早くこれらの使い方の習得に努めることが大切です。

　鈴木君も、早速前任者から引き継いだ書類を事務作業の手順が分かるような形できちんとファイルしました。また、パソコンの操作方法についても、先輩に教わりながら勉強しました。

⑵　**申請・要望等**

　地方公共団体においては、住民の方々からの申請・要望や仕事の関係者からの連絡等によって解決すべき案件が持ち込まれ、事務処理を開始するというケースが多くあります。この場合、皆さんは、相手の人の言うことをよく確認することが大切です。また、持ち込まれた文書については、受付の要件を満たしているかどうかをよく確認した上で、適切な受付手続を踏むようにいたしましょう。

　鈴木君も、仕事で訪ねてこられる人については、相手の話の内容をよく確認するようしっかりとメモを取ることを心掛けるとともに、文書事務の処理要領をよく勉強し、住民の方々や関係者から送られてきた文書を適切に管理するよう注意することにしました。ある日Ｋ市農業協同組合の人が農業祭のことについて文書をもって訪ねてきたときも、鈴木君は、相手とその要件を確認した上で上司である庶務係長に取り次ぎました。

⑶　**上司からの指示**

　解決すべき案件が生じたとき、その案件を自分が担当するときは、素早く責任を持って対応し、他の職員が担当するときには、その職員

に任せること、これが組織で仕事を行う際の第一歩です。また、自分で担当する案件についても、勝手に処理して間違いを起こしたりしないようにすることが大切です。このため、必要に応じて同僚や上司と相談し、上司の指示を仰いだ上で処理しましょう。上司からの指示は、その受け方の善し悪しによって仕事の効率や効果に大きな影響を及ぼすものです。皆さんは、指示された内容をよく理解し、責任を持って仕事を行うために、次のことに心掛けましょう。

① 上司から呼ばれたら、「はい」と気持ちよく返事をし、メモ用紙を持って、すばやく上司のところへ行き、神経を集中して上司の話を聴くこと。

② 仕事の５Ｗ１Ｈを常に念頭に置き、複雑な点はメモをとること。また、不明箇所や重要点は再確認し、指示の核心をつかむこと。

③ 職層を飛び越した上司又は他部門の上役から指示を受けたときは、必ず直属の上司に報告し、了解を得ておくこと。

④ 複数の指示を受けたときは、優先順位を確認すること。

　鈴木君は、Ｋ市農業協同組合の人が帰った後で、庶務係長から「Ｋ市農業協同組合が農業祭を行うに際して、市の後援と、その行事の一つの"子供写生コンクール"の市長賞一名分を出してほしいという依頼があった。君は、農政係の意見を聴いて、これを処理してくれ。」という指示を受けました。鈴木君は、係長の指示の要点についてメモをとるとともに、処理方法について係長に相談した上で、すばやく仕事に取り掛かりました。

⑷　原案の作成と連絡調整

　解決すべき案件については、担当者がそれを処理するための原案を作成することになります。この場合、法令の規定に従うことが必要です。また、難しい課題の解決については、仕事の計画のところで述べた合理的な課題解決ステップの考え方を活用することが役に立つと考

えられます。

　さらに、その仕事が性質上他の係と関連がある場合には、関連のある係へ連絡し、協力を求めておかなければなりません。関連する他の係は、その仕事を別な観点から捉えています。もちろん仕事を担当している者は、その仕事のことをよく知っていることでしょう。しかし、担当者だけの考えで最善の解決が得られるとは限りません。様々な観点から検討する方が、より良い解決が得られるものと考えられます。特に、仕事が動き出してから突然のように協力を求めると、相手は準備不足で協力できないだけでなく、不快に思うことさえあり、もっと前に相談していたら得られたはずの協力も得られなくなることがあります。スムーズに協力を得るには、普段から同僚や他の係の人と情報を交換し合い、お互いに仕事上の立場を理解し合っておくことが大切です。その意味で、良い仕事は、良い人間関係から生まれるといっても過言ではありません。

　鈴木君は、Ｋ市農業協同組合主催の農業祭に市が後援すること及び市長賞一名分を出すことを承諾する旨の原案を作成し、それを持って農業協同組合を指導する農政係の担当者に相談しました。すると、同じ農政係の主任と農政係長に鈴木君の原案を見せて了解をもらってくれたので、鈴木君は、庶務係にもどり、正式に起案することにしました。

⑸　起案と合議

　関係するところとの事前の連絡調整を終え、上司に必要な相談をしたら、正式な「起案」をし、決裁に付することになります。起案とは、事務の処理について決裁権者の決裁を得るための原案を作成することをいい、決裁とは、各決裁権者が回議中の文書について意思決定を行うことをいいます。

　また、役所の仕事は組織で行うものですので、起案した文書につい

ては、必要に応じて関連する部局と「合議」をすることが必要です。合議とは、起案した事案が他の部局にも関連があるとき、起案文書を回付して意思表示を求めることをいいます。

　鈴木君は、起案した文書を庶務係の主任に回しました。ところが、主任は、「鈴木君、この件は、農政係にも合議することになっているよ。」と教えてくれました。そこで、鈴木君は、そのように起案文書を作り直し、庶務係長に説明しました。係長は、何事かを書き加えると、農政係の決裁後課長補佐の机の未決と書かれた箱に入れるように指示しました。鈴木君が不思議に思って尋ねると、係長は、「後援や表彰は、経済部だけで決められる問題ではなく、市全体から見てのバランスをとる必要もあるので、総務部総務課と広報広聴課へも合議するんだ。そのための欄を書き加えたんだよ。決裁を上げるときは、必ず文書管理規程を確認しよう。」と教えてくれました。

⑹　上司の決裁

　組織としての意思決定は、以上のような過程を経て、決裁権のある上司による決裁という形で行われます。しかし、担当者が最初に考えた原案が途中で修正され、最終的な意思決定の内容を見ると、原案とは違う意思決定が決裁権のある上司によってなされることもしばしばあります。このように担当者自身の意見が通った部分があまり多くなかったという場合でも、皆さんは、①「本当は自分の意見が正しいのに向こうの係長も、課長も何もわかっていないんだ。まあしかたがない。上司がやれといったからやろうか。」といった態度をとったり、②口は立派に動かし、他人の行うことを第三者的に批判はするけれど、自分は何一つ具体的な案を考えて実行に移そうとしないといった態度をとったりしてはいけません。

　まず①のような態度をとるのではなく、意思決定に際して関係者と納得がいくまで話し合い、また、上司に対して教えを請うことが大切

です。こうするうちに、他の係・課の考え方や上司の大所高所に立った判断の仕方も理解でき、それを踏まえて更に自分の意見を述べることができるようになります。人の考え方や意思決定の理由を聴こうともせずに、自分の考え方の殻に閉じこもっては、幅広い考え方もできず、およそ住民の幸福の増進につながる仕事ができるとはいえません。また、②のように「評論家」になってしまうのではなく、自分の頭で具体的にどうすべきかをよく考えて案を作り、上司の了解を得て実行に移すような積極的態度をとることが必要です。さもないと、およそ組織の中でチームプレーをしながら課題を解決していくことはできず、また、そうした課題解決能力も身に付かず公務員として働くことに背を向けてしまったといわれることになりかねません。

　鈴木君は、合議の途中で関係する人たちからいろいろな考え方をぶつけられましたが、先輩や上司の助言に従って丹念に話し合い、その結果多少の修正は加わったものの、およそ最初に庶務係長と相談して作成した原案に沿った形で課長の決裁を受けることができました。課長決裁が終了し、文書を総務課へ持って行った翌日、広報広聴課からの連絡があり、課長と庶務係長が内容を説明し、市長の決裁を得ました。こうして、鈴木君の起案した文書は、必要な部署の必要な人たち、権限を持った人達の承認を得て一回りし、再び鈴木君の手元に戻ってきました。ここで初めて鈴木君は、農業祭を後援すること、市長賞を授与することを農業協同組合に伝えることができるようになったのです。鈴木君は、これらの作業を通じて、役所の仕事は、自分だけの判断ですぐ実行できるわけではなく、定められた手続に従い、関係者との連絡調整を行い、最終的には権限のある上司の決裁によって実行できるようになることを身をもって理解しました。言い換えれば、組織としての仕事をするということはどういうことかを学んだわけです。

(7) 事務事業の執行

　決裁が終わったら、起案文書は、文書番号登録、浄書等一連の手続を経て、文書として発送され、対外的な事務事業の執行がなされることになります。皆さんは、職場全体の事務の流れを念頭に置きながら、責任を持って事務事業の執行をすることが必要です。

　鈴木君も、決裁の終わった起案文書を総務課の文書係に持って行き、文書番号登録をした上で、浄書、市長名の文書としてK市農業協同組合宛てに発送し、念のために相手の人に文書を送ったことをメールと電話で連絡しました。

(8) 財務事務の執行

　一方、財務事務の執行についても、各職員が、職場全体の作業目標を念頭に置きながら、地方自治法や地方財政法の規定に従い、責任を持って仕事を進めることが必要です。

　鈴木君も、担当する物品の管理の仕事については、所定の手続をよく勉強し、それに従って、責任を持って適正に行うように努力しました。

3　評価

　仕事の計画の実施過程及び実施結果については、「評価」をすることが必要です。この場合、まずは担当する職員自身が自己評価を行い、次いでその結果を上司に報告して判断を仰ぐとともに、最終的な結果を次期の計画にフィードバックさせることが肝要といえます。こうすることによって初めて事務の改善と能率の向上を期することができるからです。

　このような評価は、次に述べるように、①評価基準の設定、②実績の評価、③見直し、改善の順に行うことになります。

⑴　事中評価と報告

　まず事中評価は、事務事業が完了していない進行中において行う評価ですが、例えば、四半期ごとに定期的に行うほか、必要に応じて随時行うことが効果的です。事中評価に当たっては、第一に、当初定めた達成スケジュールを原則的な評価基準にしますが、年度途中で新たな課題が発生すれば、随時検討することになります。第二に、実績の評価は、基本的には事務事業が達成スケジュールどおりに進捗しているかどうかで行います。第三に、達成スケジュールどおりに進捗していない事務事業については、改善策を考えたり、場合によっては作業目標スケジュール表のローリングを行ったりすることが必要です。

　また、仕事の進捗状況については、必要な事項をその都度上司に報告することも非常に大切です。報告は、上司が物事を判断する大切な情報源です。部下からの適時適切な報告があってこそ、上司も組織としての仕事を適切に管理することができますし、また、皆さんも、上司の信頼を得ることができるのです。報告に当たっては、次のようなことに留意しましょう。

①　適切な時期に報告すること。時機を失した報告は、ほとんど役に立ちません。早い機会に時と場所を考えて報告し、特に悪い情報は早めに報告して、対策が立てられるようにする必要があります。

②　必要な内容を正確かつ正直に報告すること。正確さは、報告にとって最も基本的に要求されることです。正しく事実をつかみ、情報（資料）の出どころをはっきりさせて報告しなければなりません。また、自分が失敗して上司に話したくないことでも、正直にその旨を報告しておくことが必要です。さもないと、あとで取り返しのつかないことにもなりかねません。

③　結論から先に話すこと。上司がまず知りたいのは、その仕事が結局どうなったかです。途中経過が詳細に過ぎたり、やたらと物語風

では時間の浪費です。

④　表現は分かりやすく、要点をつかんで簡潔にすること。報告は、口頭の場合と文書による場合とがありますが、どちらにしても、自分にしか分からない言葉や学生用語、俗語などを使ってはいけません。

⑤　事実を中心として主観を入れずに報告すること。客観的な事実なのか担当者の主観なのかが区別できないと、上司が判断する際の情報として不適切です。

⑥　報告は効果的に行うこと。内容が複雑な場合や数字などはメモ等を準備して行うと良いでしょう。

⑦　長時間かかるものは、適宜中間報告すること。途中で修正や調整をすることによって、良い結果を生むことがあるからです。

⑧　報告内容が十分であったかどうかの確認をすること。十分でなかった場合は、再度情報を確かめて、すぐに報告することが必要です。

　鈴木君は、自分の仕事については、スケジュール表のとおりに進捗しているかどうかを自分で評価し、自分で仕事を管理するように心掛けていました。ところが、鈴木君は、農業協同組合に文書を発送した一週間後、庶務係長に呼ばれて、報告を求められました。「その後どうなっているの。」という係長の言葉には、少しの苛立ちが入っているのが感じられました。鈴木君は、決裁後メールと電話で連絡を取ったこと、農政係の主任と農業協同組合を訪問したこと、そのとき市長賞候補者が二人になるらしいと聞いたことなど、その経過を一生懸命説明しました。聞き終わった係長は、ニコッと笑うと、鈴木君に、報告は一つの仕事が終わったときに行うのが原則だが、今度のように長くかかるとき、また、当初の方針では仕事が困難になったときなどの場合は、すぐに報告するようにと指導を行い、上に述べたような報告

に当たっての留意点を教えてくれました。鈴木君は、熱心にメモをとりながら係長の話を聴き、今後報告を行うに当たっての自分自身の指針とすることにしました。

⑵　事後評価と報告

　次に、事後評価は、事務事業が完了した場合又は年度が終了した場合に行う評価で、作業目標等に照らして行われます。事後評価に当たっては、第一に、当初又は年度途中に定めた作業目標等を原則的な評価基準にすることになります。第二に、実績の評価は、基本的には、作業目標等に照らして、期待以上、期待どおり、期待以下の三段階程度を目安に行うこととし、達成できなかったものについては、原因を検討することになります。この場合、事務の品質管理（QC）の手法（例：特性要因分析図、パレート図）を用いて分析することも有用です。第三に、上記の実績の評価を基に改善案を考え、結果を次期の計画にフィードバックさせることになります。皆さんも、このようにして、不要な事務のスクラップを行うことも含め、仕事のムリ、ムダ、ムラの廃止をすることが大切です。

① 　ムリ　無理な仕事をしても、効果を挙げることはできません。
② 　ムダ　無駄な仕事があれば非効率であることは言うまでもありません。
③ 　ムラ　正確さに欠けたのでは、そもそも良い仕事をしたとはいえません。

　また、評価結果の上司への報告についても、⑴で述べたようなことに留意しながら、適時適切に行うことが非常に大事であるといえます。

　鈴木君は、年度末を迎え、自分の仕事の中でもう少し改善できるようなことはないか振り返ってみることにしました。すると、農業振興計画に関連する基礎作業として毎年度農産係と一緒に行っている各種

調査事務において、コンピュータに入力する際にエラーが非常に多く、これが調査事務を効率的に遂行する上でネックになっていることに気が付きました。そこで、鈴木君は、いつか研修で習った事務の品質管理（QC）の手法を早速応用してみることにしました。まず図1－8のような「特性要因分析図」を用いて、エラーの原因は何か、どの要因がどのように関連しあっているかを体系的に分析しました。すると、担当者が事務作業手順に習熟していないことやコンピュータに入力する以前の調査表の検収段階で効果的なチェックができていないことなどがエラーの要因になっているらしいことが分かりました。また、いくつかの調査表を無作為に抽出し、図1－9のような「パレート図」を用いて、それらの調査表ごとに発生したエラーの件数を調べて棒グラフ化し、エラーの多い表の順に並べ、それを累積曲線で結びました。すると、06表、05表及び04表の三つの表をチェックするだけでも、発生するエラーの87％を防止することができることが分かりました。これらの実績評価の結果を基に、事務手順をフローチャートに示して誰でも分かるようにすること、特にエラーの多い表を重点

図1－8　エラーの特性要因分析図

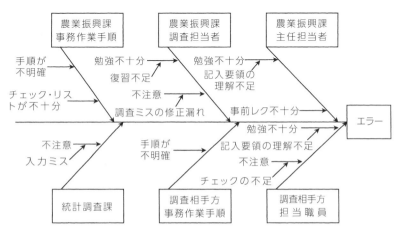

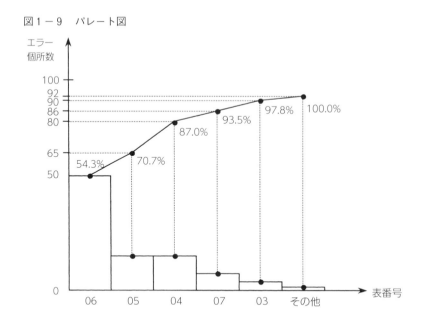

図１−９　パレート図

的にチェックするようにチェックリストの改定を行うことといった改
善策を作り、先輩や上司に相談しました。そして、上司だけでなく、
一緒に仕事をする農産係の人たちからも賛同を得られたのを受けて、
次年度の仕事の計画に反映させることにしました。

　以上、効率的・効果的な仕事の進め方についてお話ししてきまし
た。皆さんも、これまでお話ししてきたことを参考にしながら、自分
の担当する仕事で成果を挙げられるよう創意工夫をしてみましょう。

第3章

接　遇

第1節　接遇の基本

1　接遇とは

　「対応が横柄だ」、「口のきき方がなっていない」、「不親切だ」等々。これが私達に聞こえてくる役所や公務員に対する大方の評価です。ときどき、新聞の投書欄に「役所で大変親切な応対をしていただきました。感謝するとともに役所に対する印象が変わりました。」というような記事が出ると、人の目を引いたりするのも、その裏返しともいえます。このような声に対して職員の側には、「規則どおり仕事を進めているだけなのに……」、「他人はどうか知らないが、私だけは……」というようにその意識に隔たりがあるのも事実です。現在はもちろんこれからも、住民の意見を十分聞き、その理解と協力を得なくては円滑な行政の推進が難しくなることは明らかです。そのために、このような意識の隔たりを取り除き、行政に対する住民の信頼感を得るための努力をしていかなければなりません。「窓口は役所の顔」といわれています。これは、単に戸籍や年金などの役所の窓口だけを指しているのではありません。役所のあらゆる部署において、住民と接するときの職員一人ひとりが「窓口」であり、「役所の顔」なのです。言い換えれば、行政と住民の間に信頼感、親近感を培うのはひとえに皆さんの住民との接し方、つまり“接遇”にかかっているのです。

　接遇とは、「面談、電話、文書などの住民と接するあらゆる機会をとらえ、住民の立場に立った親身な応対をすることによって、適切な

問題の処理はもちろんのこと、住民の考え方を理解するとともに、役所の立場、考え方も同時に理解してもらう」ことです。したがって、接遇というのは、①仕事を実行する手段の一つであり、②相互に理解を深める手立てであり、③役所と住民の信頼関係を築くパイプであるということができます。そして、皆さんは、接遇者として、①役所の顔、役所の代表、②サービスの直接の実行者、③PR の実践者といった立場に立つことになります。皆さんは、日々仕事をしていく中で、接遇を通じて、住民と役所の信頼関係を確立し、住民の役所に対するイメージや評価、さらには満足度を向上させていくという大切な任務も担っているのです。そのために、皆さんは、接遇のルール、約束事を身に付けておく必要があります。

2　よい接遇

接遇で一番大切なことは「接遇は心で行う」ということです。住民と応対する皆さんは相手を思いやる心、温かい心が必要です。つまり、よい接遇を行うためには誠意を持って当たることが基本にあって、同時に相手を知り、自分を知り、更にその場その場に適した柔軟な対応が必要となるのです。

⑴　接遇の要素

接遇を構成する要素は、応対の相手、接遇者としての自分、対応している場所（環境）、お互いが話す言葉や態度、話の内容、時間などです。効果的な接遇を行うには、これらの要素を十分認識し、上手にかみ合わせていかなければなりません。

⑵　相手を知る

役所に来る人たちは、自分にとって面識のない人がほとんどでしょう。ですから、「相手を知る」といっても、容易なことではありません。しかし、来訪者は、何らかの目的（用件）を持って来ています。応対

する皆さんは、できるだけ短時間で相手に満足のゆく結果をもたらさなければなりません。そのためには、来所の目的やその場での相手の感情、性格などの諸特性をすばやくつかみ、場合に応じた臨機応変の対応が大切です。例えば、いくつもの窓口をたらい回しにされたり、役所側に落ち度があったりした場合などは相当気分を害されていますから、「申し訳ございません」と謝意の言葉を添えて、十分に話を聞いてさしあげるなど、誠意のある応対をしたいものです。また、役所に不案内で戸惑い緊張している人には、和やかな態度で接し、こちらから話しかけるなどの配慮が必要です。また、人は十人十色、様々な性格があります。しかも、そのときどきの感情が絡めば一層複雑になりますから、型にはまった応対は禁物です。また、相手方の外見や服装などによって、態度を変えるといったような不適切な対応は厳に慎まなければなりません。

⑶ 自分を知る

接遇では、相手方の態度や行動は、接遇者のそれと密接な関連を持って表れてきます。良き接遇者であるためには、何をおいても自分自身を知っておくことが大切です。

🅐 自分の立場を認識する

① 公務員としての立場　公務員は、全体の奉仕者として、住民の信託を受けて公務に携わっています。

② 役所を代表する立場　皆さんは、役所を代表して住民と接しています。皆さんの話すことや姿勢は、そのまま役所全体の評価につながりますので、それだけ責任が重いことを自覚しなければなりません。

③ 組織の一員としての立場　皆さんは役所を代表して住民と接していますが、それは自分一人で仕事をしているという意味ではありません。組織での仕事は職場のメンバーのチームワークによっ

て行われているのです。

b 自分の仕事に精通する

① 仕事の知識を身に付ける　仕事の知識を身に付けるということ
は、仕事の手順だけを覚えることだけでは十分ではありません。
仕事の根拠となっている法律、条例、規則等に精通し、その法律
などの趣旨・目的をも理解しておくということです。また、自分
の仕事が、役所全体の中でどこに位置付けられているのか、関係
のある機関は何か等についても知っておく必要があります。

② 仕事を改善する　職業（プロ）意識を持って、常に仕事の改善
を考えることが大切です。仕事を改善することによって、事務能
率の向上につながり、十分な住民サービスを行うこともできるよ
うになります。

c 自分の個性をつかむ

接遇を行うとき、そこに個性を生かしていかなければなりませ
ん。なぜなら、人は皆それぞれ異なった個性を持っていますので、
それが接遇に生かされたとき、画一的でない、その人なりの人間味
のある接遇ができるからです。そのために皆さんは、自分自身を厳
しく見つめ、自分の個性をつかんでおかなければなりません。そう
して、良い個性は伸ばし、欠点は謙虚に改めていくことが大切です。
その姿勢が、接遇の基本である相手を思いやる心につながっていく
のです。

⑷ **環境（場）の整備**

接遇には、環境の整備も重要なものの一つです。具体的には、次の
四点を挙げることができます。

a 尋ねやすいように

①庁舎の所在を明らかにしておく、②事務室の配置を明らかにし
ておく、③係名の表示を明らかにしておく、④役所の職員であるこ

とがわかるようにきちんと名札を着用する。

b 話しやすいように

①応接場所を考える、②威圧感を与えないようにする。

c 書きやすいように

①記載台を設ける、②ペン、インク、朱肉などを用意する、③カレンダー等を掲示する。

d 明るい感じを与えるように

①色彩を調節する、②窓口を美しくする、③整理整頓をする。

なお、環境の整備は、常日頃から心掛けておくことが大切です。

⑸ **コミュニケーション**

a コミュニケーションとは

私達人間は、自分の気持ちや、意見、要求等をお互いに伝え合って社会生活を営んでいます。このような、気持ちや意思の伝わっていく作用がコミュニケーションです。文書、口頭、行動その他の手段のいかんを問わず、人と人との間の情報の交換等によって人間関係をつくります。コミュニケーションは、良い人間関係を成立させるために不可欠なものなのです。そして、その基本は、言葉を大事に使うことにあります。ただ、ここで注意したいことは、コミュニケーションは言葉だけでなく、態度と一体化しているということです。特に人と接するときの態度、動作、表情などの言語以外の要素は、言葉と同じように重要です。相手は、言葉だけでなく、話し手のこうした態度等で、話し手の気持ちを判断するものです。

b 効果的なコミュニケーション

コミュニケーションは、一方通行ではなく双方通行が望ましく、効果的なコミュニケーションには、意思が正確に伝えられること、相手の立場を理解すること、やさしい表現を用いること、相手の言うことをよく聞くことが必要です。接遇はコミュニケーションで

す。

⑹ **言葉**

　言葉は、自分の意思・考え方などを相手に伝える方法として、最も基本的なものです。言葉には「話し言葉」と「書き言葉」とがあります。皆さんは接遇者としてそれぞれの長所・短所をよく理解して使い分けることが必要です。言葉は私達にとって不可欠なものですが、上手に使いこなすのは意外に難しいものです。普段から上手な使い方を身に付けるよう努力してください。

ａ　「話し言葉」と「書き言葉」の特徴

	話し言葉	書き言葉
長所	○いつでもどこでも表現できる。 ○相手を見て、理解の程度により説明の方法を変えることができる。	○そのものが記録であり、保存できる。 ○内容が複雑であっても、正確に伝達できる。 ○相手（読者）が読み返すことができる。
短所	○時間とともに消えてしまうから、途中で分からないことがあっても、そのままになってしまうことがある。 ○正確さが失われる危険がある。 ○うっかりして、相手を傷つけてしまうことがある。 ○記録の保存には、前もって用具の準備が必要になる。	○筆記用具がなければ、表現できない。 ○考えたことを整理してまとめなければならないので、作成には時間と労力が必要になる。 ○読む人の力を考えて、それに応じた文章を書かなければならない。

ｂ　話し言葉の場合

　音声によって表現するのが話し言葉です。次のような注意が必要です。

①　意味のあいまいな「結構です」「検討します」とか、「絶対」「最高」などの大げさな言葉は避ける。

②　流行語や外国語、専門用語はむやみに使わない。

③　話の速度を適切にする。

④　下品な言葉遣いはしない。

c 書き言葉の場合

　文字によって表現するのが書き言葉です。次のような注意が必要です。

① 常用漢字、現代仮名遣いを基準として、分かりやすい用語を使用する。

② 文章が単純すぎたり複雑すぎたりしないようにする。

③ 主語の脱落、代名詞の使用の誤りに気を付ける。

④ 文章全体の筋道を通し、意味は明確にする。

d 敬語の使い方

　日本語の特徴の一つに敬語の存在があります。敬語は、聞き手や話題の人・物・事に対し話し手が敬意やへりくだりなどの気持ちを表す言葉遣いです。

　この敬語には、次の三つの種類があります。

① 尊敬語　尊敬語とは、相手に敬意を表す言葉です。

　○あなたのおっしゃるとおりです。(おっしゃる)

　○お待ちになってください。(お……になる)

　○どうぞ召し上がってください。(召し上がる)

② 謙譲語　謙譲語とは、自分のことを謙遜して表現し、聞き手の方に敬意を表す言葉です。

　○拙宅に御案内申し上げる。(拙宅・御……申し上げる)

　○教えてさしあげましょう。(……てさしあげる)

③ 丁寧語　丁寧語とは、表現を丁寧にすることによって、相手に敬意を表する言葉です。

　○お寒くなりました。(お)

　○よいお天気ですね。(お……です)

　○市役所まで歩いて５分でございます。(……ございます)

⑺ 話し方・聞き方

話し方や、聞き方について共通していえることは、相手があるということです。ですから相手の立場に立つということが、最も大切なことです。

a 話し方

聞き手の身になって話すことが重要です。そうすることにより、自ずと使う言葉も選択され、発音も聞きやすいように明瞭となり、表現の方法も分かりやすいものとなります。さらに、相手との間に円滑なコミュニケーションを図るには、明るく、率直な、好感を持たれるような話し方をする工夫も必要です。笑顔も心の垣根を越える手助けとなります。TPO（時・場所・場合）に応じて、ウィットやユーモアなども交えれば人間関係における潤滑油にもなります。話は話し手の意図が相手に正確に伝わらなければ意味がありません。そのためには、分かりやすく話すことに心掛けるとともに、５Ｗ１Ｈを念頭に置くことが必要です。これは、いつ（when）、どこで（where）、だれが（who）、何を（what）、なぜ（why）、どのように（how）といった六つの要素から成り立っています。

b 聞き方

話し方と同様に相手、つまり話し手の立場に立つことが良い聞き方の要件となります。漫然と聞くのではなく、相づちを打ち、相手に注目する等、内容の理解を示す態度や表情が話し手の舌のすべりを良くします。よく聞くということは、相手に全身を傾注させることです。全て鵜呑みではなく、客観的に分析し、判断する能力も問われます。「良き話し手は、良き聞き手」といいます。また、会話ともなれば、話し手、聞き手の立場が交互に入れ替わるわけですから、話すためにはまず聞かなければなりません。良い話し方、聞き方は必ずしも技法の問題（アクセントや敬語の用法）だけに限られ

るものではありません。大切なのは思いやりという人間関係を成り立たせる土台を持つことです。

⑻ **身だしなみ**

　接遇では、第一印象も大切です。相手に不快感を与えないよう、公務員としてふさわしい身だしなみを心掛けましょう。現在は、どこの役所でも季節によってクールビズやウォームビズを取り入れていますが、それでもラフ過ぎたり派手過ぎたりするものまで認められているわけではありません。役所で指定された基準から逸脱しないように注意しましょう。服装だけではなく、髪は乱れていないか、無精ひげが伸びていないか、爪はきれいに切りそろえているかなど清潔感を保つことも大切です。また、マニュキュアが派手過ぎないか、華美なアクセサリーをしていないかなどについても気を配る必要があります。

第2節 応対の仕方

1　面接応対

⑴ **面談の仕方（窓口応対）**

　役所には毎日多くの住民が来られます。住民から要望を聴いたところ、親切にしてほしい、よく説明してもらいたい、早くしてもらいたい、こちらの言い分を十分に聞いてもらいたい、正確に処理してもらいたい、何度も足を運びたくない……等々多くの要望が出てきています。窓口で最初に出会う職員が笑顔で対応するか、ぶっきらぼうに対応するかで住民の役所に対するイメージが決まり、その評価は行政全般に影響します。しかも、民間企業と違い、住民には役所を選択する自由がないのです。あの役所は感じが悪いからと、他の役所へ行くということができないのです。したがって、来訪者があったときは、次

の事柄に十分注意して応対することが大切です。

① 仕事を止めて、笑顔で迎え、ハキハキと要領よく。

② 指名されたときは速やかに。指名されないときは、要件をよく聞いて担当者へ簡潔に説明の上、引き継ぐ。

③ 尋ねられたことが分からないときは、それが分かる人又は係に引き継ぐ（たらい回しは絶対にしない。）。

④ 窓口が混んできたら先着順に。

⑤ 相手に不快な感じを与えるような態度はしない。

⑥ 相手の話をよく聞いて、理解してから返事をする。

⑦ 話し言葉に注意する（専門用語は使わない。）。

⑧ 自分の処理できる用件か、即答すべきかどうかを慎重に判断して適切に答える。

　また、来訪者を案内するときは、

① 分かりやすく、丁寧に。

② 目的の係等に来訪者の来意を告げて引き継ぐ。

③ 自分で案内するときは先に立って。

④ 出入口、引き戸は相手を先に、押し戸は自分が先に入って招き入れる。

　役所に訪れる方々の中には、忙しい中来ている人や、どこを尋ねたらよいのか分からないまま来ている人もいます。また、障害者、高齢者、外国人の方など、より配慮が必要な人もいるかもしれません。もし皆さんがそうした立場であったら、どのようにしてもらえたら助かるか想像してみることが大切です。面談の基本は、何といっても相手の立場に立つことです。住民サービスの向上を目指して努力しましょう。

⑵　**説得の仕方**

　説得は、相手が自分と同じ考え・態度・行動に変わるように話し合

うことであって、決して議論することではありません。言いくるめ、説き伏せることではないのです。自分の発言に責任を持つことは必要ですが、その考えを相手に押しつけてはいけないのです。相手と共に考え、リードし、やがて相手の心の中に共鳴・共感を呼び起こさせることです。説得は、一度失敗したら同じ内容について二度説得を行うことは非常に難しくなります。そこで説得する内容、相手など事前に十分研究しておかなければなりません。また、大切なことは、①相手から信頼を得ること、②相手の感情を揺さぶること、③その場にふさわしい言葉を使うこと、④誠意と熱意を持って話を進めること、の四点です。相手から信頼されていなければ、いかに弁舌さわやかであっても説得は成功しません。

2　電話の応対

⑴　**電話応対の心得**

　役所には毎日多くの住民から電話での問い合わせがあります。電話は相手の見えない「役所の窓口」です。電話についての住民からのいろいろな苦情を挙げてみますと、

①　電話の受け答えが悪かった。

②　入れ替わり、立ち替わり、相手が代わったが、同じ事を何度も説明させられて、結局用をなさなかった。

③　さんざん待たされたあげく、用件が満たされなかった。

　電話の場合、特にこうした苦情が多いのはなぜでしょう。電話は声の訪問者です。相手がいくら遠方にいても、いきなり耳元に登場します。顔が見えないからどうでもいいという態度で応対すると、相手は声だけであなたの全人格を判断します。よく電話器に向かってしきりに頭を下げている人を見かけますが、相手には耳を通して、この光景が見えるものなのです。電話といえども正しい姿勢で礼儀正しく応対

しなければいけません。電話は一対一の応対です。相手の話を聞いているのは皆さんしかいません。全て自分の責任で処理しなければなりません。しかし、万が一自分の責任で処理できない場合は、処理のできる人に代わってもらいましょう。その際、電話でのやり取りを手短かに説明し、処理できる人に代わったとき、相手が同じことを繰り返さずとも対応できるようにしなければなりません。そうするためには、どのようにすればよいでしょうか。次の事項に留意するとよいでしょう。

① 相手の話を聞きながら５Ｗ１Ｈ方式でメモをとる。

② 相手の話したい用件のポイントをつかむ。

③ 用件が複数あり、既に返答したものは引継者にその旨伝える（回答の食い違いを防ぐため）。

④ 引き継ぎは速やかに。

電話の応対は、とかくトラブルが発生しやすいものです。かけ方、受け方、取次ぎ方をしっかりマスターしてください。

(2) 電話のかけ方

電話は先方の時間を奪うこととなるということを肝に銘じておいてください。ですから、先方に「こんな無駄な電話をかけて」と思われたらおしまい、仕事は失敗です。電話をかける際には、慎重な対処をしてください。

電話をかける際の注意点は、

① 十分準備してからかける。

　ア 相手の電話番号を確認する。

　イ 多忙な時間帯かどうか、相手の状況を予測する。

　ウ 用件の内容などメモしてから、必要な資料・書類などはそばにそろえて置く。

② 相手が出たらすぐに名乗り、本人かどうか相手を確かめる。

③ 相手方に電話で話す時間があることを確認した後で、用件を要領
よく簡潔に話す。

④ こちらの用件が終わっても、先方から別の用件を話されることも
あるので「よろしいですか」と確認する。

⑤ 用件が済んだらお礼をいい、一呼吸置いてから受話器を置く。

⑥ 間違ってかけた場合は、丁寧にわびる。

(3) 電話の受け方

　公務員になってはじめて、友人や家族ではない見知らぬ人からの電
話を受けた人もいるかもしれません。慣れない間は大変かもしれませ
んが、応対のコツをつかむと早く上達できるでしょう。

　電話応対のポイントの一つ目は、早く電話をとることです。電話を
かけてくる人は、こちらの状況が分からないため、たとえ皆さんの仕
事が忙しい状況でも、直ちに受話器を取る必要があります。待たせる
方は60秒を短く感じますが、待つ身にすれば、たとえ10秒でも長く
感じるものです。

　電話を受ける際は、以下のポイントに気をつけましょう。

① ベルが鳴ったらすぐに出る。

② 受話器を取ると同時にメモの用意。

③ 先にこちらの課・係名、名前をいう。

④ 声の調子を大切に。

⑤ 電話のたらい回しはしない。

⑥ 自分に取り次がれた電話にはすぐに出る。

　ポイントの二つ目は、早く相手の用件を知ることです。落ちついて
相手の話をよく聞き、相手が求めていることをなるべく早く理解する
ようにしましょう。不明な点についてはこちらから聞くことも必要で
す。

　また、問い合わせの電話などの場合、「少々お待ちください」といっ

たきり5分も10分も待たせることがあります。これなども良い応対とはいえません。もし、1〜2分で答えられると思ったものが長引きそうであれば、1〜2分の時点で先方に、もう少し時間がかかる旨を告げ、引き続き待ってもらえるか、折り返し返事するかを尋ねます。先方にはこちらの様子が見えないのですから、途中で状況を説明するのがマナーです。

(4) 取次ぎ方

電話を取り次ぐ際は、次の点に留意しましょう。

① 相手を待たせないよう迅速に取り次ぐ。

② 取次ぎに時間がかかりそうな場合（取次ぎ相手が電話中あるいは来客中など）は、自分の名前を再度名乗ってから、取次ぎに時間がかかりそうである旨を話し、先方の希望を聞く（再度かけてもらう、こちらから電話する、このまま待つ等）。

③ こちらに同姓の者がいる場合は、氏名・職名・特徴などを確かめる。

④ 指名された者が不在の場合は、その旨を告げ、何時ごろ戻るか知らせる。

⑤ 指名された者が役所の上司であったとしても、あくまで役所内部の者であるから、相手と応対する上で、その上司に対して「さん」付けなどの尊敬語を用いない。

⑥ 相手から指名がない場合、自分の担当外のことや、判断しかねることは、必ず精通した人に用件を簡潔に説明し取り次ぐ。

⑦ 伝言があればメモして必ず伝える（5W1Hで）。職場内で伝言用紙を作成しておくと便利。

⑧ 不在者に対しての電話は、伝言がなくても本人が戻ったら必ず伝えるか、メモして本人の机の上に置く。

3 クレーム対応

　役所には住民からクレーム（苦情）が寄せられることがあります。役所が実施している様々な行政サービスに対する不満であったり、職員の態度に対する不満であったり様々です。時には役所が対応すべき事柄ではないのではないかと思われるようなクレームもあるかもしれません。住民はどこを頼ったらよいのかわからないから役所に言ってきているのかもしれません。言い方を変えれば、役所に言えば何とかしてくれるのではないかといった期待もあるのです。クレームはいま現にそこに住んでいる住民がどういった事に不満を持っているかを教えてくれる「生の声」です。そして、その声に真摯に耳を傾けてきちんと対応することで、住民と役所との信頼関係を確立していくことができるのです。

　では、クレームがあったときには、どのように対応すればよいでしょうか。基本的には前述の1から3をベースに、次の点にも留意しながら丁寧に対応するよう心掛けるとよいでしょう。

① まずは話を聞く

　　クレームを言ってくる人は感情的になっていることが多く、最初はどういったことに不満があるのか把握しにくいことがあります。時間がかかってもよいので、相手の言いたいことを冷静に聞き取り、メモをとりましょう。

② クレーム内容の確認

　　クレームの内容が把握できたら、行き違いがあってもいけませんので、その内容を相手に確認しましょう。

③ 担当部署（者）への取次ぎ

　　相手に担当部署（者）を告げて取り次ぎます。担当部署へ取り次ぐ際には、クレームの内容もきちんと引き継ぐようにしてくだ

い。相手に同じ事を何度も説明させてしまったり、たらい回しに
なってしまわないよう注意しましょう。

④　クレーム対応（担当部署）

　　どんな内容であっても、まずは「このたびはご迷惑をおかけしま
して申し訳ございません」などと謝罪しましょう。そして、相手の
主張をきちんと受けとめた上で、こちらの考え方を説明します。相
手に誤解があるようなら、その誤解が解けるよう丁寧に説明しま
す。なお、自分一人で対応できそうにないときには、上司に相談し
て同席してもらうなど適宜の対応をしましょう。電話の場合には、
相手の連絡先を聞き取って折り返し連絡するようにしましょう。そ
の場合でもあまり時間をかけすぎないようにすることが肝要です。
対応が終わった際には、問題を指摘してくれたことに対する感謝の
言葉で締めくくりましょう。

⑤　情報共有（担当部署）

　　今後の業務に生かしていくため、クレームの顛末について組織で
共有しましょう。

第4章 公文書管理・情報公開・個人情報保護

第1節 公文書管理

1 行政と文書

　地方公共団体の事務は、原則として文書によって処理されています。これを「文書主義」といいます。

　地方公共団体が文書主義を採っている理由は、いくつか挙げられます。第一に、地方公共団体が組織として様々な意思決定をし、継続的に活動をしていくためには、文書によって事務処理を適正かつ正確に行うことが適切です。第二に、地方公共団体の意思を誤りなく住民や関係機関に的確に伝える手段としても、文書が最も適しています。そして第三に、地方公共団体における経緯も含めた意思決定に至る過程や事務及び事業の実績を合理的に跡付け、検証することができるようにするためです。つまり、地方公共団体の様々な活動の正確性の確保、責任の明確化といった観点から、文書主義が重要とされているわけです。

　地方公共団体の事務は、文書に関する事務処理の適否によって左右されるといっても過言ではなく、皆さんも地方公務員として文書事務について習熟することが大切です。

　国においては、平成21年6月に「公文書等の管理に関する法律」が制定されました。この法律は、国及び独立行政法人等の諸活動や歴史的事実である公文書を、民主主義の根幹を支える国民共有の知的資源で主権者である国民が主体的に利用しうるものと位置付け、公文書

管理に関する基本的事項を定めることにより、行政が適正かつ効率的に行政運営を行うとともに、現在及び将来の国民への説明責任が全うされるようにすることを目的としています。地方公共団体についても、この法律の趣旨にのっとり、その保有する文書の適正な管理に関して、必要な施策を策定し、及びこれを実施するよう努めなければならない（同法第34条）との規定が盛り込まれています。

これを受けて、近年では公文書管理条例を制定する地方公共団体も見られるようになってきました。地方公共団体においても、その保有する文書の適正な管理を通じて、行政の透明化と住民への説明責任を果たしていくことが重要な責務となっています。

2 文書の取扱いの原則

① 文書は、作成されてから廃棄されるまで、多数の人の手を経ます。このため、各地方公共団体では文書事務に関していくつかの規則を定め、これらの「諸規則に従った統一的取扱い」をするようにしなければなりません。

② 文書は、地方公共団体の事務処理の指針となり、また住民の権利義務に影響を及ぼしますので、一定期間保管・保存されます。このため、汚したり、破損したりしないよう十分注意しなければなりません。また、効率的に行政を行うためには、文書の流れが円滑でなければならず、事務処理の停滞は許されません。文書は、「丁寧に、そして迅速に取り扱うこと」を心掛けなければならないのです。

③ 文書は、地方公共団体の意思を表示します。したがって、正確な文書を正確な手続に従って処理しなければなりません。住民の信頼を失わないために、文書は、「正確に取り扱うこと」が強く求められます。

④ 文書は、誰が読んでも意味が正しく理解できるよう、「簡明で、

平易に」作成しなくてはなりません。

⑤　通常、文書は、多くの職員の手を経て処理されますので、職員は各自の職責の範囲内で「責任を持って取り扱うこと」に注意し、処理を行わなければなりません。

⑥　円滑な事務処理を行うために、担当者が不在になるときには、事務処理が停滞しないよう未処理文書についての事務引継ぎを必ず行う等、「文書の取扱い状況を明らかにすること」に十分注意を払わなければなりません。

⑦　文書の処理に当たっては、どの段階まで決裁を受けなければならないか注意し、また、事案によっては他の部課との関係にも十分注意を払わなければなりません。したがって、事前の打ち合わせ、合議等の方法によって横の連絡を密にして意思統一を図ることが大切です。文書は、「縦の関係、横の連絡に十分注意すること」が必要です。

⑧　文書は、その内容によって、緊急な処理を要するもの、内容を秘密にしておかなければならないもの等があります。「文書の性質に合わせた取扱いをすること」が必要になります。

3　文書事務の流れ

　文書事務については、各地方公共団体の文書管理規則、文書管理規程、さらに詳細については要綱やガイドライン等で規定されていますが、その概ねの流れは、次のように区分することができます。

①　文書の収受と配布

②　文書の起案、回議、合議、決裁

③　文書の施行

④　文章の保管、保存及び廃棄

以下、この流れに沿って、個々の事務について詳しく説明します。なお、現在の地方公共団体の仕事はペーパーレス化が進んできており、皆さんが実際に仕事をする際には、住民・事業者等からの文書の収受は電子申請システムで、起案や決裁は電子決裁システムで、文書の送付は電子メールにより、文書の保管、保存は文書管理システムで、それぞれ行われることが多いと思われますが、文書事務の流れは、紙の文書の場合でも電子ファイルの場合でも基本的に同じですので、紙の文書を前提に説明をします。

4　文書の収受と配付

(1)　文書の収受

　地方公共団体には毎日、大量の文書が郵送等によって届けられます。これらの文書は、一般的には文書主管課が受け取り、文書に受付印を押したり、文書収受簿に記入したりして、地方公共団体として文書が到達したことを確認します。この文書到達を確認することを文書の収受といいます。

　法律に特別の定めがある場合を除けば、原則的には、文書の効力は到達主義によると解されています。このため、いつ地方公共団体に文書が到達したかを明らかにしておくことが大切であり、文書収受事務の重要性はここにあるといえます。

(2)　文書の受理

　文書の受理とは、申請書、審査請求書や不服申立て書等を権限ある行政庁がそれらの文書の形式的要件を備えていることを確認した上で、その内容を審理又は審査するために正式に受け取ることをいいます。したがって、地方公共団体が収受した文書全てが、当然に受理された文書ということにはなりません。正式に受理された文書は、その文書が収受された時点に遡って到達の効力を生ずるものと考えられて

います。

(3) 収受の手続

a　文書の選別、開封

　　地方公共団体に届けられる大量の文書の全てが当該団体の事務に関係するものではありません。文書の開封に先立って、①誤配の文書が混入していないか、②公文書であっても私文書であっても親展文書や法令等で秘密扱いとなっているもの、入札書のように文書管理規程等で開封を禁じているもの、③電報や書留、配達証明等の特殊取扱い郵便のように特に速く、慎重に配付するものなどに注意して選別します。選別の終わった文書は、開封することが不適当な文書を除いて、全て文書主管課で開封します。

b　文書の受付

　　選別、開封の事務が終わった文書は、受付を行います。文書が地方公共団体に到達したことを確認する行為を受付といいます。文書処理に期限のあるものについては、通常、受付を行った日が期限の起算日となります。

c　文書の配付

　　文書主管課が受け付けた文書を、その文書の事務を実際に行っている各課に引き渡すことを文書の配付といいます。文書を配付するには文書主管課の職員が各課に配付して、同時に各課が発送する文書を集めてくる「集配方式」と、各課の職員が文書主管課のボックスまで取りに行く「受領方式」との二つの方式があります。

d　文書配付を受けた課の事務

　　文書配付を受けた課は、文書が自分の課に関係するものであることを確認した上で、文書収受簿に記入する等によって、必ず受領の日時を明らかにしておきます。なお、自分の課の事務に関係ないものが混入していた場合には、直ちに文書主管課に返します。

5 文書の起案、回議、合議、決裁

　起案とは、地方公共団体が収受した文書に基づいたり、自らの発意によって地方公共団体としての意思を決定し、具体化するための案文を作成したりすることをいいます。起案された文書は、上司による承認（回議）、関係する部課長の同意（合議）を経て、決裁権者が決裁をすることで、地方公共団体の意思として決定されます。

(1) 起案に当たっての留意事項

　起案は、地方公共団体の意思決定の始点で、ここから最終的な意思決定に向けて手続が進められていきます。したがって、起案者は、その事務に関連する法令等に精通し、起案文書に目を通す人に十分分かるような文章を作成しなければなりません。

① 　起案文書は、最終的に決裁が終わるまでに加筆、修正等を受けて大幅に変わってしまうことがありますが、「誰かが修正してくれる」という安易な気持ちでなく、自分が最終決定者だという「責任者意識」を持って起案しなければなりません。

② 　起案文書は、多くの人がそれぞれの立場から的確な意思決定を行っていきます。そのためには、起案文書は、正しく、簡潔に、要領よく、「決裁する者の立場に立って」作成することが必要です。

③ 　施行される文書についての責任は、それに表示された発信者に帰するので、起案に当たっては、「発信者の立場に立って」作成することが必要です。

④ 　相手方に、その内容が理解できるように、分かりやすい用字用語で、正しく、簡明に、「受信者の立場を考慮して」作成することが大切です。

(2) 起案の準備

　起案するに当たっては、関係資料を集めた後、まず何のために行う

のかという起案目的を明確にしてから作成し始めます。目的を明確にするためには、収受文書の内容や地方公共団体の発意を十分に理解した上で、関連する法令、条例等をよく調べて、何を、どのように、どういう順序で作成するかの構想を練ります。構想は、5W1Hの原則で考えるとまとまりやすくなります。

　次に、事務分掌の範囲内の事務か、施行方法や施行時期は適正か等の形式的要件について検討します。そして、法律的観点から議決事項ではないか、法令等に反していないか等について、行政的観点から公益に反しないか、裁量は適当か等について、更に財政的観点から予算上の措置を必要とするか、資金前渡などの支出手続を要するか等の内容的要件について検討する必要があります。

　起案に当たっては前例を参考にすることが多いと思われます。もちろん、効率的に事務を処理するためには前例を参考にすることは必要ですが、安易に前例のとおりとするのではなく、根拠条文等を確認したり、改善点がないかを検討するなど、一手間を加えることで、起案を通じて様々な勉強をすることにもなります。

⑶　起案の方法

　起案は、起案用紙（図1－10、11、12）又は電子決裁システムを用いて行うのが通例ですが、出張命令や物品購入など定型的なものは個別の用紙、システムを用いたり、会議の開催通知を受けて出席者を決めるなど起案内容が軽易なものについては文書の余白に起案文を記入するといった簡単な起案方法もあります。

⑷　回議・合議

　起案は、起案者の直属の上司や起案内容に関係のある他の部課長の承認を受け、決裁規程等の定める最終決裁権者の決裁を受けることによって、地方公共団体の意思として決定されます。つまり、文書の流れに従い、案文が伝達され、内容が順次必要に応じて調整されていく

図1－10　起案用紙様式例1

分類番号			保存区分　永．　10.5.2.1		
決　裁　区　分	知事　副知事　部長　課長　補佐　係長				
知　　事	副知事	会計管理者			
部長	課長	課長補佐	係長	課員	
合議部課　部長	課長	課長補佐	係長	課員	
部長	課長	課長補佐	係長	課員	
部長	課長	課長補佐	係長	課員	
受信者名			起案者氏名　　　　課　　　　係		
発信者名			㊞（電　　　　）		
起案　　　年　　　　月　　　　日			決裁　　　年　　　　月　　　　日		
施行　　　年　　　　月　　　　日			文書番号　　　第　　　　号		
施行上の注意			発送済印		
浄　書　者　印	校　合　者　印		公印押印者印	発送取扱者印	

（甲）

件　　名	

（乙）

図1－11　起案用紙様式例2

件　　名	○○の実施状況について（回答）
○○年○○月○○日付け○第○○号により照会のあった標	
記の件について、別紙（案）により、○○省○○局○○課長	
宛回答してよろしいか。	

ものです。

　回議とは、決裁規程等の決裁区分に従い、直属系統の上司に承認を受けることをいいます。合議とは、事案が他の部課の所管に関連を持

図1-12　起案用紙様式例3

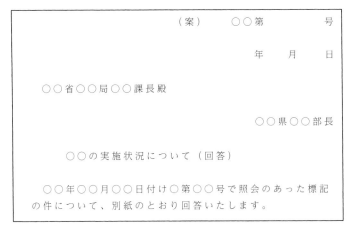

```
                          （案）      ○○第        号

                                     年    月    日

   ○○省○○局○○課長殿

                          ○○県○○部長

        ○○の実施状況について（回答）

        ○○年○○月○○日付け○第○○号で照会のあった標記
   の件について、別紙のとおり回答いたします。
```

（さらに、別紙として回答の内容を添付）

図1-13　回議と合議

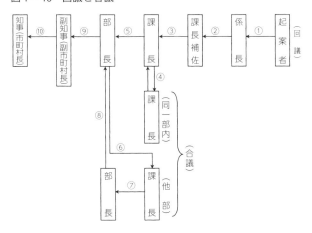

つとき、その部課長の同意を得ることをいい、事務の適正かつ円滑な運営を図るための必要な手続です。

　合議をする場合には、以下のような点に留意します。

① 起案の内容が、合議を必要とするかどうかを検討し、合議部課に漏れのないようにします。

② 合議は必ず順序に従って行われますが、担当者が不在の場合には後閲扱いにして、停滞しないようにします。

③ 起案が廃棄となったり、起案に比べて趣旨内容に著しい異動が生じたりした場合には、その旨を関係部課に通知します。

また、合議を受けた場合には、以下のような点に留意します。

① 合議を受けた場合には、他の事務に先立って同意や不同意の決定をし、他に合議課のあるときはその課に、ないときは起案課に起案文書を送付します。

② 起案文書を修正する場合には、必ず起案課の同意を得なければなりません。両課の意見調整ができないときは、上級決裁権者の判断を求めなければなりません。

③ 合議を受けた起案文書に不同意の場合、直ちに起案課と協議し、意見調整をしなければなりません。調整のつかないときは、起案文書に不同意の理由を追記して、上級決裁権者の判断を求めます。

(5) 決裁

決裁とは、地方公共団体の意思を決定する権限を有する者が、回議（合議）を経た起案について、承認や決定等をすることによって、地方公共団体の意思を最終的に決定することをいいます。決裁が終了すると、起案文書の所定欄に決裁年月日を明らかにしておかなければなりません。

地方公共団体の意思決定の権限は、知事や市町村長にありますが、全ての決裁を長自ら行うのは大変非効率ですし、ほとんど不可能なことです。このため、地方公共団体では「決裁規程」や「専決規程」等により、専決等の方法によって副知事又は副市町村長、担当部長等の補助機関に対して、長に代わって決裁することを認めています。

「専決」とは、長か長の委任を受けた者（受任者）の権限に属する事務の一部について、所定の者が一定の事項に限って長や受任者に代

わって、常時決裁することをいいます。なお、これらの決裁権限のある者が不在の場合に、あらかじめ定められた補助者が代わって一時的に決裁することがありますが、これは「代決」といいます。

なお、文書によっては決裁権者が決裁する前に文書担当課が表記や法令解釈に誤りがないかを審査したり、予算担当課や会計担当課が予算措置との関係を審査したりすることがあります。

6 文書の施行

地方公共団体の意思決定は、決裁によってその内容を確定し、浄書、校合、公印の押印、発送、公報登載等を経て、対外的に地方公共団体の意思表示としてその効果が発生します。この最終段階の一連の手続を文書の施行と呼んでいます。

⑴ 浄書・校合

浄書とは、決裁文書を清書することをいいます。かつては手書きの決裁文書をタイプライターで清書することが多かったのですが、現在ではパソコンで作成した文書に文書番号や施行年月日を記入してプリントアウトするのが通常です。浄書した文書は、決裁文書と照らして誤りがないかどうかを確認します。この手続を校合といいます。

⑵ 公印の押印

公印とは、地方公共団体が公務上作成した文書に使用する印章や印影をいいます。内容に対して地方公共団体が責任を持つことを明らかにするため、文書に公印を押印するのですが、最近は公印を省略することも多くなっています。地方公共団体では、通常、公印規程等の公印に関する規則を定め、公印の種類、字体、寸法、管理者等を詳しく定めています。

a 公印の種類

公印には次の二種類があります。

① 職印　地方公共団体の長や補助機関の職名を明示したもの。

② 庁印　地方公共団体、その機関や内部組織の名称を明示したもの。

b　公印の押印上の留意事項

① 公印を使用しようとするときは、押印する文書と決裁文書とを添えて公印を管理する者に提示し、押印を依頼します。

② 公印を管理する者は、所定の決裁を受け、しかも浄書した文書であることを確認した後に押印しなければなりません。

③ 公印は、文書発信者の横（縦書きの場合は下）に、朱肉を用いて発信者名の最後の文字の2分の1にかからせて、明確に押印することになっています。

④ 押印した後は、決裁区分の所定欄に押印し、公印押印済であることを明らかにしておきます。

(3)　発送

発送とは、浄書、校合、公印の押印の各手続を終えた文書を受信者に到達させるための手続をいいます。郵送のほか、電子メール等の方法による場合もあります。

文書の発送に当たっては、日付や文書番号の漏れ、公印の押印、受信者の住所氏名のほか、決裁文書の指示どおりか等について、再チェックしておきましょう。発送を終えた後は、決裁文書の所定欄に発送年月日を記入し、発送責任書の認印を受けて、文書を発送したことを明らかにしておきます。

発送の際には、文書のあて先と封筒のあて先を間違えて封入したり、電子メールの送付先を間違えるなどのミスが発生しがちです。特に個人情報が記載された文書やファイルの送付には十分注意しましょう。

⑷ 公報登載

公報とは、地方公共団体の区域内に広く周知させるために公布又は公表することを目的として発行する機関紙をいいます。公報登載は、不特定多数の者に対する意思表示の手段として用いられますが、事項によっては公報登載が効力の発生要件となっている場合もあります。

公報登載する文書は、公告式条例や公報発行規則等でその範囲が定められています。

公報登載を必要とする起案の場合には、起案文書にその旨を明記して、公報発行課に合議の上、決裁終了後に所定の原稿用紙に掲載文を記入し、決裁文書とともに公報発行事務担当課に提出して、公報への登載を依頼します。

7 文書の保管、保存及び廃棄

⑴ 文書の保管、保存

完結文書は、過去の事務処理の証拠となり、また将来の事務のための資料となります。また、住民等による情報公開請求がなされることもありますので、きちんと分類して整理しましょう。保存年限の期間は確実に主務課で「保管」し、又は「引継ぎ」を経た上で文書主管課で「保存」しなければなりません。完結文書の保管、保存は、検索に便利なように、文書分類基準に従って分類、編集し、製本やファイリングをして、保存年限の期間、保管、保存します。

なお、個人情報などが記載されているようないわゆる機密文書類については、鍵付きのキャビネット等において施錠保管するなど、保管に際しては細心の注意を払う必要があります。

⑵ 文書の廃棄

保管、保存文書のうち、保存年限を経過したものや保存期間中のものでも保管、保存の必要がなくなったものは、廃棄の決定をして処分

します。なお、文書の廃棄に際して、公文書館等との協議を行うことをルール化している団体もあります。

8　公用文の書き方

⑴　公文用字

　公文書に用いる文字、記号、符号を総称して公文用字といっています。公文用字の中で漢字と仮名文字が大切なことは言うまでもありません。漢字については、常用漢字表（平成22年内閣告示第2号）が定められています。常用漢字表は、一般の社会生活における漢字使用の目安となることを目指し、漢字の字種は2,136字です。仮名文字については、公文書には原則として平仮名文字を用いることとされています。外国の地名、人名と外国語、外来語等については、例外的に片仮名文字を用いることが認められています。

⑵　漢字

　公用文、法令で漢字を用いる場合は、「公用文における漢字使用等について」（平22.11.30内閣訓令第1号）と「法令における漢字使用等について」（平22.11.30内閣法制局長官決定）の定めに従うこととされています。その概略は、次のとおりです。

a　原則

　漢字は、常用漢字表の本表と付表とによります。

b　留意点

　常用漢字表の本表に掲げる音訓によって語を書き表すに当たっての留意点は次のとおりです。

①　次のような代名詞は漢字で書く。

　「彼」「僕」「私」「我々」

②　次のような副詞、連体詞は原則として漢字で書く。

　「必ず」「既に」「直ちに」「再び」「最も」「専ら」「更に」「絶えず」

「例えば」「突然」「大きな」「来る」「我が」

③　次の接頭語は、原則として、漢字に付く語の場合は漢字で書き、仮名に付く語の場合は仮名で書く。

「御案内」「御挨拶」「ごもっとも」

④　次のような接尾語は、原則として仮名で書く。

「私ども」「弱み」「少なめ」

⑤　次のような接続詞は、原則として仮名で書く。

「かつ」「したがって」「ただし」「ところが」「また」

ただし、次の4語は漢字で書く。

「及び」「並びに」「又は」「若しくは」

⑥　助動詞、助詞は、仮名で書く。

「行かない」「方法がないようだ」「20歳ぐらいの人」「調査しただけである」「3日ほど経過した」

⑦　次のような語句は、原則として仮名で書く。

「こと」「とき」「ところ」「もの」「とも」「ほか」「ゆえ」「…てあげる」「…ていく」「…ていただく」「…ておく」「…てください」「…てくる」「…てみる」「…かもしれない」「…にすぎない」「…について」

c　固有名詞、専門用語等

固有名詞はａ、ｂの対象になりません。また、専門用語や特殊な用語を書き表す場合等、特別な漢字使用等を必要とする場合も同様です。専門用語等で読みにくい場合は、必要に応じて、振り仮名を用いる等、適切な配慮をします。

⑶　**平仮名**

平仮名文字は、「現代仮名遣い」と「送り仮名の付け方」の定めに従って用いなければなりません。主なものだけを概説すると次のとおりです。

ⓐ 活用のある語

活用のある語は、活用語尾を送ります。

「表す」「行う」「断る」「潔い」「賢い」「濃い」

① 語幹が「し」で終わる形容詞は、「し」から送ります。

「著しい」「珍しい」

② 活用語尾の前に「か」「やか」「らか」を含む形容動詞は、その音節から送ります。

「暖かだ」「静かだ」「穏やかだ」「和やかだ」「明らかだ」「柔らかだ」

ⓑ 活用語尾以外の部分に他の語を含む語

活用語尾以外の部分に他の語を含む語は、含まれている語の送り仮名の付け方によって送ります。

① 動詞等の活用形を含むもの。

「動かす」「生まれる」「勇ましい」「晴れやかだ」

② 形容詞、形容動詞の語幹を含むもの。

「重んずる」「悲しむ」「清らかだ」「高らかだ」

③ 名詞を含むもの。

「先んずる」「春めく」「後ろめたい」

ⓒ 名詞

名詞（次のdを除く。）は、送り仮名を付けません。

「月」「男」

① ただし、次の語は最後の音節を送ります。

「辺り」「後ろ」「傍ら」「幸い」「幸せ」「便り」

② また、数をかぞえる「つ」を含む名詞は、「つ」を送ります。

「一つ」「二つ」

ⓓ 活用のある語から転じた名詞等

活用のある語から転じた名詞、活用のある語に「さ」「み」「げ」

等の接尾語が付いて名詞となったものは、もとの語の送り仮名の付け方を送ります。

① 　活用のある語から転じたもの。

「動<u>き</u>」「恐<u>れ</u>」「調<u>べ</u>」「届（<u>け</u>）」「願（<u>い</u>）」「晴（<u>れ</u>）」「当（<u>た</u>り）」「答（<u>え</u>）」「祭<u>り</u>」「香<u>り</u>」「近<u>く</u>」「遠<u>く</u>」

（　）は表に記入する等の場合は送り仮名を省きます。

② 　「さ」「み」「げ」等の接尾語が付いたもの。

「大き<u>さ</u>」「憎<u>し</u>み」「惜<u>し</u>げ」

e 　副詞、連体詞、接続詞

副詞、連体詞、接続詞は、最後の音節を送ります。

「必<u>ず</u>」「更<u>に</u>」「再<u>び</u>」「全<u>く</u>」「最<u>も</u>」「来<u>る</u>」「去<u>る</u>」「及<u>び</u>」

f 　複合の語

複合の語の送り仮名は、原則として、その複合の語を書き表す漢字の、それぞれの音訓を用いた単独の語の送り仮名の付け方によります。ただし、次の二つの例外があります。

① 　複合の語のうち活用のない語で読み間違えるおそれのない語は、送り仮名を省きます。

「明渡し」「内払」「貸付け」「手続」「取扱い」「申合せ」

② 　複合の語のうち、活用のない語で慣用が固定していると認められる語については、送り仮名を付けません。

「合図」「受付」「割合」

⑷ 　**数字**

数字には、漢数字、アラビア数字とローマ数字の３種類があります。

a 　横書きの場合

横書きの場合は、原則としてアラビア数字を用います。

① 　1,000以上の数字には、３けたごとに区切り記号「,」を付けます。ただし、年号、文書番号、電話番号にはその必要はありま

せん。また、けたの大きい数字の単位を示すときは、100万や
1億の例のように漢数字を用いてもよいことになっています。

② 小数（0.341）、分数（1／2又は2分の1）は、（ ）内の例
によります。

③ 日付（令和4年4月1日）、時刻（8時30分又は8：30）、時
間（5時間30分）は、（ ）内の例によります。

b 漢数字を用いる場合

次の語については漢数字を用います。

① 固有名詞（四国、九州、六本木）

② 概数を示す語（二・三日、四・五人、数十人）

③ 数量的な意味の薄い語（一般、一層、一部分、四分五裂）

④ 慣用的な語（一休み、二言目、三月）

⑤ 数の単位（100万人、1,500億円）

c 縦書きの場合

縦書きの場合は、次のように書きます。

① 一、二、三、…八、九、十、百、千、万、億、兆等の漢数字を
用います。

② 壱、弐、参、拾、阡等の文字は、財務規則や会計経理上の慣行
による場合以外には用いません。

③ 表の中で数を表す場合は、十、百、千、万等を省いてもよいこ
ととされています。この場合、3けたごとに「、」で区切ります。

④ 小数、分数、倍数、年月日等は、次のように書きます。

一一一一・六一メートル　三万の一　六十六倍　十四二十四

⑸ **符号**

a 「。」（句点）

「。」は、一つの文章が終わったところに必ず用います。たとえ、
「 」や（ ）の中でも文章の終わりには用います。また、各号で

列記した文章が「こと」「とき」で終わる場合にも「。」を付けます。ただし、次のような場合には「。」を用いません。

①　事物の名称を列記する場合（年度、税目及び税額）

②　標題、題目、標語等簡単な語句を掲げる場合（○○会議の開催について）

③　賞状、感謝状、表彰状、辞令

b　「、」（読点）

「、」は、一つの文の中で言葉の切れ続きを明らかにするために用います。「、」は、次のように用います。

①　叙述の主語を示す「は」の後に用います（知事は、議会の承認を…）。

②　名詞を並列して用いる場合のうち、名詞が二つの場合は「及び」「又は」でつなぎますが、名詞が三つ以上の場合は最後の名詞とその直前の名詞との間は「及び」「又は」等を用いて、その他の名詞の間は「、」を付けます（条例又は規則　部長、課長及び係長）。

　　ただし、「等」や「その他の」でくくるときは、次の括弧の中のように用います。

（電車、バス、タクシー等を乗り継ぐ　事務局長、書記その他の職員）

③　句と句を接続する「かつ」の前後に用います。ただし、語と語を接続する場合には付しません（通知し、かつ、公表する　民主的かつ能率的な市政運営…）。

④　文の始めに置く接続詞と副詞の後に用います（また、なお、ただし、）。

⑤　限定条件等を表す語句の後や挿入句の前後に付けます（雨が降れば、通れない。この秘密は、いかなる事情があろうとも、漏ら

してはならない。）。

⑥　名詞か名詞句を説明するのに用いる「で」「であって」「のうち」は、原則として付します（試験に合格した者で、本県に住所を有するもの…）。

⑦　対句を並べる場合は用いますが、各句の中の主語等には付しません。

c 「・」（なかてん）

「・」は、名詞を並列する場合、外国の地名、人名、外来語の区切り等に用います（松・竹・梅　トーマス・マン）。

d （　）括弧

（　）は、語句や文の後に注記を加える場合、法令、条例等の条文の見出し、その他簡単な独立した語句の左右を囲む場合に用います。

e 「　」、『　』（かぎ）

「　」、『　』は、用語の定義をする場合、語句を引用する場合、特に注意を喚起する語句をさしはさむ場合等に用います。『　』は、「ふたえかぎ」ともいい、「　」の中でもう一度「　」を用いる場合に用います。

(6)　**用語**

公文用語の用い方については、「公用文作成の考え方」（令和4年1月7日文化審議会建議）において、次のようなことが示されています。

①　法令・公用文に特有の用語は適切に使用し、必要に応じて言い換える。

例）及び　　並びに　　又は　　若しくは

②　専門用語は、語の性質や使う場面に応じて、次のように対応する。

ア　言い換える。

例）頻回 → 頻繁に、何回も　　埋蔵文化財包蔵地 → 遺跡

　イ　説明を付けて使う。

　　例）罹災証明書（支援を受けるために被災の程度を証明する書類）

　ウ　普及を図るべき用語は、工夫してそのまま用いる。

③　外来語は、語の性質や使う場面に応じて、次のように対応する。

　ア　日本語に十分定着しているものは、そのまま使う。

　　例）ストレス　　ボランティア　　リサイクル

　イ　日常使う漢語や和語に言い換える。

　　例）アジェンダ → 議題　　インキュベーション → 起業支援

　　　　インタラクティブ → 双方向的

　　　　サプライヤー → 仕入先、供給業者

　ウ　分かりやすく言い換えることが困難なものは、説明を付ける。

　　例）インクルージョン（多様性を受容し互いに作用し合う共生社

　　　会を目指す考え）

　　　　多様な人々を受け入れ共に関わって生きる社会を目指す「イ

　　　ンクルージョン」は…

　エ　日本語として定着する途上のものは、使い方を工夫する。

　　例）リスクを取る → あえて困難な道を行く、覚悟を決めて進む、

　　　賭ける

④　専門用語や外来語の説明に当たっては、次の点に留意する。

　ア　段階を踏んで説明する。

　イ　意味がよく知られていない語は、内容を明確にする。

　ウ　日常では別の意味で使われる語は、混同を避けるようにする。

⑤　紛らわしい言葉を用いないよう、次の点に留意する。

　ア　誤解や混同を避ける。

　（ア）同音の言葉による混同を避ける。

　（イ）異字同訓の漢字を使い分ける。

　イ　曖昧さを避ける。

（ア）「から」と「より」を使い分ける。

例）東京から京都まで　午後1時から始める　長官から説明が
　　ある

　　東京より京都の方が寒い

　　会議の開始時間は午前10時より午後1時からが望ましい

（イ）程度や時期、期間を表す言葉に注意する。

例）幾つか指摘する　→　3点指摘する

　　少人数でよい　→　3人以上でよい

　　早めに　→　1週間以内（5月14日正午まで）に

　　本日から春休みまで　→　春休み開始まで／春休みが終了す
るまで

（ウ）「等」「など」の類は、慎重に使う。これらの語を用いるとき
　　には、具体的に挙げるべき内容を想定しておき、「等」「など」
　　の前には、代表的・典型的なものを挙げる。

ウ　冗長さを避ける。

（ア）表現の重複に留意する。

例）諸先生方　→　諸先生、先生方

　　各都道府県ごとに　→　各都道府県で、都道府県ごとに

　　第1日目　→　第1日、1日目

　　約20名くらい　→　約20名、20名くらい

（イ）回りくどい言い方や不要な繰り返しはしない。

例）利用することができる　→　利用できる

　　調査を実施した　→　調査した

　　教育費の増加と医療費の増加により　→　教育費と医療費の
増加により

⑥　文書の目的、媒体に応じた言葉を用いる。

ア　誰に向けた文書であるかに留意して用語を選択する。

例）喫緊の課題 → すぐに対応すべき重要な課題

可及的速やかに → できる限り早く

イ　日本語を母語としない人々に対しては、平易で親しみやすい日本語（やさしい日本語）を用いる。

ウ　敬語など相手や場面に応じた気遣いの表現を適切に使う。解説・広報等における文末は「です・ます」を基調とし、「ございます」は用いない。また、「申します」「参ります」も読み手に配慮する特別な場合を除いては使わない。「おります」「いたします」などは必要に応じて使うが多用しない。

エ　使用する媒体に応じた表現を用いる。ただし、広報等においても、広い意味での公用文であることを意識して一定の品位を保つよう留意する。

⑦　読み手に違和感や不快感を与えない言葉を使う。

ア　偏見や差別につながる表現を避ける。

イ　特定の用語を避けるだけでなく読み手がどう感じるかを考える。

ウ　過度に規制を加えたり禁止したりすることは慎む。

エ　共通語を用いて書くが、方言も尊重する。

⑧　そのほか、次の点に留意する。

ア　聞き取りにくく難しい漢語を言い換える。

例）橋梁（りょう） → 橋　塵埃（じんあい） → ほこり　眼瞼（けん） → まぶた

イ　「漢字1字＋する」型の動詞を多用しない。

例）模する → 似せる　擬する → なぞらえる　賭する → 賭ける　滅する → 滅ぼす

ウ　重厚さや正確さを高めるには、述部に漢語を用いる。

例）決める → 決定（する）　消える → 消失（する）

エ　分かりやすさや親しみやすさを高めるには、述部に訓読みの動

詞を用いる。

　　例）作業が進捗する → 作業がはかどる、順調に進む、予定どお
　　　　りに運ぶ

　オ　紋切り型の表現（型どおりの表現）は、効果が期待されるとき
　　にのみ用いる。

⑺　**法令上の慣用語**

　法令用語には、一般文書に用いられるものや日常に用いられるもの
とは異なった法令上の慣用語があります。法令については、法令とし
て分かりやすいことと、用語、表現が正確であるということが要求さ
れます。法令上の慣用語は、正確な用語、表現を用いて正しい法令を
作るための約束です。通常用いられているもののうち、その一部を次
に取り上げてみましょう。

①　「しなければならない」　一定の作為義務をあるものに課す場合に
　　用います。

②　「するものとする」「しなければならない」と同義に用いられる
　　こともありますが、一般にはそこまではっきりと割り切らないで、
　　若干の含みを持たせながら一般的な原則、方針を示すという場合に
　　多く用います。

③　「とする」　一定の事項を創設的、拘束的に述べ、それらによって
　　規範性を持たせる場合に用います。

④　「例とする、常例とする」　法令の定めによって一定事項をなすべ
　　きだが、合理的な理由があれば例外を認めるという場合に用いま
　　す。

⑤　「例による」「準用する」とほぼ同様の意味に用いますが、準用
　　するが特定の法令だけが対象となるのに対して、ある制度なり、法
　　体系なりを包括的に他の同種の事項について当てはめる場合に用い
　　ます。

⑥ 「準用する」 条文の重複を避け法令の規定を簡単にするため、既
存の規定を新しい規定で必要な修正を加え、類似する事項に当ては
める場合に用います。「準用する」場合の対象は、既存の法令のそ
の規定です。この点、「例による」場合は、既存の法体系や既に失
効している法体系そっくりそのまま、包括的に借用して当てはめる
ことになります。

⑦ 「みなす、推定する」 「みなす」は、あるものとは異なるものに
ついて、一定の法律関係では同一とみて、そのあるものについて生
ずる法令上の効果を他のものについても生じさせる場合に用いま
す。

　「推定する」は、事実がどうであるのか明らかでないケースにつ
いて、一応一定の状態であるものとして法令上の効果を生じさせる
場合に用います。しかし、そうではないことが証明されたときは、
「推定」はくつがえることとなる点が、「みなす」規定とは効果が異
なります。

⑧ 「なお従前の例による、なお効力を有する」 いずれも法令の全部
か一部の改廃が行われる場合に、その経過規定の中で多く用いま
す。「なお従前の例による」は、旧法令や改正前の法令は完全に失
効しますが、特定の事項については、旧法令や改正前の法令はもと
より、施行命令等まで含めて旧制度全体をそのままの状態で適用す
る場合に用います。

　「なお効力を有する」は、効力を有する規定だけを、特定の事項
について、経過的に存続させて適用する場合に用います。

⑨ 「遅滞なく、直ちに、速やかに」 いずれも時間的に遅れてはなら
ないことを示します。「遅滞なく」は、時間的に即時性が強く求め
られますが、正当な場合か合理的な理由による遅滞を許される場合
に、「直ちに」は、時間的急速度が強く、一切の遅れを許さない場

合に、「速やかに」は、「直ちに」よりも急迫度が弱く、訓示的にいう場合にそれぞれ用います。

⑩ 「当分の間」 一定の措置が臨時的なものであるが、臨時的措置の存続期間を具体的な期間として見通すことができない場合、将来当該措置が法令によって廃止か変更されるまでの間、当該措置を有効なものとして存続させるために用います。

⑪ 「及び、並びに」 併合的につなぐ場合に用います。併合的に並列される用語が2個の場合は「及び」で結び、同じ段階で並列される用語が3個以上の場合は、最後の用語だけを「及び」で結びます。また、併合的に並列される用語に大小のグループがある場合には、一番小さな連結だけに「及び」を用い、それ以外の連結には「並びに」を用います。

⑫ 「又は、若しくは」 選択的につなぐ場合に用います。選択的に並列された語句が2個の場合は「又は」で結び、3個以上の場合は最後の用語だけを「又は」で結びます。選択的に並列される用語に大小のグループがある場合には、一番大きな連結だけに「又は」を用い、それ以外の連結には「若しくは」を用います。

⑬ 「その他、その他の」 「その他」は、前に表示される用語と、後に表示される用語との間に、並列な関係がある場合に用います（賃金、給料、その他これに準ずる収入）。「その他の」は、前に表示される用語を後に表示される用語の例示として示す場合に用います（委員会の書記長、書記その他の職員）。

⑭ 「時、とき、場合」 「時」は、特定の時期、時刻をとらえて表示する場合に、「とき」と「場合」とは同じ仮定的条件を表現する場合に用います。仮定的条件が二つ重なる場合には、大きい方に「場合」、小さい方に「とき」を用います。

⑮ 「者、物、もの」 「者」は自然人、法人を問わず法律上の人格を

持つものを単数か複数かを問わず表現する場合に、「物」は人格を持たない有体物を表現する場合に、「もの」は者か物にある種の限定を加えたり、者か物に当たらない抽象的なものを表現したりする場合にそれぞれ用います。

⑯　「削除、削る」「削除」は、「第10条　削除」のように条、号を形式的に残して規定の内容を消去する場合に、「削る」は、既存の条、号をあとかたもなく消去する場合にそれぞれ用います。

⑰　「改正する、改める」「改正する」は、法令全体をとらえて改正する場合に、「改める」は法令の各部分を改める場合に用います。

(8) 広報文書

広報文書として広く住民にPRする文書を書くに際しては、一般に役所で書く公文書と異なり、次のような点に注意することが必要です。

a 広報の目的・目標の明確化

まず、何のための広報なのか、という目的・目標を設定しておくことが大切です。

b 適切な方法の選択

媒体として、ポスター、パンフレット、広報誌、単行本やホームページ、SNSなどの中から、目的・目標に沿ったものを選択します。また、発行・配布の時期もタイムリーになるよう、十分心掛けることも大切です。

特に、事件性が高いものや災害情報については、直ちに情報を発信することができるインターネットによるホームページが有効です。ただし、ホームページは逆に情報の新鮮さが命ですから、随時更新できるような体制をとる必要があります。

c 読みやすい文章

役所の文章は、形式ばって堅苦しいとか、読む者の立場に立ってなく不親切であるとか、抽象的で難解であるなどの評を受けている

ようです。

　広報というものは不特定多数の人に読んでもらうのですから、読みやすさをモットーにして書くべきです。普通、日刊新聞では、中学校卒業程度の学力があり社会経験10年程度の人を対象として、記事が書かれているといわれています。皆さんが広報文書を作る場合には、住民全部が読んで理解できるものを書くことが求められており、新聞記事よりも平易な文章で執筆しなければなりません。

　この意味で、更に次のようなポイントを指摘しておきましょう。

①　５Ｗ１Ｈ　いつ（when）、どこで（where）、誰が（who）、何を（what）、なぜ（why）、どのように（how）を十分に伝えることが不可欠です。

②　短い文章　構文が複雑だと、文章の意味がとらえにくくなります。広報の場合にはすっきりした文章にし、一読して意味が理解できなくてはなりません。そこで、一つの文には一つのことを40～50字程度で、を心掛けて書くとよいでしょう。

③　改行　行かえなしに文章が詰まっていると、読む側に圧迫感を与える上、こちらの意図も伝わりにくくなります。新たな論点、主張、立場を示す場合など、段落の切れ目には必ず改行をし、また、文が長くなりすぎるときにも、文章の流れの切れ目で改行をすべきでしょう。

④　漢字の使い方　漢字が多すぎても少なすぎても読みにくく感じるものです。100字の中で漢字が20～40字程度が読みやすいといわれていますので、このことも念頭に置いてください。

　また、難解な漢字は避け、教育漢字程度で文章を作れば、読み手としても堅苦しい印象は薄らぐでしょう。

⑤　平易な言葉　まず、役所用語は避けなければいけません。「ヒアリング」、「立米（リュウベイ）」等は、一般には用いない言葉

です。

　次に、役所言葉でなくても、難解な表現、文語調の表現、漢語を多用した表現は改めましょう。例えば、「思料することができる」は「思われる」、「付与する」は「与える」と言い換えることが適当でしょう。

⑥　レイアウト　いくら良い文章を書いても、読んでもらえなければ意味がありません。そのため、書体の大きさや文字の配置など、どうしたら見る者の目を引くことができるか考えてみましょう。特に最近は、ホームページに積極的に情報を掲載する自治体が増えてきましたが、冊子類に比べて全体構成が把握しにくく、何がどこに掲載されているのか探すのに苦労することが多々あります。また、トップ画面に掲載したものの、画面をスクロールしなければ見えないところに配置されていたため、結局あまり見てもらえないということもあります。広報を読んでもらうためには、レイアウトを工夫することも大切です。

第2節　情報公開

1　情報公開制度の概要

　第1節でも述べましたが、役所が保有する公文書や情報は、役所だけのものではありません。また、住民は主権者として、地方公共団体の様々な政策形成過程について、説明を求めることができます。こうした考え方から、我が国でも情報公開の制度が整備されてきました。

　国においては、平成11年に情報公開法が制定され、平成13年から施行されました。この法律は、「国民主権の理念にのっとり、行政文書・法人文書の開示を請求する権利につき定めること等により、行政

機関・独立行政法人等の保有する情報の一層の公開を図り、もって政府・独立行政法人等の有するその諸活動を国民に説明する責務が全うされるようにすること」を目的としています（情報公開法1）。

実は、歴史的には国の法律制定に先立って、1980年代ごろから地方公共団体が条例や要綱を制定して情報公開の制度化を進めてきました。こうしたこともあり、情報公開法は地方公共団体を直接の適用対象としておらず、「地方公共団体は、この法律の趣旨にのっとり、その保有する情報の公開に関し必要な施策を策定し、及びこれを実施するよう努めなければならない」（情報公開法25）と規定しています。

現在では、全ての都道府県で情報公開条例が制定されており、市町村についてもほぼ全ての団体で条例が制定されています。

2　情報公開の手続

地方公共団体の情報公開制度については、各地方公共団体の条例、規則、要綱等で定められているため、ここでは国の情報公開制度を例として手続を説明します。

⑴　開示請求

開示請求者に必要な事項を記入して、情報公開の窓口に提出します。郵送でも請求できるほか、オンラインでの請求に対応している行政機関もあります。なお、請求に当たっては所定の手数料が必要となります。

⑵　開示・不開示の通知

請求した文書については原則として開示されますが、開示することで差し障りがある次のような情報については不開示となります（文書全体を不開示とする場合もあれば、一部を不開示とする場合もあります）。

・個人に関する情報で、特定の個人を識別することができるもの又

は公にすることにより個人の権利利益を害するおそれがあるもの
・法人その他の団体や事業を営む個人に関する情報で、公にすることにより法人等の正当な利益を害するおそれがあるもの
・公にすることにより、国の安全が害されるおそれや他国・国際機関との信頼関係が損なわれる、又は交渉上不利益を被るおそれがあるもの
・公にすることにより、犯罪の予防等の公共の安全と秩序の維持に支障を及ぼすおそれがあるもの
・行政機関内部又は相互間の審議、検討又は協議に関する情報であって、公にすることにより、率直な意見の交換若しくは意思決定の中立性が不当に損なわれるおそれ等があるもの
・行政機関の事務又は事業に関する情報で、公にすることにより、当該事務又は事業の適正な遂行に支障を及ぼすおそれがあるもの
　開示されるかどうかは、原則として請求してから30日以内に決定し、書面で通知をします。

⑶　開示の実施の申し出

　開示の通知を受けた場合、請求者は30日以内に開示の実施について申し出をします。開示の方法としては、「閲覧」、「白黒コピー」、「カラーコピー」、「CD-R」、「DVD-R」、「オンライン」があり、それぞれの方法に応じて所定の手数料が必要となります。

⑷　審査請求

　開示請求者が不開示の決定等に不服があるときは、不開示等の決定を行った行政機関の長に対して審査請求を行うことができます。この場合、当該行政機関の長は、総務省の情報公開・個人情報保護審査会に諮問し、その答申を受けた上で、審査請求に対する裁決を行います。

3　情報の提供

　以上に見てきたように、情報公開制度は、請求者の個別の請求を受けて公文書を開示する仕組みです。住民の権利を守る大切な仕組みですが、地方公共団体の情報が開示請求を通じてしか公開されないとしたら、住民にとっても職員にとってもその手間は膨大なものになるでしょう。

　このため、情報公開法では、「政府は、その保有する情報の公開の総合的な推進を図るため、行政機関の保有する情報が適時に、かつ、適切な方法で国民に明らかにされるよう、行政機関の保有する情報の提供に関する施策の充実に努めるものとする」（情報公開法24）という規定を置き、政府に積極的な情報の提供を求めています。地方公共団体の情報公開条例等においても、同様の規定を置いている例もあります。

　従来から、地方公共団体では決まった施策を公報等により住民にお知らせしてきましたが、現在では、例えば審議会や検討会のように政策形成の段階から積極的に情報を提供したり、予算の内訳や公共工事の落札者など様々な情報をホームページ等に掲載している団体もあります。

第3節　個人情報保護

1　個人情報保護制度の概要

　地方公共団体は住民基本台帳をはじめ様々な個人情報を保有しています。こうした個人情報は、個人の「プライバシー」に当たるものであり、個人の権利利益として保護されなければなりません。他方で、

デジタル社会の進展や個人情報の有用性の高まりを背景として、官民や地域の枠を越えたデータ利活用を図ることも求められています。

　地方公共団体の個人情報保護制度は、情報公開制度と同様に、歴史的には国の法律制定（昭和63年行政機関電算機個人情報保護法制定）に先立って、1970年代半ばから先進的な団体で条例が制定されてきました。このため、平成15年に国の行政機関を対象とする「行政機関の保有する個人情報の保護に関する法律」、独立行政法人等を対象とする「独立行政法人等の保有する個人情報の保護に関する法律」、民間企業を対象とする「個人情報の保護に関する法律」が制定された際も、地方公共団体における個人情報保護については条例で定めることとされていました。

　しかし、デジタル庁の設置など、国や地方のデジタル業務改革を強力に推進していくことが求められている中で、公的部門で取り扱うデータの質的・量的な増大が不可避であることや、データ利活用の支障となり得る法制の不均衡・不整合を是正する必要を踏まえ、3本の法律を1本の法律に統合するとともに、地方公共団体の個人情報保護制度についても統合後の法律において全国的な共通ルールを規定し、全体の所管を個人情報保護委員会に一元化することとされました。この改正個人情報保護法は令和3年に制定され、地方公共団体の個人情報保護についても令和5年4月から全国共通ルールにより取り扱うこととされました（なお、必要最小限の独自の保護措置を条例で定めることは認められています。）。

(1)　個人情報

　「個人情報」とは、生存する個人に関する情報であって、

　　・当該情報に含まれる氏名、生年月日その他の記述等により特定の個人を識別することができるもの（他の情報と容易に照合することができ、それにより特定の個人を識別することができることと

なるものを含む。）

・個人識別符号（顔、指紋、ＤＮＡ等のデータや旅券番号、基礎年金番号、免許証番号、住民票コード、マイナンバー等の公的な番号）が含まれるもの

のいずれかをいいます。他の情報と容易に照合することができ、それにより特定の個人を識別することができることとなるものも、個人情報に含まれます。

⑵　**個人情報の取扱いに関するルール**

個人情報については、地方公共団体は次のようなルールを守らなければなりません。

・法令（条例を含む。）の定めに従い適法に行う事務又は業務を遂行するため必要な場合に限り、保有する。

・利用目的について、具体的かつ個別的に特定する。

・利用目的の達成に必要な範囲を超えて保有できない。

・直接書面に記録された個人情報を取得するときは、本人に利用目的をあらかじめ明示する。

・偽りその他不正の手段により個人情報を取得しない。

・違法又は不当な行為を助長し、又は誘発するおそれがある方法により利用しない。

・苦情等に適切・迅速に対応する。

また、地方公共団体が組織的に利用する個人情報（保有個人情報）については、上記に加えて次のようなルールが定められています。

・漏えい等が生じないよう、安全に管理する。

・委託先にも安全管理を徹底させる。

・個人情報保護委員会規則で定める漏えい等が生じたときには、個人情報保護委員会に対して報告を行うとともに、本人への通知を行う。

・利用目的以外のために自ら利用又は提供してはならない。

・本人から開示等の請求があった場合はこれに対応する。

2　業務における個人情報保護

　地方公共団体は多くの個人情報を取り扱っていますので、業務の中でうっかりミスをすることで個人情報が流出するおそれがあります。これまでにも次のような事例が生じていますので、皆さんも日々の業務では十分に注意しましょう。

・個人情報が記載された文書を誤って別の住民宛ての封筒に封入して送付してしまった。

・個人情報が記載された文書を誤って別の宛先にＦＡＸ・メール送付をしてしまった。

・イベントの参加者宛ての電子メールでbccを用いなかったため、他の参加者のメールアドレスが全員にわかるようになってしまった。

・個人情報が記載された申請書を誤って紛失してしまった。

・自宅で仕事をしようと思って職場で個人情報を含むファイルをUSB メモリにダウンロードしたが、その USB メモリを紛失してしまった。

・業務上必要がないにもかかわらず、業務システムにアクセスして興味本位で個人情報を閲覧した。

・契約書に事前の許可を明記しているにもかかわらず、委託先の事業者が地方公共団体の許可を得ずに個人情報を用いる業務を再委託していた。

・個人情報を保存していたハードディスクドライブを廃棄することになり、その処分を事業者に委託していたところ、ハードディスクドライブに保存していた情報が流出した。

第2編

地方行財政制度の仕組み

は じ め に

　皆さんは、今までも地方公共団体の住民の一人として地方公共団体の仕事を見てきたでしょうし、そのサービスを受けてきたことでしょう。上下水道は日常の生活に欠かせないものですし、公立の小・中学校あるいは高等学校で勉強した人も多いでしょう。毎日通学した道路の多くは、地方公共団体が設置・管理しているものです。公民館や図書館も利用したことと思います。また、暮らしの安全は、警察や消防により守られています。……このように例を挙げればきりがありません。これらは、全て地方公共団体の仕事です。皆さんは、立場をかえて、今度は住民のためにこうしたサービスを提供する側に立ったわけです。

　そこで、地方公共団体の組織や運営に関する基本的な仕組みを体系的に理解し、今までいろいろな形で持っていた地方公共団体に対するイメージを正確なものにすることが大切です。このような観点から、本編では、地方自治制度の根幹となっている地方自治法、地方公務員法、地方財政法、地方税法などを基に、地方行財政制度に関する最小限の基礎知識を学んでもらうことをねらいとしています。また、そもそも地方自治とは何か、国と地方公共団体の関係はどうあるべきかなどについても、常日ごろから議論し、考える習慣を身に付けてほしいものです。

　なお、地方行財政制度も他の制度と同様、万古不易のものではありません。社会経済の情勢の変化に対応して変化していくべきものです。平成7年の地方分権推進法に始まった地方分権への大きな流れは、その後の5次にわたる地方分権推進委員会の勧告を経て、平成11年7月「地方分権の推進を図るための関係法律の整備等に関する

法律」としてその成果がまとめられました。国と地方公共団体の対等・協力の関係を前提とするこの法律の施行（平成12年4月）により、今後一層、地方公共団体の自主性と自立性が十分発揮されることが期待されています。また、平成14年度からは、税源移譲を含む税源配分の見直し、国庫補助負担金の改革、地方交付税の改革を一体的に実施する、いわゆる「三位一体の改革」が行われました。さらには、地方分権改革推進委員会（平成19〜21年度）の4次にわたる勧告を経て、第1次〜第4次の地方分権一括法、国と地方の協議の場に関する法律、その後も累次の地方分権一括法が制定・施行され、法令による「義務付け・枠付け」の緩和、基礎自治体への権限移譲、地方公共団体の国政参加等が進められています。

　皆さんには、このような地方自治をめぐる制度改革にも積極的に関心を持っていただきたいと思います。

第1章

地方自治制度

1　地方自治とは何か

　地方公共団体は、住民の日常生活に身近な様々な仕事をしています。ところで、この場合、人の大勢集まっている大都市と人の少ない地域では、そこに住む人々が地方公共団体に望む仕事の内容ややり方には当然違いが出てきます。大都市の住民の多くは、住宅の確保や通勤のための交通機関の整備を希望しているでしょう。一方、若者の流出などで人口の減っている地域の住民は、就職の機会が増大することがより大きな願いかもしれません。雪の多く降る北国の住民と台風や干ばつに悩むことの多い南国の住民の間にも、同じように地方公共団体に希望する仕事に違いがあります。

　このように、全国各地の置かれた事情に違いがあり、したがって、そこに住む人々の要望にも違いがあるときに、それぞれの地方公共団体が地域の事情や住民の要望を的確に反映させ、自らの工夫と責任で仕事を処理することによって住民の福祉の増進を図ろうとするのが、地方自治の基本的な考え方です。つまり、地方自治とは、地域の問題を地域住民が自ら考え、決定し、処理することであるといえます。

　この地方自治は、民主政治の生みの親であり、育ての親であるといわれます。民主政治を言い表した言葉としてよく知られているリンカーンの「人民の、人民による、人民のための政治」は、まさに地方自治を端的に表現しているともいえます。また、イギリスの政治学者

ジェームス・ブライスは、「地方自治は民主政治の最良の学校である」と言っています。これは、住民が自らの生活に結びついた地方政治に参加することによって民主主義を実践し、国単位での政治に参加し得る能力を養うことができるということを言ったものとして理解できます。

2 地方自治制度の沿革

(1) 旧憲法下の地方自治制度

旧憲法下の地方自治制度は、当時のドイツの制度を模範として、明治21年の市制町村制、明治23年の府県制、郡制の制定により、近代的な制度として確立されました。

この制度による地方公共団体は、府県、郡、市町村の三段階に分けられ、そのうち、府県及び郡は国の行政区画であり、同時に地方公共団体の区域ともされたものです。これらの執行機関も、国の行政機関である府県知事及び郡長をもって充てられ、府県知事は、公選の議員からなる府県議会よりも強い権限を与えられていました。この制度の下では、国から独立した団体が地域の仕事を処理するという団体自治の要素はある程度備えていても、地域の住民又はその代表者が自らの意思と責任において仕事を処理するという住民自治の要素は不完全なものであったといえます。これは、中央政府にできるだけ大きな権限を集め、近代化を強力に推進しようとした当時の政治状況を反映したものということができます。

大正時代に入り、郡の機能が次第に縮小し、地方公共団体としての活動にみるべきものがなくなったため、大正10年に郡制は廃止されることとなりました。大正15年には、国の行政機関としての郡長の制度も廃止されたため、以降、郡は単なる地理的な名称にすぎなくなりました。一方、大正10年には公民権の拡大が図られ、次いで大正

15年に衆議院議員選挙に普通選挙が採用されたのに伴い、地方議会議員の選挙でも普通選挙を実施することとされるとともに、各種の許認可事務が整理され、地方公共団体に対する国の監督権が緩和されました。

さらに、昭和4年には府県に新たに条例及び規則の制定権を認め、議員に発案権を認めるなど、府県に市町村と同じような権限を与える制度改正が行われ、地方自治制度の改善が図られてきましたが、第二次世界大戦の勃発により、地方自治制度は、全面的に戦時体制に移行し、地方自治は、その実質をなくしてしまいました。

(2) 新憲法下の地方自治制度

昭和20年に第二次世界大戦が終わり、我が国がポツダム宣言を受諾したことにより、政治及び行政を民主化することとなりました。昭和22年に施行された日本国憲法は、その中に地方自治に関する一章を設け、民主政治の基盤としての地方自治を保障しましたが、地方自治制度の一層の徹底を図るため、新たに地方自治法が制定されました。これによって、地方公共団体は、その権限が拡大され、地方公共団体の自主性・自立性が強化されました。また、女性にも選挙権、被選挙権が与えられ、住民の選挙権は、都道府県及び市町村の議会議員だけでなく首長の選任にも及ぶこととなり、新たに直接請求の制度も設けられるなど、地方自治の担い手としての住民の権利が拡充されました。さらに、選挙管理委員会などの行政委員会及び出納長（現在の会計管理者）の制度が創設され、地方公共団体の行政の専門化と公正の確保が図られるようになりました。

その後、昭和23年に地方財政法、昭和25年に地方税法、地方公務員法、公職選挙法、昭和27年に地方公営企業法が制定されるなど、現在の地方自治制度を形成する数多くの地方自治に関する法律が制定され、地方自治が拡充・強化されていきました。

3　憲法と地方自治

　日本国憲法は、第8章を「地方自治」の章とし、地方自治に関する4か条を置いて、地方自治を憲法上保障するとともに、地方自治の基本的な在り方を示しています。

(1)　地方自治の本旨

　憲法第92条は、「地方公共団体の組織及び運営に関する事項は、地方自治の本旨に基いて、法律でこれを定める」と規定し、地方自治に関する基本的な理念を明らかにしています。「地方自治の本旨」とは、団体自治と住民自治の二つの要素を併せ備えた地方自治を確立することをいうものとされ、本条を置くことによって、憲法は、単に地方自治の存在を認めただけではなく、より積極的に、国として真の地方自治を実現するよう努めるべきであることを示したものと考えられます。

(2)　地方公共団体の機関

　憲法第93条は、地方公共団体の議事機関として議会を設置すること、地方公共団体の長、議会の議員及び法律の定めるその他の吏員を住民が直接選挙により選ぶことを規定し、住民自治の原則を制度的に保障しています。

(3)　地方公共団体の権能

　憲法第94条は、地方公共団体が持つべき権能を概括的に列挙し、広範な自治権を憲法上認めており、これは、団体自治の原則を保障したものといえます。例示されているものは、行政権としての財産の管理、事務の処理、行政の執行権及び立法権としての条例の制定権ですが、地方公共団体には司法権は認められていません。

(4)　地方自治特別法

　憲法第95条は、特定の地方公共団体のみに適用される特別法は、

その地方公共団体の住民の過半数の同意がなければ、国会は、これを制定することができない旨を規定しています。そのねらいは、地方公共団体の個性を尊重し、特定の地方公共団体に対して特別の立法をしようとする場合、その住民の意思に反して不利益な扱いをすることを防ごうとするものです。このような特別法は、一般に地方自治特別法と呼ばれており、昭和24年から昭和26年にかけて制定された「広島平和記念都市建設法」、「長崎国際文化都市建設法」などがその例に当たります。

⑸ 第8章以外の規定と地方自治

憲法には、第8章以外にも地方自治と関連する規定があり、第8章の規定とあいまって、地方自治制度を形作っています。憲法第15条は、「公務員を選定し、及びこれを罷免することは、国民固有の権利である」とし、さらに、公務員は全体の奉仕者であること、公務員の選挙は普通選挙により、投票の秘密は守られるべきことを規定していますが、この場合の「公務員」は国家公務員だけでなく地方公務員も含まれます。

憲法第16条は、国民の請願権を保障しています。請願事項として国又は地方公共団体の機関の行為が列挙されていますが、列挙事項にとどまらず、これら機関の職務に関する全ての行為が含まれると解されます。憲法第17条は、「何人も、公務員の不法行為により、損害を受けたときは、法律の定めるところにより、国又は公共団体に、その賠償を求めることができる」と規定して、地方公共団体の損害賠償義務を明記しています。憲法第30条は、国民に納税義務があることを定めていますが、これは、国税だけでなく地方税も含まれます。憲法第89条は、公金その他の公の財産を宗教的な組織・団体等に支出し、又は利用させてはならない旨を規定していますが、これは、地方公共団体にも適用されるものです。

4　条例と規則

　憲法第94条は、地方公共団体は法律の範囲内で条例を制定することができると規定して、自治立法権を保障しています。この憲法の規定に基づき、地方自治法では、地方公共団体の制定する法形式として条例と規則の2種類を認めています。条例は、議会がその議決により、地方公共団体の事務に関して制定するものをいい、規則は、地方公共団体の長がその権限に属する事務について制定するものをいいます。このほかに、教育委員会、公安委員会、人事委員会等の行政委員会では、その権限に属する事務について規則の制定権が認められています。

(1)　条例

a　条例の制定範囲

　条例で制定できる事務の範囲は、地方公共団体の事務であり、後述する自治事務、法定受託事務ともに条例を制定することができます。条例を内容的に大別すると、権利義務に関するものと地方公共団体の内部的事項に関するものがあります。地方公共団体は、義務を課したり、権利を制限したりするには、法令に特別の定めがある場合を除き、条例で定めなければなりません。例としては、公の施設の利用に関する条例、地方税・使用料・手数料等の賦課徴収に関する条例、公害防止条例、青少年の保護育成に関する条例などがあります。また、地方公共団体の内部的事項に関するものとしては、議会の委員会に関する条例、職員の給与に関する条例、財務に関する条例等があります。

　条例の制定範囲で問題となるのは、国の法令との関係です。条例は、「法律の範囲内で」（憲法94）、また「法令に違反しない限りにおいて」（自治法14①）制定することができるとされており、これ

は、それぞれ同じ趣旨で、条例が国の法令の下位に立つことを示しています。国の法令の規定がない場合であって、法令が関知していない実質的な空白域の事項については、条例で定めることができるとされていますが、ある事項について、国の法令の規定がある場合の条例が国の法令に違反するかどうかは、両者の対象事項と規定文言を対比するのみではなく、それぞれの趣旨、目的、内容及び効果を比較し、両者の間に矛盾抵触があるかどうかによってこれを決しなければならないと解されています。具体的には、国の法令の趣旨・目的と同一の趣旨・目的をもって、国の法令と異なる規制又は国の法令の規制より厳しい規制を行う条例については、国の法令の規定が、地方公共団体において、地方の実情に応じて、別段の規制を施すことを容認する趣旨かどうかによって判断されることになります。

b 条例の効力

条例は地方公共団体の法規ですから、その効力は、原則として当該地方公共団体の区域内に限られます。したがって、地方公共団体の区域内であれば、住民だけでなく滞在者に対してもその条例が適用されますが、反対に、住民であっても地方公共団体の区域外であれば、条例の適用はありません。

c 条例と罰則

条例には、その実効性を保障するために、罰則を設けることができます。憲法第31条では、刑罰は法律で定めることとする罪刑法定主義を規定していますが、条例は住民の代表機関である議会によって制定される民主的立法であり、実質的に国の法律に準じて考えることができることから、条例に刑罰の規定を設けることは憲法に反しないと解されています。条例で科することができる行政罰は、2年以下の拘禁刑、100万円以下の罰金、拘留、科料若しくは

没収又は 5 万円以下の過料です（自治法14③）。

d　条例の制定・公布・施行

　　条例は、議会の議決を経て制定されますが、そのための議会への条例案の提案は、地方公共団体の長及び議会の議員いずれもができることとなっています。また、条例案の提案については、有権者の50分の 1 以上の者の連署による直接請求の方法もあります。

　　条例の公布は、条例の制定を住民に広く知らせるためのものであり、一般には、公報に登載するか、地方公共団体の設置する掲示場に掲示するかのいずれかの方法が採られています。

　　条例の施行は、当該条例に施行期日の定めがある場合にはこれにより、それ以外は公布の日から起算して10日を経過した日から施行されます（自治法16③）。

(2)　**規則**

　地方公共団体の長は、法令に違反しない限りにおいて、その権限に属する事務に関して規則を制定することができます。

　条例と規則は、一般的にはその所管事項を異にしており、それぞれの効力に優劣はありませんが、条例の委任により、又は条例を施行するために制定される規則は、当該条例の規定に違反できないことは当然のことです。規則の実効性を担保するために、 5 万円以下の過料を科する旨の規定を設けることができるとされています（自治法15②）。規則は、地方公共団体の長の決裁により制定され、公布、施行されます。

(3)　**要綱**

　地方公共団体の立法そのものとは違いますが、条例を補完する機能を持つものとして多くの地方公共団体で制定されているものに、要綱があります。これは、相手方の任意の同意を前提とする「行政指導」の基準等として定めるものです。宅地開発や公害防止等に関して多く

制定されており、良好な地域環境の維持等を図る上で効果を挙げています。しかし、違反者に対する法的な制裁が及ばない点が法令と異なっており、行政指導の内容を強制することはできません。

第2節　地方公共団体の種類と事務

1　地方公共団体の種類

　地方公共団体は、一定の区域を基盤とし、その区域内の住民から構成されています。そして、自らの区域を自らが治めるため、自主的に仕事を行い、国から独立し、地域団体として権利義務の主体となることができます。地方公共団体は、「普通地方公共団体」と「特別地方公共団体」に区分されています。

⑴　**普通地方公共団体**

　普通地方公共団体とは、その組織、仕事などが一般的であり、全国いずれの地域においても存在する地方公共団体をいい、都道府県と市町村がこれに該当します。また、私達の住んでいる地域は、いずれかの市町村（又は特別区）と同時にいずれかの都道府県に属しています。

a 都道府県

　都道府県は、国と市町村の中間に位置し、市町村を包括する広域的な地方公共団体であり、現在、1都（東京都）、1道（北海道）、2府（大阪府、京都府）、43県があります。都道府県の名称は、沿革的なものであり、道府県間に権限、制度などで格別の違いはありませんが、都はやや異なった制度をとっています（例：特別区制度など）。

b 市町村

　市町村は、住民に最も身近な基礎的地方公共団体です。町村が市

となるためには、次の要件を備えることが必要です。

① 　人口5万人以上を有すること。

② 　中心の市街地を形成している区域内にある戸数が、全戸数の6割以上であること。

③ 　商工業その他の都市的な仕事に従事する者及びその者と同一世帯に属する者の数が、全人口の6割以上であること。

④ 　都道府県の条例で定める都市的施設その他都市としての要件（一般的には、官公署、高等学校以上の学校、図書館・劇場等の文化施設、会社・工場等、環境・衛生施設等の設置状況など）を備えていること。

　なお、新設合併のうち、市の区域の全部を含む区域をもって行う場合は、平成22年3月31日までに市町村の合併が行われる場合に限り、上記要件のいずれかを備えていない場合であっても、要件を備えているものとみなされ（市町村の合併の特例等に関する法律第7条）、新設合併のうち上記（市の区域の全部を含む区域をもって行う場合）以外の場合、また、町村に他の市町村を編入合併する場合には、平成22年3月31日までに市町村の合併が行われる場合に限り、市となるべき普通地方公共団体の要件は、上記要件にかかわらず人口3万以上を有することとされていました（市町村の合併の特例等に関する法律第7条）。

　また、村が町となるためには、都道府県の条例で定める要件を備えることが必要とされており、一般的には、市の要件を緩めて定められています。村については、制度上、特別の要件はありません。なお、人口50万以上の市のうち政令で定める市（「政令指定都市」といいます。）においては、本来、都道府県の事務である社会福祉、保健衛生、都市計画等に関する事務を処理することができます。現在は、大阪市、名古屋市、京都市、横浜市、神戸市、北九州市、札

幌市、川崎市、福岡市、広島市、仙台市、千葉市、さいたま市、静岡市、堺市、新潟市、浜松市、岡山市、相模原市及び熊本市の20市が政令指定都市になっています。

　また、平成6年6月の地方自治法の改正等により、人口30万以上の市のうち政令で定める市（「中核市」といいます。）においては、政令指定都市が処理することができる事務のうち、都道府県の区域にわたって広域的に処理することが効率的である事務等を除き、政令で定めるものを処理することができるようになりました。具体的には、飲食店営業の許可、開発行為の許可等です。

　なお、平成26年5月の地方自治法の一部改正により、平成12年4月に創設された特例市（人口20万以上で政令で指定する市）は平成27年3月末をもって廃止され、中核市の指定要件は人口20万以上に緩和されました。そして、平成27年4月以降、特例市であった市（「施行時特例市」といいます。）については、必要な経過措置等が設けられています。令和5年4月現在、中核市は62市、施行時特例市は23市となっています。

(2) 特別地方公共団体

　特別地方公共団体とは、全国どこにでも存在する普遍的な団体でなく、特定の地域又は特別の仕事を行うために存在する地方公共団体をいい、地方自治法上、特別区（東京都の区）、地方公共団体の組合及び財産区の3種類があります（他に、市町村の合併の特例等に関する法律に規定する合併特例区があります。）。

a　特別区

　特別区とは、東京都の区のことであり、現在、23の特別区があります。特別区は、基礎的な地方公共団体として一般の市とほぼ同等の事務を処理していますが、市と異なり上下水道や消防など一部都が直接行っている事務もあります。

b　地方公共団体の組合

　地方公共団体の組合とは、地方公共団体が他の地方公共団体と共同して仕事を行うために設けられる地方公共団体のことです。地方公共団体の組合には、一部事務組合及び広域連合の2種類があります。

　一部事務組合は、事務の一部を共同で処理するため設けられるものであり、消防、ごみ処理、病院など主に市町村の区域を超えた広域行政の必要性から、全国で数多く設けられています。

　広域連合は、平成6年6月の地方自治法の改正により新たに設けられたものであり、多様化した広域行政需要に適切かつ効率的に対応するとともに、国からの権限移譲の受入体制を整備することがその設置の目的です。

　令和5年4月現在、設置された広域連合の数は117となっており、このうち都道府県の加入する広域連合は7団体となっています。

　広域連合は、一部事務組合と比較して、主に次の点が異なっています。

① 　国又は都道府県は、広域連合に関連する事務を、直接、当該広域連合が行うこととすることができる。また、都道府県の加入する広域連合は国に、その他の広域連合は都道府県に、事務の一部を当該広域連合が行うこととするよう要請することができる。

② 　広域連合を組織する地方公共団体の事務の処理が広域計画の実施に支障があると認められるときなどは、当該広域計画の実施に関し必要な措置を講ずべきことを勧告することができる。また、広域計画に定める事項を一体的かつ円滑に推進するため、国の地方行政機関の長、都道府県知事、区域内の公共的団体等の代表者等から構成される協議会を置くことができる。

③ 　普通地方公共団体に認められている直接請求と同様の制度を設

けているほか、広域連合の区域内に住所を有するものは、広域連合に対し規約の変更について構成団体に要請するよう求めることができる。

④　議員及び長の選出については、直接選挙又は間接選挙による。

c　財産区

　　財産区とは、市町村の一部で財産又は公の施設を所有しているものをいい、その管理及び処分を目的とした地方公共団体のことです。古くからその存在が認められていたものと、市町村が合併したときなどに設けられたものとがあります。財産区の所有する財産には、山林が最も多く、そのほか用水路、沼地、墓地、宅地、田畑、原野、牧野、温泉等多種にわたっています。

2　地方公共団体の事務

⑴　国と地方公共団体の事務の内容と分担

　国及び地方公共団体の行う仕事は、社会全体を安定、向上させ、住民の福祉の増進を図ることを究極の目的としています。そして、国、都道府県、市町村は、それぞれの権能に応じて事務を分担して行うことになっています。分担の方法は、国は国家としての存立に関わる事務など国が本来果たすべき役割を重点的に果たす一方、住民に身近な行政はできる限り地方公共団体に委ねることを基本としています。

a　市町村の事務

　　市町村は、最も住民に密接した地方公共団体として、都道府県と分担して多くの地域における事務を処理しています。市町村が主に処理している事務は、次のとおりです。

①　住民生活の基礎に関する事務（戸籍、住民登録、住居表示、諸証明に関する事務等）

②　住民の安全、健康の確保や環境保全に関する事務（消防、ごみ・

し尿の処理、上水道、下水道、公園、緑地の整備等）

③　まちづくりに関する事務（都市計画、道路・河川その他の公共施設の建設・管理等）

④　各種施設の設置、管理に関する事務（公民館、市民会館、保育所、小中学校、図書館等）

b　都道府県の事務

都道府県は、主に次のような事務を処理しています。

①　市町村の区域を超える広域的事務（地方の総合開発計画の策定、治山治水事業、産業立地条件の整備、地域の基幹となる道路・河川・その他の公共施設の建設・管理等）

②　市町村に関する連絡調整事務（国と市町村との間の連絡調整等）

③　市町村が処理することが、その規模、性質から適当でないと認められる事務（高等学校、博物館、研究所等の建設・管理、農林水産業、中小企業等の指導及び振興等）

c　国の事務

地方分権一括法による地方自治法の改正により、対等・協力関係を前提とした国と地方の役割分担を明確化するため、新たに「地方公共団体の役割と国の配慮」に関する規定が設けられました（自治法1の2）。この中では、国が本来重点的に果たすべき役割に係る事務として、

①　国際社会における国家としての存立に関わる事務

②　全国的に統一して定めることが望ましい国民の諸活動

③　地方自治に関する基本的な準則に関する事務

④　全国的な規模若しくは全国的な視点に立って行わなければならない施策

が挙げられています。これらには外交、防衛、司法、通貨・金融、

基本的かつ大規模な社会制度や社会資本整備などが含まれます。

⑵　地方公共団体の事務の種類

　従来、地方公共団体の事務については、公共事務（住民に対してサービスの提供等を行う事務）、行政事務（各種許可・禁止等公共の福祉のために住民の権利を制限する事務）、団体委任事務（国等から地方公共団体に対して委任される事務）及び機関委任事務（国から地方公共団体の長その他の機関に対して委任される事務）といった分類が行われてきました。しかし、特に機関委任事務については国と地方公共団体を上下関係に置き、国が地方公共団体に対して必要以上の関与を行う等の弊害が生じていることが指摘されたことから、地方分権一括法でこれを廃止し、地方公共団体の事務の位置付けを見直すこととしました。

　地方分権一括法による改正後の地方自治法は、地方公共団体の事務を「自治事務」と「法定受託事務」に区分しています。

a　自治事務

　地方自治法は自治事務の定義について「地方公共団体が処理する事務のうち、法定受託事務以外のものをいう」としています（自治法2⑧）。地方自治法は自治事務について明示的な定義をせずに、控除方式に依っています。これは自治事務には多種多様なものがあり、積極的な定義が難しいこと、中途半端な定義はかえって自治事務の範囲を限定するおそれがあることなどの理由によるものです。都市計画の決定に関する事務や、飲食店の営業許可、病院の開設許可等の事務は自治事務に該当します。

b　法定受託事務

　法定受託事務とは、法律・政令により都道府県、市町村又は特別区が処理することとされる事務のうち、国（都道府県）が本来果たすべき役割に係るものであって、国（都道府県）においてその適正

な処理を特に確保する必要があるものをいいます。このうち、本来
的に国が果たすべき役割に係るものは第一号法定受託事務として
（自治法2⑨Ⅰ）、都道府県が果たすべき役割に係るものは第二号法
定受託事務として（自治法2⑨Ⅱ）分類され、いずれも、個々具体
的に根拠となる法令及び該当する事務に関する網羅的な規定が置か
れています（自治法別表第一及び別表第二）。また、地方分権を推
進する観点から、特に第一号法定受託事務について、できる限り新
たに設けることのないようにすること及び適宜適切な見直しを行う
ことが定められています（地方分権一括法附則250）。国政選挙に
関する事務や旅券の交付に関する事務等は代表的な法定受託事務と
なります。

第3節 地方公共団体の区域と住民

1 地方公共団体の区域

⑴ 区域の決定

　普通地方公共団体の区域は、従来の区域によるものとされています
（自治法5①）。つまり、歴史的・沿革的に決定された地方自治法施行
当時の区域をそのまま踏襲したわけです。したがって、具体的な地方
公共団体の境界が判然とせずそれを確かめる際には、明治時代の資料
に遡って調べる必要が生じることもあります。実際には、大きな河川、
山脈等自然的条件を基に区域を決めている例が多いようです。

⑵ 区域の変更

　区域は不動のものではなく、一定の手続を経て変更することが可能
です。地方自治法では、廃置分合（合併・編入・分割・分立の四つの
場合があり、地方公共団体の法人格が変動する場合をいいます。）及

び境界変更（地方公共団体の法人格が変動しない場合をいいます。）について定めを置いています。

　まず、都道府県の廃置分合又は境界変更をしようとするときは、法律でこれを定めることとされています（自治法6①。市町村の合併に伴うものは例外）。都道府県の境界にわたって市町村の境界の変更があったときは、都道府県の境界も自動的に変更されます（自治法6②）。次に、市町村の廃置分合又は境界変更は、関係市町村がそれぞれ議会の議決を経て行う申請に基づき、都道府県知事が当該都道府県議会の議決を経てこれを定め、直ちに総務大臣にその旨を届け出ることとされています（自治法7①⑤）。

⑶　市町村合併

　区域の変更について特記すべきは、都道府県が廃藩置県以降の変遷を経て、明治21年にはほぼ現在の区域を形成し終えたのに比べ、市町村の区域は現在でも常に変動していることです。まず、昭和25年に地方行政調査委員会議（神戸委員会）が市町村の行財政能力の向上のための合併を勧告し、昭和28年10月1日に町村合併促進法が施行されたことにより、多くの合併が行われました。昭和28年9月30日現在で285市・1,970町・7,640村・合計9,895市町村あったのが、同法が失効した昭和31年9月30日には498市・1,903町・1,574村・合計3,975市町村となり、3年間で町村の数は約3分の1になりました（「昭和の大合併」）。その後、市の合併の特例に関する法律（昭和37年）、市町村の合併の特例に関する法律（昭和40年）が制定され、市町村の自主的な合併の促進が行われました。

　また、平成11年以降、市町村合併の積極的な取組が全国各地で展開され、約11年間で市町村は2分の1強になりました（「平成の大合併」）。その背景や必要性としては、「昭和の大合併」以降の間の交通通信手段の著しい発達とその基盤整備の進展、住民の日常生活と活動

圏域の拡大、行政需要の高度化と多様化、少子・高齢化社会への対応の要請や、市町村の規模・能力の拡充及び管理部門の簡素効率化などが挙げられます。令和5年4月1日現在、市町村数は、792市・743町・183村・合計1,718市町村となっています。

2　住民

(1)　住民の意味

　住民は地方公共団体の人的構成要件であり、住民を欠いた地方公共団体はあり得ません。市町村の区域内に住所を有する者は、当該市町村及びこれを包括する都道府県の双方の住民となります（自治法10①）。

　住民は、地方公共団体の主権者ということができます。地方公共団体は、住民の生活向上のために設置された団体なのですから、単なる構成員ではなく、いわば地方公共団体の「主役」です。地方公共団体の構成員としての住民が、日本国籍を有するか否か、自然人か法人かを問わない広義の概念と解されているのに対し、地方公共団体の長・議会の議員の選挙権や直接請求権は、日本国籍を有する自然人たる住民に限られています。

　住民であるかどうかは、当該地方公共団体の区域内に住所を有するか否かという客観的事実のみならず、居住者の主観的意思も考慮して総合的に判断して決まります。

(2)　住民基本台帳

a　沿革・制度の概要

　では、住民の地位に関する正確な記録はどのように作成されているのでしょうか。地方公共団体の行政、とりわけ市町村行政を進める上でこれは不可欠です。かつては、住民たる地位に関する各種の台帳及び住民の届出制度は個別の行政分野ごとに存在したため、例

えば、転入した際にはそれぞれについて届出を出す必要があるなど住民にとって便利とはいえず、行政の能率化の妨げにもなっていました。そこで、各種台帳を総合して各種行政の基本とし、かつ各種届出も総合して簡素化し、住民に関する記録を正確かつ統一的に行う目的で、住民基本台帳制度が昭和42年に創設されました。

　住民基本台帳は、住民の氏名・住所等住民の基本的地位を記録することをはじめとして、国民健康保険・介護保険・国民年金の被保険者の資格に関する事項、選挙人名簿への登録、印鑑登録証明事務、住民税の課税に用いられるなど重要な機能を有しています。

　記録の対象とされるのは日本国籍を有する自然人であり、法人には登記という別の制度が用意されています。

　なお、平成21年7月の法改正で、記録の対象とされる範囲が変更され、外国人についても住民基本台帳の対象とされることとなりました。

　戸籍との違いは、まず第一に、公証する内容にあります。戸籍は出生・婚姻・親権・後見・国籍の得喪等の身分関係を公証するのに対し、住民基本台帳は住民の住民たる地位を記録して居住関係を公証します。第二に、戸籍は第一号法定受託事務として市町村が取り扱うのに対し、住民基本台帳は自治事務です。

　ただし、両者の記録に整合性を持たせ、住民に関する記録を正確にするため、戸籍の附票の制度が設けられています。

b　住民票

　住民基本台帳は、個々の住民について記載した帳票である住民票の集合体ということができます。この住民票には、①氏名、②出生の年月日、③男女の別、④世帯主の氏名及び世帯主との続柄（世帯主についてはその旨）、⑤戸籍の表示、⑥住民となった年月日、⑦住所及び市町村の区域内で住所を変更した者については、その年月

日、⑧新たに市町村の区域内に住所を定めた者については、その届出年月日及び従前の住所、⑨マイナンバー、⑩住民票コード等が記載されます。

c　届出

住民基本台帳は、住民に関する記録を統一的に行い、各種行政の基本とするものであるため、その記録は常に正確でなければなりません。そこで、住民の地位に変更が生じたときには、住民は届出をすることが必要とされています。届出の種類は、転入届、転居届、転出届、世帯変更届の４種類です。これ以外の住民の地位の変更は戸籍の届出が必要とされているので、戸籍の届出がされた際に職権で住民票に記載されます。前述の４種類の届出がないことを市町村長が知ったときには、記載すべき事実を確認して職権で住民票の記載が行われます。

d　住所

どこに住所があるかの判断は、客観的な居住の事実を基盤とし、これに居住者の主観的な居住の意思を総合して決定するものとされています。なお、様々な行政分野において住所がどこにあるかをそれぞれ判断していたのでは統一がとれず、行政の効率的運営に支障が生じます。そこで住民基本台帳法第４条で、住民の住所に関する法令の規定は、地方自治法第10条第１項に規定する住民の住所と異なるものと解釈してはならないとされています。

e　住民基本台帳の一部の写しの閲覧・住民票の写しの交付

昭和42年の立法当初、住民基本台帳は、住民の居住関係を公証する唯一の公簿として、原則公開とすることが、住民の利便を増進させるものと考えられていました。その後、平成11年の法改正で、個人情報保護の観点から一定の制限が課せられました。具体的には、台帳の閲覧については、対象を氏名、生年月日、性別、住所に

限定した上で、請求者に請求事由を明らかにすることを求め、その請求が不当な目的によることが明らかな場合等は、市町村長はその請求を拒むことができることとされました。また、住民票の写し等の交付についても、請求者に請求事由を明らかにすることを求め、その請求が不当な目的によることが明らかな場合等は、市町村長はその請求を拒むことができることとされました。

　平成18年11月に施行された法改正では、台帳の閲覧について、「何人も閲覧を請求できる」というこれまでの制度を廃止し、国や地方公共団体の機関が法令の定める事務の遂行のために必要な場合や、世論調査などの公益性の高い調査研究、公共的団体による公益性の高い地域住民の福祉活動等のために必要で、市町村長が相当と認める場合にのみ閲覧することができることとされました。また、閲覧の手続についての規定が整備されるとともに、不正な手段による閲覧や目的外使用について、新たに罰則規定が設けられました。

　さらに、平成20年5月に施行された法改正により、住民票の写し等の交付を請求できる場合を限定するとともに、住民票の写し等の交付や転出・転入等の届け出の際に本人確認を行うこと等の規定が整備されました。

■f 住民基本台帳ネットワークシステム

　平成11年8月、「住民基本台帳法の一部を改正する法律」が公布されました。この改正は、市町村の区域を越えた住民基本台帳に関する事務処理や、国の行政機関等に対する本人確認情報（住民票コード、氏名、住所、生年月日、性別等）の提供を行うために「住民基本台帳ネットワークシステム」を整備するというもので、これにより住民の利便増進と国及び地方公共団体の行政の合理化に資することが目的とされています。

　このネットワーク構築により、全国どこでも住民票の写しの交付

が受けられる、転出入を行う場合に転入市町村に出向くだけで足りる、パスポート申請に住民票提出が不要等の利便増進が図られています。また、住民基本台帳カード（IC カード）の交付を受けることにより、市町村の創意工夫により様々な行政サービス等が受けられ、また電子証明書の発行を受けることにより、国税電子申告、社会保険関係手続等について公的個人認証サービスを受けることができます（なお、平成28年１月から「行政手続における特定の個人を識別するための番号の利用等に関する法律」（いわゆる「番号法」のことです。）が施行され、これらの行政サービスを各住民に付与されたマイナンバー（個人番号）によって受けられるようになりました。）。

　一方で、個人情報の保護を図るため、都道府県等の保有する情報の限定や住民票コードの利用の限定、外部からの侵入と内部の不正利用の防止等、制度面、技術面及び運用面などのあらゆる面で個人情報保護対策が講じられています。

3　選挙制度

(1)　間接民主主義

　民主主義とは、住民が直接もしくは選挙で選ばれた代表者を通じて自らの意思を政治に反映させ、権限を行使する統治形態をいいます。

　民主主義国家では、住民が選挙により代表者を選出し、その代表者を通じて自らの意思を政治に反映させる仕組みをとっています。住民が自ら政治を行い、直接その意思を政治に反映させるやり方を直接民主主義というのに対して、選挙により代表者を選んで政治を行わせるやり方を間接民主主義又は代議制民主主義といいます。この間接民主主義においては、代表者を選ぶ選挙制度が極めて重要なものであり、選挙に参加することは住民の最も基本的な権利の一つです。

⑵ 選挙制度の基本原則

　日本国憲法において、普通選挙、平等選挙、秘密投票が選挙制度の基本原則として規定されています。普通選挙とは、社会的地位、財産、人権、性別等の違いによって選挙権の有無に差別をつけない選挙制度のことです。我が国では、大正14年に、それまでは一定額の納税が必要とされていた選挙権の要件を撤廃する普通選挙法が成立し、さらに第二次世界大戦後の昭和20年12月の衆議院議員選挙法の改正により、女性にも選挙権が与えられることとなって、完全な普通選挙が実現しました。

　平等選挙とは、選挙人の投票の価値を全て平等に取り扱う選挙制度をいいます。これに対し、財産、教育などの特別の資格を持つ選挙人に複数の投票を認めたり、納税額の多い少ないにより議員の選出方法に差を設けたりして、選挙人の投票の価値に等級をつける制度を等級選挙といいますが、現在の民主主義国家ではこのような例は見当たりません。なお、選挙区ごとの議員定数と人口が比例しないことから生ずる投票価値の差が、平等選挙との関連で問題とされています。

　秘密投票とは、選挙人が誰に投票したかを外部からは知り得ないようにする制度をいいます。反対に、選挙人が誰に投票したかが外部から分かるものを公開投票といいますが、このような制度では自由な意思による投票が制約される結果となるため、今日では、秘密投票制度が世界各国の共通の原則となっています。我が国では、投票用紙には選挙人の氏名を記載してはならないこととする無記名投票制度により、秘密投票を担保しています。

　以上の普通選挙、平等選挙、秘密投票の三つが選挙制度の基本原則として日本国憲法に明示されていますが、このほか、衆議院及び参議院の議員の選挙については、一般の選挙人により直接行う直接選挙の原則が公職選挙法により定められています。地方公共団体の長及びそ

の議会の議員の選挙については、直接選挙によることが憲法上規定されています。

(3) **選挙権**

選挙制度の基本原則の一つとして普通選挙の原則がありますが、これは子供や服役中の者までを含めた国民全てに無制限に選挙権を認めるというものではなく、民主主義と矛盾しない範囲で必要最小限の要件が設けられています。選挙権の要件には、具備しなければならない要件（積極的要件）と該当してはならない要件（消極的要件）があります。

積極的要件としては、①日本国民であること、②年齢満18歳以上であることがあり、このほか、地方公共団体の長及びその議会の議員の選挙については、③引き続き3か月以上その市町村の区域内に住所を有することが必要とされています（なお、衆・参両院の選挙においては年齢満18歳以上の日本国民で、引き続き3か月以上領事館の管轄区域内に住所を有する者は、当該領事館において又は郵便により投票を行うことができます（在外投票制度）。また、衆議院議員総選挙及び参議院議員通常選挙においては、船員がファクシミリ装置を用いて洋上から投票することができます（洋上投票制度）。）。

消極的要件は、欠格事項と呼ばれ、これらに該当すれば、選挙権を有しないこととされています。欠格事項としては、①拘禁刑以上の刑に処せられその執行を終わるまでの者、②拘禁刑以上の刑に処せられその執行を受けることがなくなるまでの者（刑の執行猶予中の者を除きます。）、③公職にある間に犯した収賄の罪により刑に処せられ、その執行を終わり若しくはその執行の免除を受けた者でその執行を終わり若しくはその執行の免除を受けた日から5年を経過しない者又はその刑の執行猶予中の者、④法律で定めるところにより行われる選挙、投票及び国民審査に関する犯罪により拘禁刑に処せられその刑の執行

猶予中の者、⑤公職選挙法に定める選挙に関する犯罪により選挙権停止中の者が挙げられます。なお、選挙権を有する者が具体的にその権利を行使するためには、選挙人名簿に登録される必要がありますが、この選挙人名簿は、市町村の選挙管理委員会が住民基本台帳の記録に基づいて調製します。

　なお、公職選挙法の特例を定める「地方公共団体の議会の議員及び長の選挙に係る電磁的記録式投票機を用いて行う投票方法等の特例に関する法律」（電磁記録投票法）により、地方公共団体の議会の議員及び長の選挙について、条例により電磁的記録式投票機を用いた投票を行うことができます（電磁的記録式投票制度）。

⑷　被選挙権

　選挙に立候補して長、議員等の公職になることのできる権利を被選挙権といいますが、この被選挙権の要件にも、積極的要件と消極的要件があります。積極的要件としては、①日本国民であること、②衆議院議員、都道府県及び市町村の議会議員、市町村長については年齢満25歳以上、参議院議員及び都道府県知事については年齢30歳以上であることがあり、このほか、地方公共団体の議会の議員の選挙の場合、③引き続き３か月以上その市町村の区域内に住所を有することが必要とされています。都道府県知事や市町村長が、その議会の議員と違って、住所要件を必要とされていないのは、できるだけ広く人材を求め得るようにしておこうという考え方によるものです。被選挙権の消極的要件（欠格事項）は、選挙権の場合と同じです。

　なお、選挙に立候補した者と一定の関係にある者（総括主宰者、出納責任者、秘書等）が、買収罪等の悪質な選挙違反を犯し、罰金等の刑に処せられた場合（執行猶予を含みます。）は、たとえ立候補した者が買収等の行為に関わっていなくても、その選挙の当選を無効とする「連座制」という制度があり、連座制が適用された場合は、５年間、

同じ選挙で同じ選挙区からは立候補することができないことになっています。

4　直接請求

　住民自治の考え方から、住民は地方公共団体から役務の提供を受ける権利を有するだけでなく、地方公共団体の主宰者としての地位に基づいて地方公共団体の行政の運営そのものに参加していく権利を有しています。そのため、自らの代表者を選び、その者が行政運営に参加する方法（間接民主主義）が採られており、日本国民である住民は選挙権及び被選挙権を有しています。しかしながら、代表者を介して行政運営に参加するという間接民主主義の限界として、住民の意思が十分に行政に反映されない場合が起こり得ます。また、住民が自らの意思を反映してくれると考えて選挙で選んだ代表者が、その任期の途中で住民の意思に明らかに反するようになるときもあるでしょう。そこで間接民主主義を補完すべく、直接請求制度等、住民が直接に行政運営に参加する途も開かれています。

(1)　**直接請求制度**

　一定数以上の選挙民の連署をもって、その代表者が一定事項の請求を行う制度であり、個々の住民から行うことはできません。地方自治法に定められた直接請求制度の概要は表2－1のとおりです。

　注意すべきなのは、条例の制定又は改廃の請求はあくまで住民による発案であり、最終的には議会がその可否を決定することです。

　直接請求に関する主要な手続は次のとおりです。まず、請求代表者は、請求代表者であることの証明を当該地方公共団体の長に求めます。この証明が得られると、一定期間内に署名を集めることになります。署名は自署（身体の故障又は識字することができないことにより自署ができない場合には、委任による代筆署名が認められます。）と

表2－1　直接請求制度の概要

種　類	条　文	請求先	必要な署名	必要とされる措置
条例の制定又は改廃請求	自治法12①	首　長	選挙権を有する者の総数 の1/50以上	首長による請求要旨の公表、議会の招集、付議
事務監査請求	同12②	監査委員		監査委員による請求要旨の公表、監査の実施、結果の代表者・首長等への通知・公表
議会の解散請求	同13①	選挙管理委員会	選挙権を有する者の総数の1/3^(※)	選挙管理委員会による請求要旨の公表、選挙人の投票（過半数の同意で解散）
解職請求 (1)首長、議員	同13②	同　上		同上（過半数の同意で失職）
(2)主要公務員	同13②③	首　長		首長による請求要旨の公表、議会への付議（2/3以上の議員が出席、その3/4以上の同意で失職）
広域連合の規約の変更の請求	同291の6②	広域連合の長		構成団体に規約の変更の要請

※解散・解職等の直接請求に必要な署名数について、選挙権を有する者の総数が40万を超える場合にあっては、その超える数に6分の1を乗じて得た数と40万に3分の1を乗じて得た数とを合算して得た数、80万を超える場合にあっては、その超える数に8分の1と40万に6分の1を乗じて得た数と40万に3分の1を乗じて得た数とを合算して得た数となっています。

押印によります。次に署名を提出し、選挙管理委員会による署名の審査・証明が行われます。署名簿を関係人の縦覧に供し、これに異議のある者が争う途も開かれています。そして署名簿が請求代表者に返され、請求代表者が直接請求を行うことになるのです。

⑵　**住民監査請求**

　地方公共団体の職員による違法又は不当な行為等により住民が損失を被ることを防止し、是正するために、住民ならば自然人・法人を問わずに一人で監査を請求することができます。これが住民監査請求です（自治法242）。

　請求の対象は、長、委員会・委員、職員に係る次の行為又は怠る事

実です。

① 　違法又は不当な公金の支出、財産の取得、管理若しくは処分、契約の締結若しくは履行又は債務その他の義務の負担

② 　違法又は不当に公金の賦課徴収を怠る事実又は財産の管理を怠る事実

　監査委員に対しては、監査を求め、次の措置を講ずべきことを請求できます。

① 　当該行為を防止し、又は事後的に是正するために必要な措置

② 　当該怠る事実を改めるために必要な措置

③ 　当該行為又は怠る事実により当該地方公共団体の被った損害を補塡するために必要な措置

⑶　**住民訴訟**

　住民監査請求を経てもその目的を達成することができないときに、裁判所に出訴する途が開かれています。これが住民訴訟であり（自治法242の2）、納税者訴訟とも呼ばれます。出訴できる対象は違法な行為又は怠る事実に限られ、不当な行為又は怠る事実に関しては訴訟を提起することはできません。出訴できる場合は、住民監査請求を行った後に次のいずれかに該当する場合です。

① 　監査委員の監査の結果又は勧告に不服があるとき。

② 　勧告を受けた議会、長その他の執行機関又は職員の措置に不服があるとき。

③ 　監査委員が住民監査請求があった日から60日以内に監査又は勧告を行わないとき。

④ 　議会、長その他の執行機関又は職員が勧告に示された期間内に必要な措置を講じないとき。

　請求し得る内容は、次のとおりです。

① 　当該執行機関又は職員に対する当該行為の全部又は一部の差止め

の請求

② 行政処分たる当該行為の取消し又は無効確認の請求

③ 当該執行機関又は職員に対する当該怠る事実の違法確認の請求

④ 当該職員に損害賠償又は不当利得返還の請求をすることを当該執行機関又は職員に対して求める請求等

⑷ 住民投票

　重要な意思決定を行うに際して、住民に投票を求める場合があります。前述の直接請求のうち、議会の解散請求及び議員・長の解職請求（リコール）においては選挙人の投票が行われます。また、合併協議会の設置に関する住民投票制度（市町村の合併の特例に関する法律4、5）や地方自治特別法の制定に関する住民投票制度（憲法95）があります。

　近年、住民投票に関する条例を制定し、重要な政治課題について住民投票で民意を問うケースが増えています。ただし、これらの住民投票は長や議会の意思を法的に拘束するものではありません。

第4節　地方公共団体の機関

1　機関全体の仕組み

　地方公共団体は、議決機関としての議会と執行機関としての長（都道府県知事、市町村長）及び行政委員会（教育委員会、選挙管理委員会など）から構成されています。議決機関とは、地方公共団体の重要事項について意思決定する機関であり、また執行機関とは、決定された意思（独自の執行権限のある事項については自らの意思）を実施する機関です。地方公共団体の仕組みは、次のような特徴を持っています。

　第一に、首長制（大統領制ともいいます。）が採用されていることです。この制度は、長と議会の議員双方が住民の直接選挙によって選出され、両者が独立・対等の立場でそれぞれ独立の権限を持ち、相互の牽制と調和によって、行政の公正で民主的な運営を保障しようとするものです（憲法93）。これは、国レベルにおいて内閣が国会の意思によって成立し、内閣が存立するためには国会の信任が必要とされる議院内閣制が採られていることと比べて対照的な制度です。

　第二に、地方公共団体の執行機関として、長のほかに長から独立した地位と権限を持つ合議体の執行機関である行政委員会が置かれていることです。これによって、長に権力が集中することを排除し、行政の適正な執行を図ろうとするものです。これを執行機関の多元主義といいます。しかし、執行機関の多元主義には、各執行機関の行政運営のやり方によっては、地方公共団体の行政が一体性、総合性を欠くおそれがあるなどの問題点があります。そこで、行政の一体性を確保するため、長に総合調整の権限が与えられています（自治法138の3、180の4、221①、238の2）。

2　地方公共団体の議会

(1) 議会の組織

a 議会の設置

　地方公共団体は、議決機関としての議会を設置することになっています。議会は、住民の直接選挙によって選出される議員で構成されています。

b 議員の定数

　議員の定数は、条例で定めることとされ、人口段階別の法的な制限については廃止されています。

c 議員の任期

議員の任期は４年です。ただし、任期中であっても、一定の事由に該当する場合には、その身分を失うことがあります。

d 議長・副議長

議会には、議員の中から選挙される議長と副議長が置かれます。それらの任期は議員の任期（４年）によるとされていますが、議会の許可を得て辞職できます。議長は、議場の秩序を保持し、議事を整理し、議会の事務を統理し、議会を代表します。

e 委員会

委員会制度は、議会の内部に少数の議員で構成する委員会を設けて、そこで専門的、技術的に議案を審議し、能率的に議会を運営しようとするものです。委員会には、常任委員会、議会運営委員会及び特別委員会の３種類があります。

常任委員会は、国会の場合には必置ですが、地方公共団体の議会の場合には任意であり、条例で設置することができます。常任委員会は、それぞれの所掌に属する事務に関する調査を行い、議案、陳情などを審査します。また、特別委員会は、特定の事件を審議するために設けられます。

(2) 議会の権限

議会の権限は、議決権とその他の権限に大別できます。

a 議決権

議決権は、地方公共団体の重要な事項について意思を決定するために、議会に与えられた固有の権限です。議会の議決すべき事項は、法律、条例で定められており、次の事項については、議会の議決が必要とされています（自治法96①）。

① 条例を制定改廃すること。

② 予算を定めること。

③　決算を認定すること。

④　地方税の賦課徴収、分担金・使用料・加入金・手数料の徴収に関すること。

⑤　重要な契約を締結すること。

⑥　財産を交換し、出資の目的とし、支払手段として使用し、又は適正な対価によらないで譲渡し、貸し付けること。

⑦　不動産を信託すること。

⑧　重要な財産を取得し、又は処分すること。

⑨　負担付きの寄附、贈与を受けること。

⑩　権利を放棄すること。

⑪　公の施設につき、長期かつ独占的な利用をさせること。

⑫　地方公共団体が当事者である不服申立て、訴えの提起、和解、あっせん、調停、仲裁に関すること。

⑬　損害賠償額を定めること。

⑭　公共的団体等の活動の総合調整に関すること。

⑮　その他法律又はこれに基づく政令（これらに基づく条例を含む。）により議会の権限に属する事項（長に対する不信任議決など）。

b　その他の権限

　議会には、そのほかに、地方公共団体の事務に関する書類などを検閲し、長その他の執行機関の報告を請求して、事務の管理、議決の執行及び出納を検査する検査権、地方公共団体の事務に関する調査を行い、選挙人その他の関係人の証言、記録の提出を請求する調査権、請願を受理し、採択したものを関係の執行機関に送付し、その処理の経過、結果の報告を請求する請願受理権、選挙管理委員の選挙権などの権限があります。

⑶ 議会の運営

a 議会の招集

議会の招集権は、長に属しています（自治法101①）。定数の4分の1以上の議員から長に臨時会の招集を請求することができます（自治法101③）。また、平成18年の地方自治法の改正で、議長は、議会運営委員会の議決を経て、長に臨時会の招集を請求することができるようになりました（自治法101②）。さらに、平成24年の地方自治法の改正で、議長等の臨時会の招集請求に対し、長が臨時会を招集しないときは、議長が臨時会を招集できることとされました（自治法101⑤⑥）。

b 定例会・臨時会

議会には、定例会と臨時会があります。定例会は、毎年、条例で定める回数だけ招集されるものであり、また、臨時会は、必要な場合に、特定の事案に限り招集されるものです。平成24年の法改正で、条例により、通年の会期とすることができるようになりました（自治法102の2①）。

c 議案の提出

議案の提出権は、長と議員の両方にあります（平成18年の法の改正で委員会にも議案提出権が付与されています。）。しかし、議案の内容によっては、議案の提出権が長又は議員に専属しているものもあります。

d 長等の議会への出席

地方公共団体の長、行政委員会の委員長、委員などは、議長から説明のため出席を要求されたときは、出席できない正当な理由があり、その旨を届け出た場合を除き、議会に出席しなければなりません。

3　地方公共団体の執行機関

　地方公共団体の執行機関には、地方公共団体の長である都道府県知事、市町村長と教育委員会、選挙管理委員会などの行政委員会があります。

(1)　**地方公共団体の長**

a　長の地位

　長は、地方公共団体を代表する機関であり、住民の直接選挙によって選出されます。長の任期は4年です。長は、任期中であっても、①選挙無効・当選無効の確定、②被選挙権の喪失、③退職、④議会による不信任議決、⑤住民による解職請求に該当する場合等は失職します。

b　長の権限

　長は、地方公共団体を統轄し、これを代表します。長は、その地方公共団体の事務を管理し、執行します。長は、①議案の提出、②予算の調製・執行、③地方税の賦課徴収、分担金・使用料・加入金・手数料の徴収等、④決算認定の付議、⑤会計の監督、⑥財産の取得・管理・処分、⑦公の施設の設置・管理・廃止、⑧証書・公文書の保管のほか、議会、行政委員会の権限に属するものを除く地方公共団体の事務を全て執行します。

　長は、これらの事務を処理するため、規則の制定、職員の任免・指揮監督、事務組織の設置などの権限を持っています。

c　長の補助機関

　長がその権限に属する事務を管理執行するに当たってこれを補助するものとして、副知事・副市町村長、職員などが置かれています（平成18年の地方自治法の改正で、それまで市町村に置かれていた助役が副市町村長に、都道府県・市町村に置かれていた出納長・収

入役（特別職）が会計管理者（一般職）に、それぞれ改められました。）。

① 副知事・副市町村長　長を補佐し、その補助機関である職員の担当する事務を監督し、長に事故があったり、欠けた場合には、長の職務を代理するものとして、都道府県に副知事、市町村に副市町村長が置かれています。副知事、副市町村長の定数は、条例で定められています。副知事、副市町村長は、長が議会の同意を得て選任し、任期は4年です。ただし、長は任期中いつでも解職できます。

② 会計管理者　地方公共団体の会計事務をつかさどるものとして、会計管理者が置かれています。

③ 職員　部長、課長、係長、主事などの一般職員がこれに該当します。職員の定数は、臨時又は非常勤の職員を除いて、条例で定められています。

④ そのほかに、主な補助機関として、地方公営企業の管理者、市町村の消防長などが置かれています。

⑵ **行政委員会**

地方公共団体の執行機関として設置しなければならない行政委員会は、次のとおりです。

（都道府県）

教育委員会、選挙管理委員会、人事委員会、監査委員、公安委員会、労働委員会、収用委員会、海区漁業調整委員会、内水面漁場管理委員会

（市町村）

教育委員会、選挙管理委員会、人事委員会又は公平委員会、監査委員、農業委員会、固定資産評価審査委員会

主な行政委員会の組織、権限は、次のとおりです。

a　教育委員会

　教育委員会は、都道府県、市町村のいずれも教育長及び４人の委員で組織されますが、都道府県・市は条例で委員を５人以上に、町村は２人以上にすることができます。教育長及び委員は、長が議会の同意を得て任命し、任期は教育長が３年、委員が４年です（再任可）。教育委員会は、学校その他の教育機関の設置・管理、教職員の任免など教育に関する事務を管理執行します（地教行法21）。

b　選挙管理委員会

　選挙管理委員会は、都道府県、市町村とも４人の委員で組織されます。選挙管理委員会は、議会において、選挙権を有する者の中から選出され、任期は４年です。選挙管理委員会は、地方公共団体の議会の議員、長の選挙に関する事務のほかに、国、他の地方公共団体その他公共団体の選挙に関する事務を管理します。

c　人事委員会、公平委員会

　人事委員会は、都道府県と指定都市においては必置機関とされています。人口15万以上の市と特別区は、人事委員会又は公平委員会のいずれかを設置し、人口15万未満の市と町村及び地方公共団体の組合は公平委員会を置くものとされています。公平委員会は、他の地方公共団体と共同設置するか、他の地方公共団体の人事委員会に事務の処理を委託することもできます。人事委員会、公平委員会は、３人の委員で組織されます。委員は、長が議会の同意を得て選任し、任期は４年です。公平委員会は、職員の勤務条件に関する措置の要求及び職員に対する不利益処分に関する不服申立てを審査します。人事委員会は、公平委員会の事務に加えて、給与その他の勤務条件に関する議会及び長に対する勧告などを行うとともに、職員の競争試験、選考についての事務を処理します（地公法8①②）。

d 監査委員

　監査委員の定数は、都道府県と人口25万以上の市では４人、その他の市町村では２人ですが、平成18年の地方自治法の改正により、条例で定数を増やすことができるものとされました。監査委員は、長が議会の同意を得て人格が高潔で、財務管理、事業の経営管理その他行政運営に優れた識見を有する者及び議員の中から選任します。任期は、識見を有する者からの委員は４年、議員の中から選任する委員は議員の任期によるものとされています。監査委員は、地方公共団体の財務事務の執行、地方公共団体の経営する事業の管理、組織、人員、事務処理方法その他の行政運営全般について監査を行います。

　なお、平成29年６月の地方自治法の一部改正により、平成30年４月から、条例で議員のうちから監査委員（議選監査委員）を選任しないことができます。

(3) 執行機関の附属機関

　地方公共団体は、執行機関の附属機関として、法律・条例に基づき、審査会、審議会、調査会等を置くことができます。附属機関は、非常勤の委員で構成される合議制の機関であり、執行機関の諮問等に基づき、委員の専門的な知識経験などを活用して、調停、審査、審議等をし、執行機関に対して答申を行い、意見を述べることができます。

(4) 外部監査制度

　より公正な監査機能の強化を図るため、平成11年４月に外部監査制度が導入されました。

　外部監査制度は、包括外部監査と個別外部監査からなり、このうち包括外部監査については、都道府県、政令指定都市及び中核市に義務付けられていますが、その他の市町村については任意とされ、個別外部監査については、全ての団体が任意とされています。

外部監査人は「地方公共団体の財務管理、事業の経営管理、その他行政運営に優れた識見を有する者」（弁護士、公認会計士及び公務精通者等）から長が選定することになっています。

包括外部監査は、具体的には、年度ごとに長との契約に基づいて行われ、外部監査人は毎年度必要と認める特定の事件（テーマ）に基づいて地方公共団体の監査を実施します。

また、個別外部監査は、事務監査の請求や住民監査請求に係る監査について条例の定めるところにより、監査委員による監査に代えて、外部監査人が行うものです。

4　長と議会の関係

地方公共団体の長と議会は、相互に独立し対等の立場で職務権限を行う仕組みになっていますので、両者の間で意見が対立するような特別の事情が生じる場合があります。そこで、両者間の調整を図るものとして、再議、不信任議決と解散、専決処分の三つの制度が設けられています。

a　再議

地方公共団体の長は、議会の議決に異議があるときは、理由を示して再議に付すことができます（一般的拒否権）。なお、条例の制定・改廃、予算に関する議決については、出席議員の3分の2以上の同意がなければなりません（それ以外の議決の再議決は過半数の同意を要件とします。）。

また、議会の議決又は選挙がその権限を越え、又は法令・会議規則に違反すると認めるときは、理由を示して再議に付し又は再選挙を行わせなければなりません（特別拒否権）。再議に付しても議会の議決が再議前の議決と同様に、①義務費を削除・減額する議決をした場合は、その経費等を予算に計上した上でその経費を支出する

ことができ、②非常の災害の応急・復旧費、感染症予防費を削除・減額する議決をした場合は、その議決を不信任の議決とみなすことができます。

b 不信任議決と解散

　長と議会との間に対立関係が生じ、両者間で調整できないようなときには、行政の円滑な運営に支障をきたす事態になることがあります。そこで、議会には長に対する不信任議決権を与え、長にはその対抗手段として議会の解散権が認められています。これは、両者間の対立関係の打開策として、選挙によって最終的に主権者である住民の判断に委ねることにしたものです。

① 　長の不信任議決　長の不信任議決は、議員数3分の2以上の者が出席し、その4分の3以上の者の同意があったときに成立します。この場合には、議長は直ちにその旨を通知しなければなりません。

② 　議会の解散　長は、不信任議決の通知を受けたとき、その日から10日以内に議会を解散し、住民の信を問うことができます。長がこの期間内に議会を解散しないときは、期間を経過した日をもって失職することになります。

③ 　再度の不信任議決　②において議会を解散した場合に、解散後初めての議会において再び不信任の議決があったときは、長は、議長から通知のあった日に失職します。

　この場合の議決は、議員数3分の2以上の者が出席し、その過半数の同意が必要です。

c 専決処分

　専決処分は、議会が議決・決定すべき事項について、一定の場合には長が議会に代わってその権限を行使することです。専決処分には、次の2種類があります。

① 法律の規定による専決処分　長は、ア　議会が成立しないとき、イ　議会の議決すべき事件について特に緊急を要するために議会を招集する時間的余裕がないことが明らかであると認めるとき、ウ　議会において議決すべき事件を議決しないなどの場合には、専決処分ができます。長が専決処分を行ったときは、議会の次の会議にこれを報告し、その承認を求めなければなりません。議会の承認が得られない場合でも、一般的にその効力には影響がありませんが、長の政治的責任が問われることになります。

② 議会の委任による専決処分　議会の権限に属する軽易な事項で、その議決により特に指定されたものは、長が専決処分することができます。この場合には、議会に報告するだけで承認を得る必要はありません。

第5節　国と地方公共団体との関係及び地方公共団体相互間の関係等

1　国と地方公共団体の関係

　旧憲法下においては、地方公共団体は国の強い監督、統制の下に置かれており、地方自治は不完全なものでした。第二次世界大戦後、新憲法が公布され、新しい地方自治制度が確立されると、地方公共団体は「地方自治の本旨」に則り、住民の総意と責任において行政を行うこととなりました。

　したがって、現在では、法律制定の方法による国の立法機関の関与、裁判を通じて行う国の司法機関の関与のほか、国の行政機関が行う地方公共団体への関与は、かつてのような一般的な監督ではなく、国全体の立場からの調整や総合的な施策の実施を必要とする場合における最小限度の範囲にとどめ、法律又はこれに基づく政令の定めによって

個別的に認めることとされています。また、関与の方法については地方分権一括法が、法定主義の原則（関与は法律又はこれに基づく政令の根拠を要する。）、一般法主義の原則（関与の一般的なルールを地方自治法に定める。）、公正・透明の原則（書面の交付や許認可基準の公開等）に基づき、関与の基本原則、事務区分ごとの関与の基本類型、関与の手続等について、地方自治法に定めを置きました。

2 地方公共団体相互の関係

⑴ 都道府県と市町村との基本的関係

　都道府県と市町村は、独立、対等の立場にあり、上下の関係ではありません。しかし、都道府県は市町村を包括する広域的な地方公共団体であることから、市町村に対して助言、勧告等を行うことがあります。

⑵ 地方公共団体相互の協力関係

　今日、社会経済の急速な発展に伴い、住民の生活、経済活動の範囲が一つの地方公共団体の枠を超えて広がり、また住民の地方公共団体に対する要求も複雑多様化してきました。これらの要求に対応するには、単独の地方公共団体の規模、能力では困難となり、また、非効率化してきたため、次のように地方公共団体相互の様々な協力方式が制度化されています。

a 連携協約

　普通地方公共団体は、他の普通地方公共団体と連携して事務を処理するに当たっての基本的な方針及び役割分担を定めることができます。

b 地方公共団体の協議会

　普通地方公共団体は、事務の一部を共同して処理するため、協議会を設けることができます。

c 機関等の共同設置

普通地方公共団体は、委員会又は委員、行政機関、長の内部組織等を共同して設けることができます。

d 事務の委託

普通地方公共団体は、事務の一部を他の普通地方公共団体に委託し、管理及び執行させることができます。

e 事務の代替執行

普通地方公共団体は、事務の一部の管理執行を当該普通地方公共団体の名において、他の普通地方公共団体に行わせることができます。

事務の委託とは異なり、管理執行を任せた事務についての法令上の責任は事務を任せた普通地方公共団体に帰属したままであり、当該事務を管理執行する権限の移動を伴うものではありません。

f 職員の派遣

普通地方公共団体の長、委員会、委員は、事務の処理のため、他の普通地方公共団体の職員の派遣を求めることができます。

先に説明した一部事務組合、広域連合も、地方公共団体の協力方式の一形態です。

(3) 定住自立圏構想

定住自立圏構想は、圏域ごとに「集約とネットワーク」の考え方に基づき、中心市（条件：人口が5万人程度以上、昼夜間人口比率が1以上等）において圏域全体の暮らしに必要な都市機能を集約して整備するとともに、周辺市町村（中心市に隣接し、経済、社会、文化又は住民生活等において密接な関係を有する市町村）において必要な生活機能を確保し、互いに連携・協力することにより、圏域全体の活性化を図ることを目的としています。平成21年4月には、「定住自立圏推進要綱」が施行され、その推進が図られています。

定住自立圏は、中心市が、地域全体のマネジメント等において中心的な役割を果たす意思等を記載した中心市宣言を公表した上で、周辺市町村と、人口定住のために必要な生活機能を確保するため、役割分担し、連携していくことを明示した定住自立圏形成協定を締結することにより形成されます。

　令和5年11月1日現在、130の定住自立圏が成立しています。

⑷　連携中枢都市圏

　連携中枢都市圏は、地方圏において、相当の規模と中核性を備える圏域の中心都市（指定都市又は中核市であり、昼夜間人口比率がおおむね1以上であることなどを要件とします。）が近隣の市町村と連携し、コンパクト化とネットワーク化により「経済成長のけん引」、「高次都市機能の集積・強化」及び「生活関連機能サービスの向上」を行うことにより、人口減少・少子高齢社会においても一定の圏域人口を有し、活力ある社会経済を維持するための拠点を形成することを目的としています。

　連携中枢都市圏は、地方圏において、相当の規模と中核性を備える圏域の中心都市（連携中枢都市）が、圏域全体の将来像を描き、圏域全体の経済をけん引し圏域の住民全体の暮らしを支えるという役割を担う意思を宣言し、近隣の市町村と連携協約を締結し、連携中枢都市圏ビジョンを策定することにより形成されます。

　令和5年4月1日現在、38の連携中枢都市圏が形成されています。

3　係争処理

　国と地方公共団体の関係を対等なものとするためには、国と地方公共団体との間に紛争が生じた場合に、それを公平・中立な立場から判断し、処理する仕組みを設け、制度的に担保する必要があります。こうした観点から、地方分権一括法による地方自治法の改正により、国

地方係争処理委員会が創設されました。地方公共団体の執行機関は、国の関与に不服があるときは、国地方係争処理委員会に対して審査の申出をすることができ、申出を受けた国地方係争処理委員会は、90日以内に審査を行い、勧告又は通知を行うこととされています。

　また、普通地方公共団体相互間の紛争については、自治紛争処理委員が処理することとされています。自治紛争処理委員の審査等は、国地方係争処理委員会による審査等に準じて行われることとなっています。

第6節　地方分権は実践の時代へ

　平成7年の地方分権推進法の施行、地方分権推進委員会の設置以来、本格的に地方分権への取組が推進されてきました。平成12年4月1日には地方分権一括法の施行という大きな節目を迎え、これにより地方分権推進委員会の5次にわたる勧告の中身の多くが、実施に移されたことになります。地方分権に向けての改革は、いよいよ実践の時代に入ったといえます。

　こうした中、平成12年7月に期限が到来することとなっていた地方分権推進法は、期限が1年延長され、平成13年6月、地方分権推進委員会は「最終報告」を内閣総理大臣に提出しました。平成14年度からは、地方税財政の分野で税源移譲を含む税源配分の見直し、国庫補助負担金の改革、地方交付税の改革を一体的に実施する、いわゆる「三位一体の改革」が行われました。

　さらに、平成18年12月に地方分権改革推進法が成立し、同法に基づき地方分権改革推進委員会が設置されました。地方分権改革推進委員会は、「地方政府」の確立に向けて、国から都道府県及び都道府県

から市町村への権限委譲、法令による「義務付け・枠付け」や国の出先機関の見直し、条例制定権の拡大、国と地方の協議の場の法制化等について、4次にわたる勧告を行いました。

　民主党政権下の鳩山内閣は、これらの勧告を踏まえた施策を検討・実施するため、平成21年11月に「地域主権戦略会議」を設置しました。同年12月には、「地方分権改革推進計画」を策定し、義務付け・枠付けの見直しと条例制定権の拡大、国と地方の協議の場の法制化、地域主権改革の推進体制に関する取組を推進するとともに、法改正が必要な事項について、一括法が成立しました。

　また、平成26年からは、「地方公共団体への事務・権限の移譲」、「地方に対する規制緩和（義務付け・枠付けの見直し及び必置規制の見直し）」について、個々の地方公共団体等から改革に関する提案を広く募集し、それらの提案の実現に向けて検討を行う「提案募集方式」が導入されています。

　このように、地方分権一括法施行後においても、地方分権推進への取組は継続されています。

～　参　　　考　～

　地方分権の推進についての動き

平成5年　　6月3日　地方分権の推進に関する決議（衆議院）

　　　　　　6月4日　地方分権の推進に関する決議（参議院）

　　　　　10月27日　第三次行革審最終答申

　　　　　　　　　　【「規制緩和」と「地方分権」に重点】

平成6年　　9月26日　地方分権の推進に関する意見書（地方六団体）

　　　　　11月22日　地方分権の推進に関する答申（第24次地方制
　　　　　　　　　　度調査会）

　　　　　12月25日　地方分権の推進に関する大綱方針（閣議決定）

平成7年　　5月19日　地方分権推進法成立

		7月 3日	地方分権推進法施行
			地方分権推進委員会発足
平成8年		3月29日	地方分権推進委員会中間報告
		12月20日	地方分権推進委員会第1次勧告

　　　　　　　　　　　　・機関委任事務制度の廃止

　　　　　　　　　　　　・国の関与の新たなルール

　　　　　　　　　　　　・権限委譲　　等

　　　　　　　　　国庫補助負担金・税財源に関する中間取りまとめ

平成9年　7月 8日　地方分権推進委員会第2次勧告

　　　　　　　　　　　　・事務区分、国地方関係調整ルール、必置規制、都道府県と市町村の関係、行政体制の整備、補助金・税財源　　等

　　　　　　9月 2日　地方分権推進委員会第3次勧告

　　　　　　　　　　　　・地方事務官、事務区分（駐留軍用地特措法）

　　　　　　10月 9日　地方分権推進委員会第4次勧告

　　　　　　　　　　　　・係争処理手続、事務区分、国の関与、権限委譲　　等

　　　　　　12月24日　機関委任事務制度の廃止後における地方公共団体の事務のあり方等についての大綱

平成10年　5月29日　地方分権推進計画閣議決定

　　　　　　11月19日　地方分権推進委員会第5次勧告

平成11年　3月26日　地方分権の推進を図るための関係法律の整備等に関する法律案（地方分権一括法案）閣議決定

　　　　　　　　　　　第2次地方分権推進計画閣議決定

　　　　　　3月29日　地方分権一括法案国会提出

　　　　　　7月 8日　地方分権一括法成立

　　　　　　　7 月16日　地方分権一括法公布

平成12年　4 月 1 日　地方分権一括法施行

　　　　　　　5 月12日　改正地方分権推進法成立【有効期間の 1 年延
　　　　　　　　　　　　長】

　　　　　　　5 月19日　改正地方分権推進法公布・施行

　　　　　　　8 月 8 日　地方分権推進委員会意見
　　　　　　　　　　　　・監視活動の結果に基づく意見（国庫補助負担
　　　　　　　　　　　　　金の整理合理化と当面の地方税源の充実確保
　　　　　　　　　　　　　策、法令における条例・規則への委任のあり
　　　　　　　　　　　　　方、個別法に関する諸点）

　　　　　　　11月27日　地方分権推進委員会意見
　　　　　　　　　　　　・市町村合併の推進についての意見

　　　　　　　12月 1 日　行政改革大綱（閣議決定）
　　　　　　　　　　　　・行政改革の重要課題の一つとしての位置付け

平成13年　6 月14日　地方分権推進委員会最終報告
　　　　　　　　　　　　・第 1 次地方分権改革の回顧
　　　　　　　　　　　　・監視活動の結果報告と要請
　　　　　　　　　　　　・地方税財源充実確保方策についての提言
　　　　　　　　　　　　・分権改革の更なる飛躍の展望

　　　　　　　7 月 2 日　地方分権推進法失効

　　　　　　　7 月 3 日　地方分権改革推進会議発足

平成14年　6 月17日　事務・事業の在り方に関する中間報告（地方分
　　　　　　　　　　　　権改革推進会議）

　　　　　　　10月30日　事務・事業の在り方に関する意見（地方分権改
　　　　　　　　　　　　革推進会議）

平成15年　6 月 6 日　三位一体の改革に関する意見（地方分権改革推
　　　　　　　　　　　　進会議）

　　　　　　11月13日　今後の地方自治制度の在り方に関する答申（第
　　　　　　　　　　　27次地方制度調査会）

平成16年　 5 月12日　地方公共団体の行財政改革の推進等行政体制の
　　　　　　　　　　　整備についての意見（地方分権改革推進会議）

平成17年　12月 9 日　地方の自主性の拡大及び地方議会のあり方に関
　　　　　　　　　　　する答申（第28次地方制度調査会）

平成18年　 2 月28日　道州制のあり方に関する答申（第28次地方制
　　　　　　　　　　　度調査会）

　　　　　　 6 月 7 日　地方分権の推進に関する意見書（地方六団体）

　　　　　　12月15日　地方分権改革推進法公布

平成19年　 5 月30日　地方分権改革推進にあたっての基本的な考え方
　　　　　　　　　　　（地方分権改革推進委員会）

　　　　　　11月16日　中間的な取りまとめ（地方分権改革推進委員
　　　　　　　　　　　会）

平成20年　 5 月28日　地方分権推進委員会第 1 次勧告　生活者の視点
　　　　　　　　　　　に立つ「地方政府」の確立
　　　　　　　　　　　・国と地方の役割分担の基本的な考え方
　　　　　　　　　　　・基礎自治体への権限委譲と自由度の拡大

　　　　　　 8 月 1 日　国の出先機関の見直しに関する中間報告（地方
　　　　　　　　　　　分権改革推進委員会）

　　　　　　12月 8 日　地方分権改革推進委員会第 2 次勧告「地方政
　　　　　　　　　　　府」の確立に向けた地方の役割と自主性の拡大
　　　　　　　　　　　・義務付け・枠付けの見直し
　　　　　　　　　　　・国の出先機関の見直し

平成21年　 4 月24日　国直轄事業負担金に関する意見（地方分権改革
　　　　　　　　　　　推進委員会）

　　　　　　 6 月 5 日　義務付け・枠付けの見直しに係る第 3 次勧告に

<table>
<tr><td></td><td></td><td>向けた中間報告（地方分権改革推進委員会）</td></tr>
<tr><td></td><td>6月16日</td><td>今後の基礎自治体及び監査・議会制度のあり方に関する答申（第29次地方制度調査会）</td></tr>
<tr><td></td><td>10月 7日</td><td>地方分権改革推進員会第3次勧告　自治立法権の拡大による「地方政府」の実現へ
・義務付け・枠付けの見直しと条例制定権の拡大
・国と地方の協議の場の法制化</td></tr>
<tr><td></td><td>11月 9日</td><td>地方分権改革推進委員会第4次勧告　自治財政権の強化による「地方政府」の実現へ</td></tr>
<tr><td></td><td>11月17日</td><td>地域主権戦略会議の設置を閣議決定</td></tr>
<tr><td></td><td>12月15日</td><td>地方分権改革推進計画閣議決定</td></tr>
<tr><td>平成22年</td><td>6月22日</td><td>「地域主権戦略大綱」閣議決定</td></tr>
<tr><td>平成23年</td><td>4月28日</td><td>第一次一括法（地域の自主性及び自立性を高めるための改革の推進を図るための関係法律の整備に関する法律）成立</td></tr>
<tr><td></td><td>8月26日</td><td>第二次一括法成立</td></tr>
<tr><td></td><td>11月29日</td><td>「義務付け・枠付けの更なる見直しについて」閣議決定</td></tr>
<tr><td>平成25年</td><td>6月 7日</td><td>第三次一括法成立</td></tr>
<tr><td>平成26年</td><td>5月28日</td><td>第四次一括法成立</td></tr>
<tr><td>平成27年</td><td>6月26日</td><td>第五次一括法成立</td></tr>
<tr><td>平成28年</td><td>5月13日</td><td>第六次一括法成立</td></tr>
<tr><td>平成29年</td><td>4月19日</td><td>第七次一括法成立</td></tr>
<tr><td>平成30年</td><td>6月19日</td><td>第八次一括法成立</td></tr>
<tr><td>令和元年</td><td>5月31日</td><td>第九次一括法成立</td></tr>
<tr><td>令和2年</td><td>6月 3日</td><td>第十次一括法成立</td></tr>
</table>

令和３年　　５月19日　第十一次一括法成立

令和４年　　５月13日　第十二次一括法成立

令和５年　　６月13日　第十三次一括法成立

【参考文献】

「自治体職員のためのようこそ地方自治法」板垣勝彦　第一法規

「地方自治法講義」猪野積　第一法規

「地方自治法概説」宇賀克也　有斐閣

「要説地方自治法」松本英昭　ぎょうせい

「逐条地方自治法」松本英昭　学陽書房

「新自治用語辞典」新自治用語辞典編纂会　ぎょうせい

第2章 地方公務員制度

第1節 地方公務員制度の基本理念

(1) 全体の奉仕者

憲法第15条第2項は、「すべて公務員は、全体の奉仕者であつて、一部の奉仕者ではない」と規定しており、これを受けて地方公務員法第30条も、「すべて職員は、全体の奉仕者として公共の利益のために勤務し、且つ、職務の遂行に当つては、全力を挙げてこれに専念しなければならない。」と定めています。戦前は「天皇の官公吏」とされ、天皇に対して忠誠を誓うことが服務の基本とされていましたが、現在の民主主義の下では、天皇は国民統合の象徴であって国民が主権者であり、公務員は国民全体の奉仕者として、忠実に職務を遂行することが服務の基本となっています。

(2) 勤労者としての性格

戦前の官公吏は、天皇に対し忠実無定量の奉仕関係にあるものとされていましたが、近代的公務員制度における地方公務員は、勤労の提供の対価である報酬により生計を維持する勤労者であると考えられています。戦後、公務員にもたらされた大きな変革の一つは、全体の奉仕者としての性格が明らかにされたことと並んで、このような意味での公務員の勤労者としての性格が明らかにされたことです。もちろん、公務員が勤労者であるといっても、全体の奉仕者としての性格から一定の制約を受けることを認めなければならず、一般の労働者と完全に同様の立場に立つものではありません。

⑶　公務の平等公開と成績主義

　民主主義の下では、公務は住民全体のものといえます。したがって、公務に従事する機会は、広く一般の住民に対して平等に公開されなければならず、公務員の職が世襲制の貴族、一部の藩閥や学閥などの特権階級によって独占されることがあってはなりません。憲法は、法の下における平等の原則を宣言しています。地方公務員法の適用についても、同じく平等取扱いの原則が定められ（地公法13）、競争試験について「受験の資格を有する全ての国民に対して平等の条件で公開されなければならない」（地公法18の２）としているのは、公務の平等公開の原則に基づくものです。

　公務が特定の者に独占され、あるいは情実によって与えられる場合には、それに就く者の能力は問題となり得ませんが、公務が広く一般住民に公開されるからには、公務員の採用、昇任、昇給等は専ら客観的な能力の実証に基づいて行わなければなりません。これを成績主義（メリット・システム、能力実証主義）と呼びます。対して、成績主義と対立する概念である猟官主義（スポイルズ・システム）によると、政権が交代する度に公務員の任免が行われ、行政の中立性・安定性が損なわれ、結局、公正・能率を欠く行政となってしまいます。地方公務員法においては、職員の採用、昇任、昇給等を成績主義の原則に基づいて行うこととして、猟官主義を排することを明らかにしています。

⑷　政治的中立性の確保

　今日、政治と行政とは機能的に分化しており、政策決定に参画する者と決定された政策を執行する者との間は、明確に区分されなければなりません。このような仕組みの下、公務員が一党一派に偏した行政を行うようであれば、全体の奉仕者としての使命に反し、また、継続的に安定した行政を遂行する上でも支障が生じることとなります。政

治における政権交代や選挙の結果にかかわらず、全体の奉仕者として継続して行政執行の任に当たる公務員の存在は、行政の継続性と安定性に寄与するものです。

加えて、公務員の政治的中立性を確保することは、公務員自身を保護することにもなります。すなわち、公務員の政治的行為を制限することによって、公務員が政治的な争いに巻き込まれないように配慮しているのです。

このように、地方公務員法が一定の政治的行為の制限を規定しているのは、行政の公正かつ継続的な運営を確保するとともに、公務員自身を保護することを目的としているのです。

⑸　公務能率の向上

近代的公務員制度は、民主的な制度であるとともに、客観的かつ合理的な基礎に裏付けられた能率的な制度でなければなりません。地方公務員法が、専門的人事機関である人事委員会の設置、研修、人事評価制度、分限、福祉及び利益の保護について規定するとともに、勤務条件については、社会一般の情勢に適応するよう、随時、適当な措置を講じなければならないことを地方公共団体に義務付けていることなどは、地方公務員制度における公務能率の向上を確保しようとするものです。

第2節　職員の範囲と種類

1　地方公務員の概念

地方公務員とは、「地方公共団体のすべての職員をいう」(地公法２)とされていますが、その範囲は非常に広いため、地方公務員であるかどうか必ずしも明らかでない場合があります。ある者が地方公務員で

あるかどうかの区別は、通常は次の3点が基準になるとされています。

① 事務の性質……その者の従事している事務が地方公共団体の事務であるかどうか。

② 任用の性質……地方公共団体の権限ある機関によって任命されているかどうか。

③ 報酬の内容……勤労の対価として地方公共団体から報酬を受けているかどうか。

　以上の3要件の全てに該当している者は、通常、地方公務員であると考えられます。

　もちろん、この3要件は絶対的な基準ではなく、個別の判断が必要ですが、いずれにしても地方公務員であれば、その者が担当する仕事の内容が、公権力の行使に関係するものであろうと、単純労務作業であろうとを問いません。また、勤労の態様も、常勤、非常勤、臨時のいずれをも問いません。

2　地方公務員の分類〜特別職と一般職

　地方公務員は、それぞれの職の性格、職務の内容に基づいていくつかの種類に分類することができます。地方公務員法上最も重要な区別は、一般職に属する地方公務員と特別職に属する地方公務員の区別です。地方公務員法は、原則として一般職に属する地方公務員についてのみ適用され、特別職に属する地方公務員には適用されません。

　一般職と特別職がどのように区別されているかというと、特別職は法律上限定的に定められ、それ以外の一切の職が一般職とされています。特別職については、主に次の3種類に分類することができます。

① 公選又は議会の信任によって就任する職

　地方公共団体の長及び議会の議員、副知事、副市町村長、教育長、

監査委員、教育委員会の委員、人事委員会又は公平委員会の委員、公安委員会の委員などが、これに該当します。

② 非専務職

　一定の知識、経験に基づいて、随時、地方公共団体の業務に参画したり、あるいは、他に生業を有しながら特定の場合にのみ地方公共団体の業務を行う者の職をいいます。地方公共団体が諮問機関として設置する審議会などの委員や、非常勤の顧問、参与のほか、投票管理者や投票立会人などが、これに該当します。

③ 自由任用職

　特定の知識経験、人的関係あるいは政策的配慮に基づいて、任命権者の判断により任意に任用される職のことです。地方公共団体の長、議会の議長などの秘書で条例で指定されたものが、これに該当します。なお、通常の秘書課の職員は、条例に基づく指定が行われておらず、一般職の職員になります。

　これらの特別職と一般職を区別する基準として、成績主義の適用の有無と一定の雇用期間があるかどうかを挙げることができます。すなわち、一般職の職員には、原則として成績主義の原則が全面的に適用されるのに対し、特別職の公務員は、住民の選挙、議会の議決、任命権者の特別の信任、特別の知識経験などに基づき、必ずしも成績主義のみによることなく任用されます。また、一般職は原則的に定年に達するまで雇用されるのに対し、特別職は任期の定めがあるか、終身勤務を前提としない任用となっています。

3　一般職の分類

　地方公務員法が適用される一般職の職員は、勤務時間、勤務の内容等からみて、いくつかの分類の方法があり、それぞれの区分に応じて、法律上の取扱いに差異を生ずる場合があります。

(1)　現業職員と非現業職員

現に民間企業と同種の事業が行われているか、又は事業の性質上民間において行い得るものを一般に現業といい、これに従事する職員を現業職員といいます。地方公務員制度上の現業職員としては、例えば、市営バスの運転手、水道局の職員など地方公営企業の職員（企業職員）がこれに該当するほか、守衛、電話交換手など単純な労務に雇用される職員（単純労務職員）も現業職員として取り扱われています。そして、その他の職員を一般的に非現業職員と呼んでいます。したがって、一般行政職員はもちろんのこと、警察官、消防職員、教育職員も非現業職員ということになります。現業職員は、労使関係のほか、給与その他の勤務条件、労働安全衛生管理などに関し、地方公営企業法、地方公営企業等の労働関係に関する法律などで、非現業職員と異なり民間の勤労者に近い取扱いが定められています。詳しくは後述します。

(2)　常勤職員と非常勤職員

勤務の形態が常勤であるか非常勤であるかによって、職員は常勤職員と非常勤職員に区別することができます。常勤、非常勤の区別によって、例えば、常勤の職員については、条例でその定数を定める必要があること（自治法172③）、地方公務員共済組合の組合員となり得ることなどの違いがあります。また、給与上の取扱いについても、原則として常勤職員及びフルタイムの会計年度任用職員には給料や各種手当が支給される（自治法204①②）のに対し、非常勤職員には報酬が支給される（自治法203の2①）という違いがあります。

4　定員管理

定員管理の基本は、人員の増加を極力抑え、必要なものは既定定員数の枠内での配置転換により賄うよう努めることです。

地方公共団体は、民間の企業と異なり、一般的に利潤を尺度として

事業経営の効果を測ることができません。したがって、地方公共団体においては、特に積極的に自覚して自ら定員管理を行わない限り、地方公務員の数が不必要、不適正に膨張するおそれがあります。

少子高齢化・生産年齢人口減少が進む現在、地方公共団体は、経営資源が大きく制約され、民間部門と少ない労働力を分かち合う必要がある中で、量的にも質的にも困難さを増す課題を突破できる仕組みを構築する必要があると指摘されています。人材の育成・確保に取り組むことは急務ですが、同時に、定年引上げも段階的に進む中、長期的に能率的な公務運営を確保していくため適正に定員管理を行っていくことも引き続き重要です。

第3節 人事機関

(1) 意義

人事機関とは、地方公共団体における人事に関して権限と責任を有する機関のことをいいます。いわゆる人事権の行使を認められている機関のことで、任命権者と人事委員会（又は公平委員会）の二つがあります。任命権者とは、職員の任命、分限、懲戒等の権限を直接行使する機関であるのに対して、人事委員会及び公平委員会は、任命権者の人事権の行使に一定の基準を与え、また人事管理に関する専門的な研究及び助言を行うとともに、公正な人事権の行使を保障するため、第三者機関として審査等を行う機関であるということができます。

(2) 任命権者

地方公共団体における任命権者としては、地方公共団体の長、議会の議長、各種行政委員会等があり、権力分立に応じて任命権が帰属しています。主な任命権者とそれぞれの任命権者によって任命される地

方公務員は、次のとおりです。

① 都道府県知事：副知事、会計管理者、出納員その他の会計職員、職員、専門委員、監査委員、人事委員会の委員、地方公営企業の管理者、公立大学の学長、教員及び部局長、幼保連携型認定こども園の園長その他の職員、教育長、教育委員会の委員、公安委員会の委員、労働委員会の委員並びに海区漁業調整委員会の委員及び内水面管理委員会の委員

② 市町村長：副市町村長、会計管理者、出納員その他の会計職員、職員、専門委員、監査委員、公平委員会（政令指定都市及び一部の市では人事委員会）の委員、地方公営企業の管理者、公立大学の学長、幼保連携型認定こども園の園長その他の職員、教員及び部局長、教育長、教育委員会の委員、農業委員会の委員並びに消防長及び消防団長

③ 議会の議長：事務局長、書記長、書記その他の職員

④ 選挙管理委員会：書記長その他の職員

⑤ 代表監査委員：事務局長、書記その他の職員

⑥ 教育委員会：教育委員会事務局の指導主事、その他の職員、公立学校の校長、園長、教員、その他の職員（ただし、県費負担教職員の任命権者は、都道府県及び指定都市の教育委員会である。）

⑦ 人事委員会及び公平委員会：人事委員会の事務局長並びに人事委員会及び公平委員会の事務職員

⑧ 警視総監（都）及び道府県警察本部長：警察官（警視正以上の階級にある者については、国家公安委員会）、職員

⑨ 市町村の消防長及び消防団長：消防職員又は消防団員

⑩ 地方公営企業の管理者（企業長を含む。）：管理者の補助職員

⑪ 市町村の農業委員会：農地主事その他の職員

(3) 人事委員会及び公平委員会

　都道府県及び指定都市は、それぞれ人事委員会の設置が義務付けられています。また、人口15万以上の市及び特別区は、人事委員会又は公平委員会のいずれかを選択して設置することとされています。そして、人口15万未満の市、町村、地方公共団体の組合は、公平委員会を設置しなければなりません。ただし、公平委員会の機能の充実あるいは事務の簡素化・能率化のため、公平委員会の共同設置又は他の地方公共団体の人事委員会への事務の委託が認められています。

　人事委員会の主要な権限は、①任命権者の人事行政の公正性を確保するため必要な勧告等を行うこと及び労使関係のルール化のため第三者機関として職員団体の登録等の事務を行うこと（行政的権限）、②人事行政についての専門機関として専門的技術的な問題を所掌し、必要な規則を制定すること（準立法的権限）、③職員の身分と権利を保障するため不利益な処分等について審査を行うこと（準司法的権限）などがあります。

　公平委員会の権限も同様ですが、人事委員会の権限と比較するといくらか制約されています。人事委員会が、総合的な人事行政機関であるのに対し、公平委員会は、主として③の公平事務をつかさどる人事行政機関として位置付けることができます。その理由としては、公平委員会を置く地方公共団体は一般にその規模が小さく、人事行政の実施についてもより簡素な運用が行われることが予想されるからです。

第4節　任用

(1) 任用の種類

　任用とは、任命権者が特定の人を特定の職（ポスト）につけること

をいいます。職員の任用には、正式任用と臨時的任用とがあります。正式任用には、採用、昇任、降任、転任の4種類があり、任命権者は、職員の職に欠員が生じた場合に、いずれかの方法により、当該職への任命ができるものとされています。①採用とは、職員以外の者を職員の職に任命すること（臨時的任用を除く。）、②昇任とは、職員を現に有する職より上位のものに任命すること、③降任とは、昇任と逆の場合、④転任とは、職員を昇任及び降任以外の方法で他の職に任命することをいいます（地公法15の2①）。

⑵　**任用の根本基準**

　任用の根本基準として、成績主義の原則があります。具体的な任用に当たっては、「受験成績、人事評価その他の能力の実証に基づいて行われなければならない」（地公法15）ということです。この場合、成績主義の基本となる能力は、試験の結果や勤務評定、国家試験など客観的に実証しうるものでなければなりません。このほか、平等取扱いの原則があります。職員の任用は全て平等に取り扱わなければならず、人種、信条、性別、社会的身分、門地、政治的意見などによって差別されてはならないことは当然です（地公法13）。

⑶　**任用の手続**

　任用のうち、採用及び昇任は、人事委員会を置く地方公共団体においては原則として競争試験によるものとし、人事委員会の定める職について人事委員会の承認があった場合に限り、選考によっても差し支えないものとされています。人事委員会を置かない地方公共団体においては、競争試験又は選考のいずれかの方法により行うことになっています（地公法17の2）。競争試験・選考の実施機関は、人事委員会（人事委員会を置かない地方公共団体にあっては、任命権者）とされていますが、他の地方公共団体の機関と共同で、又は国若しくは他の地方公共団体の機関に委託して行うこともできます。

競争試験の実施については、受験資格を定めて、平等の条件で公開して行い、試験ごとに人事委員会の作成した任用候補者名簿（採用候補者名簿又は昇任候補者名簿）を基にして、この中から、各任命権者が採用、昇任を行います。

　転任については、競争試験又は選考による必要はありません。職員の意に反する降任については、法律に定める事由による場合でなければ行うことができません。

⑷　欠格条項

　全体の奉仕者としての公務員の本質からみて、それにふさわしい要件を欠く者については、職員たる資格を認めない方がむしろ合理的な場合があります。地方公務員法では欠格条項を定め、これに該当するときは、職員として任用される能力を欠き、職員となるための競争試験又は選考を受けることはできません。さらに、現に職員である者が欠格条項に該当するに至ったときは、法律上当然にその職を失うことになります。

　欠格条項の内容は次の４つです。①禁錮（拘禁刑）以上の刑に処せられその執行を終わるまで又はその執行を受けることがなくなるまでの者、②当該地方公共団体で懲戒免職を受け２年を経過しない者、③人事委員会又は公平委員会の委員の職にあって、地方公務員法に規定する罪を犯し、刑に処せられた者、④日本国憲法施行の日以後において、日本国憲法又はその下に成立した政府を暴力で破壊することを主張する政党その他の団体を結成し、又はこれに加入した者（地公法16）。

⑸　条件付採用

　職員の採用は、臨時的任用、会計年度任用職員以外の非常勤職員の任用又は定年退職者等の再任用の場合を除き、全て条件付とし、職員がその職において６か月（会計年度任用職員の場合は１か月）を勤務

し、その間その職務を良好な成績で遂行したときにはじめて、正式採用になります（地公法22）。

　条件付採用期間経過後の正式採用には、別段の通知あるいは発令行為を要しません。条件付採用の制度は、競争試験又は選考の方法によってはとらえることができなかった要素が存しないかどうか、あるいはそれらの方法により判定されたとおり実際の勤務において職務遂行能力が発揮されるかどうかについて、任命権者に考慮する機会を与えることにより、不適格者を排除し、成績主義の原則を実現しようとするものです。

　したがって、条件付採用期間中の職員には、地方公務員法の身分保障に関する規定及び不利益処分に関する規定並びに行政不服審査法の規定は適用されません。

⑹　会計年度任用職員

　地方公共団体においては、厳しい財政状況が続く中、教育、子育てなど増大する行政需要に対応するため、地方公務員の「臨時・非常勤職員」が増加していました。一方で、地方公務員法で一般職非常勤職員の採用方法等が明確に定められていなかったことなどから、通常の事務職員を服務規律等の課されない「特別職」として任用することや、本来、緊急の場合などに行う「臨時的任用」について、制度趣旨に沿わない運用が見られるなど、適正な任用が確保されていませんでした。また、国家公務員の非常勤職員と異なり、労働者性の高い非常勤職員に期末手当が支給できませんでした。

　こうしたことから、「地方公務員法及び地方自治法の一部を改正する法律（平成29年法律第29号）」により、特別職の任用及び臨時的任用が厳格化されるとともに、一般職の非常勤職員として「会計年度任用職員」が定められ、その採用方法や任期、期末手当の支給を可能とする規定等が整備されました。さらに、その後「地方自治法の一部

を改正する法律」（令和5年法律第19号）により勤勉手当の支給も可能とされました。

「会計年度任用職員」とは、一会計年度を超えない範囲内で置かれる非常勤の職と定義され、パートタイム（1週間当たりの通常の勤務時間が常勤職員のそれに比べ短い時間であるもの）とフルタイム（1週間当たりの通常の勤務時間が常勤職員のそれと同一であるもの）の2類型が規定されています。会計年度任用職員は、常勤職員などとはその職務の内容や責任の程度が異なることから、正式任用の方法によることなく、競争試験又は選考のいずれを行うかは任命権者の裁量に委ねられています。

図2－1　常勤職員と臨時・非常勤職員との関係

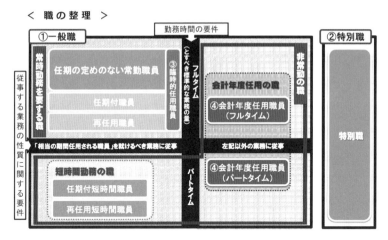

(7)　臨時的任用

正式任用の方法のほかに、緊急の場合などにおいて行う臨時的任用の方法があります（地公法22の3）。臨時的任用の制度は、正式の任用に対する特例であり、やむを得ない場合における実際上の必要に基づくものです。このような趣旨から、任命権者が臨時的任用を行うことができるのは、①緊急の場合、②臨時の職に関する場合、③採用候

補者名簿がない場合の三つに限られています。人事委員会を置く地方
公共団体にあっては、人事委員会規則の定めるところにより、人事委
員会の承認を得ることが必要です。人事委員会を置かない地方公共団
体にあっては、採用候補者名簿を作成することとされていませんの
で、上記①及び②の場合に限り、任命権者の判断で行うことができま
す。臨時的任用の期間は、原則として6か月以内ですが、必要な場合
には、人事委員会の承認を得て、更に6か月以内の期間に限り、1回
だけ更新することができます。

　臨時的任用は、正式任用に際して、いかなる優先権をも与えるもの
ではありません。臨時的任用職員の身分取扱いは、条件付採用期間中
の職員とほぼ同じです。

⑻　定年退職前後の職員の再任用等

　複雑高度化する行政課題に対し、高齢期の職員の豊富な知識、技術、
経験等を最大限に活用する観点から、「国家公務員法等の一部を改正
する法律」（令和3年法律第61号）、「地方公務員法の一部を改正する
法律」（令和3年法律第63号）により、国家公務員及び地方公務員の
定年がそれぞれ引き上げられることとなりました。

　これに伴い、役職定年制（管理監督職勤務上限年齢制）が導入され
たほか、①定年前再任用短時間勤務制度が設けられ、②定年引上げが
完成するまでの間（令和14年3月31日までの間）暫定再任用制度が
経過的に用意されています（役職定年制（管理監督職上限年齢制）に
ついては、第5節3を参照）。

①定年前再任用短時間勤務制

　　定年年齢が引き上がる中、60歳以上の職員にとって健康上・人
　生設計上の理由等により多様な働き方を可能とするニーズも存在す
　ることから、一度退職の上、条例で定めるところにより、再任用で
　短時間勤務に就くことができることとされています（地公法22の

187

4）。任期は、定年退職日相当日（通常であれば65歳に達した日以後の最初の3月31日）までとなります。

②暫定再任用制度

　定年年齢の引上げを行った制度改正前においては、退職した職員の能力、経験を考慮し、公務の能率的運営上必要がある場合には、条例で定めるところにより1年間常勤職員として再任用できることとされていました。その対象となっていた60歳から65歳までの期間について、定年引上げ後は、通常の常時勤務又は①定年前再任用短時間勤務に置き換わることとなりますが、定年年齢引上げが完成するまでの間はその時点での定年年齢と65歳までの間に間隙が生じることとなり、この期間の年齢にある職員について、制度改正前の再任用と同様の措置をとるため、暫定再任用が経過措置として設けられています（地方公務員法の一部を改正する法律（令和3年法律第63号）附則第4条）。

⑼　任期付職員の採用

　任期付職員の採用とは、一般職の職員の正式任用であって、採用の際にその任用の期限を付して行うものをいいます。ある職が臨時的任用によってまかなうには存続期間が長すぎるが、数年以内には廃止されることが予定されている場合には、事前に本人の了解を得た上で、一定の期間を限って任用することができるものと解されています。

　加えて、社会情勢の激しい変化や行政の高度化・専門化に対応するため、平成12年に「地方公共団体の一般職の任期付研究員の採用などに関する法律」（平成12年法律第51号）による任期付研究員の制度が、平成14年に「地方公務員の一般職の任期付職員の採用に関する法律」（平成14年法律第48号）による一般職全体に係る期限付採用制度が、それぞれ導入されています。一般職の任期付職員の制度は、高度の専門的な知識経験等を有する者を活用して遂行することが特に必

要とされる業務に従事させる場合や、一定の要件（専門的な職員育成に相当の期間を要するため、一定期間適任の職員を部内で確保するのが難しい場合、急速に進歩する技術など性質上、専門的な知識経験を有効に活用する期間が限られている場合等）を満たす場合には、条例で定めるところにより、任命権者が選考で専門的な知識経験を有する者を任期を定めて採用するという制度です。なお、任期は5年を超えない範囲で任命権者が定めることとなっています。

このほか、地方公務員の育児休業等に関する法律により職員の育児休業期間中に配置換えなどで職員を補充できない場合などの任期付採用の制度も用意されています。

⑽　外国人の任用

地方公務員法上、任用の資格要件として日本国籍を有していることと明示されているわけではありませんが、地方公務員も国家の有する統治権の実行を分担するものですから、国民主権原理の観点から、公権力の行使又は公の意思の形成に参画する職に外国人を任用することはできず、また将来このような職に就くことが予想される職の採用試験に外国人の受験資格を認めることは適当ではないと解釈されています。

上記以外の職については必ずしも日本国籍が必要とは解されませんが、当該職に外国人を任用できるか否かについては、一律にその範囲を画定することは困難であり、各団体において職務内容を検討の上、具体的に判断される必要があります。

⑾　公益法人、第三セクター等への派遣

任用に係る課題に関連して、公益法人等への「出向」「派遣」に係る問題があります。すなわち、公益法人や第三セクター等に対しては、従来から職員が派遣されるケースがよくありましたが、これら派遣職員の給与等の支給・負担について、損害賠償や不当利得の返還を求め

る住民監査請求・住民訴訟が多くなされたことから、地方公共団体から公益法人等へ職員を派遣する際の統一的なルールとして、「公益法人等への一般職の地方公務員の派遣等に関する法律」（平成12年法律第50号）が定められています。

　この法律により、職員としての身分を保有したまま公益法人等へ派遣される「職員派遣制度」と、一旦退職した上で、地方公共団体が出資をしている営利法人の業務に従事し、再び職員として採用される途を開く「退職派遣制度」が設けられています。いずれも、派遣期間は、原則として3年間とされ、また、派遣期間中の給与は、原則として地方公共団体が負担しないこととされています。

第5節　職員の義務・責任

1　職員の義務

(1)　服務

　職員として採用された者は、まず職務について次のような宣誓を行うのが通例です。「私は、ここに、主権が国民に存することを認める日本国憲法を尊重し、かつ擁護することを固く誓います。私は、地方自治の本旨を体するとともに公務を民主的かつ能率的に運営するべき責務を深く自覚し、全体の奉仕者として誠実かつ公正に職務を執行することを固く誓います」。このように、地方公務員の服務規律の根本基準は、全体の奉仕者としての地位を自覚し、公共の利益のために専念することにあります。

　職員の服務義務には、職員が職務を遂行するに当たって守るべき義務と、職務の遂行の有無にかかわらず職員たる地位を有する限り守るべき義務とがあります。前者を職務上の義務といい、法令及び職務命

令に従う義務、職務専念義務が該当します。後者を身分上の義務といい、信用失墜行為の禁止、秘密を守る義務、政治的行為の制限、争議行為等の禁止及び営利企業への従事制限が該当します。

⑵ 法令及び職務命令に従う義務

　職員は、その職務を遂行するに当たって、法令、条例、地方公共団体の規則及び地方公共団体の機関の定める規程に従い、かつ、上司の職務上の命令に忠実に従わなければならない、とされています（地公法32）。法令の遵守義務は、法治主義の原則から導かれる当然の義務を確認したものです。上司の職務命令に対する服従義務は、地方公共団体という組織が秩序正しく、かつ能率的に運営されるために欠くことのできないものです。職務命令が有効に部下の職員を拘束するための要件としては、その命令が、①権限ある上司から発せられたものであること、②職員の職務に関するものであること、③内容が法令上又は事実上の不能を命ずるものではないことが挙げられます。これらの要件を欠く職務命令は違法です。

　なお、職務命令に重大かつ明白な瑕疵がある場合（この場合には職員は自ら職務命令の無効を判断することができ、これに服することを要しないのみならず、服してはいけません。）のほかは、職務命令は、一応適法の推定を受け、命令を受けた職員を拘束する効力を有します。

⑶ 職務専念義務

　職員は、その勤務時間及び職務上の注意力の全てをその職責遂行のために用い、当該地方公共団体がなすべき責を有する職務にのみ従事しなければならない、とされています（地公法35）。勤務時間中、全力を挙げて職務に専念すべきことは、公務員の使命に鑑み、最も基本的な義務といえます。

　ところで、職務専念義務は、法律又は条例に特別の定めがあるとき

に限り、必要最小限の範囲で免除されることがあります。具体的には
いろいろなケースがありますが、休職、適法な交渉、年次有給休暇な
どは法律（地方公務員法、労働基準法など）に基づくものです。さら
に、休日、研修やレクリエーションに参加する場合、交通ストなど不
可抗力の場合等は一般に条例に定められているものです。給与は、
ノーワーク・ノーペイが原則ですが、職務専念義務を免除した時間の
給与を支給するかどうかは、給与条例の定めるところによります。

⑷　信用失墜行為の禁止

　職員は、その職の信用を傷つけたり、職員の職全体の不名誉となる
ような行為をしてはならない、とされています（地公法33）。職員が
非行を犯したときは、世間のひんしゅくを買うことはもちろん、公務
全体に対する住民の信頼を裏切ることとなるため、このような行為が
禁止されるのです。具体的にどのような行為が信用失墜行為に該当す
るかということは、一般の社会通念に基づき個々の場合について判断
することになります。これらの行為は、職務の内外を問わず、社会人
としての生活における行為をも含むものです。

⑸　秘密を守る義務

　職員は、職務上知り得た秘密を漏らしてはなりません。その職を退
いた後も同様です（地公法34①）。「秘密」とは、一般的に了知され
ていない事実で、それを一般に了知させることが公共の利益の侵害に
なると客観的に考えられるものをいいます。具体的にいかなる事実が
「秘密」に該当するかは、個々の事例に応じて判断されます。

　行政の事務の内容は、広く住民に公開されるのが望ましいのです
が、一方、職員は、その職務を遂行するに当たって、個人のプライバ
シーなど、事柄の性質上公にすることが望ましくない事項に関与する
場合があります。特定個人の秘密や仕事上の秘密を漏らすことは、個
人の利益を侵害し、公務に対する信頼性を失わせるだけでなく、公正

な行政の遂行にも支障を生じさせることになります。

　また、職員か職員であった者が、法令による証人、鑑定人等となり、職務上の秘密に属する事項を発表するときは、任命権者の許可を受けなければなりません。この場合、任命権者は、法律に特別の定めがある場合を除くほか、許可を拒むことはできません（地公法34②③）。

(6)　政治的行為の制限

　職員は、特定の政治的活動を行うことが禁止されています。憲法上、集会・結社及び言論出版その他一切の表現の自由が保障されていますが、職員は、公務員としての地位にあることにより、政治的活動の自由について一定の制約を受けます。これは、職員の政治的中立性の確保の要請及び政治的影響からの職員の保護の必要性に基づくものです。

　禁止される政治的行為としては、まず、政党その他の政治的団体の結成に関与すること、政治的団体の役員となること又は構成員となるように若しくはならないように「勧誘運動」をすることが挙げられます（地公法36①）。

　次に、一定の政治的目的をもって行う一定の政治的行為に限って禁止されるものがあります（地公法36②）。すなわち、

（ａ）　特定の政党その他の政治的団体又は特定の内閣若しくは地方公共団体の執行機関を支持し、又はこれに反対する目的をもって、

（ｂ）　公の選挙又は投票において特定の人又は事件を支持し、又はこれに反対する目的をもって、

①　公の選挙又は投票において投票をするように、又はしないように勧誘運動をすること

②　署名運動を企画し、又は主宰する等これに積極的に関与すること

③　寄附金その他の金品の募集に関与すること

④　文書又は図画を地方公共団体の庁舎、施設等に掲示し、又は掲示

させ、その他地方公共団体の庁舎、施設、資材又は資金を利用し、
又は利用させること

などが禁止されています。ただし、当該職員の属する地方公共団体の
区域外において①〜③に掲げる政治的行為を行うことは、認められて
います。

　また、企業職員及び単純労働職員については、その職務内容が民間
の従業員と同様に考えられることから、政治的行為の制限を受けませ
ん。ただし、企業職員であっても管理、監督の地位にある者について
は、その職責に鑑み、政治的行為は制限されています。

　さらに、公立学校の教育公務員は、教育を通じて国民全体に奉仕す
るというその職務と責任の特殊性に基づき、その政治的行為の制限に
ついては、国立学校の教育公務員の例によることとされています。そ
のため、公立学校の教育公務員は、一般の職員と比較して政治的行為
の制限がより厳しく、その制限は自分の属する地方公共団体の区域に
限られることなく、全国的に禁止されています。

(7)　争議行為等の禁止

　職員は、全体の奉仕者として公共の福祉のために勤務するという地
位にあることに基づいて、争議行為等が禁止されています（地公法
37など）。詳しくは後述します。

(8)　営利企業への従事制限

　職員は、任命権者の許可を受けなければ、営利企業を営むことを目
的とする会社その他の団体の役員等を兼ねたり、自ら営利企業を営ん
だり、報酬を得ていかなる事業・事務にも従事してはならない、とさ
れています（地公法38①）。これは、職員の基本的義務である職務専
念義務の実効性を十分に保障し、職務遂行の上で直接・間接に支障を
きたすような行為に従事しないよう勤務時間の内外を問わず任命権者
の許可にかからしめているものです。

　一方、近年、多様で柔軟な働き方への需要の高まりや人口減少に伴う人材の希少化等を背景として、民間部門において兼業・副業が促進されており、地方公務員も地域社会のコーディネーター等として、公務以外でも活躍することが期待されるようになっています。こうした中、地方公務員の兼業・副業も注目を集めており、社会貢献活動等の兼業を希望する職員が許可申請を躊躇なく行えるようにする観点から、各地方公共団体において許可基準を設定・公表すべきとされています。同時に兼業許可の運用に当たっては、兼業による心身の著しい疲弊のため職務の能率に悪影響を与える、兼業先と利害関係があるため職務の公正を確保できない、報酬が社会通念上相当と認められる程度を超えるため公務の信用を損ねるといった兼業による弊害を防ぐため、兼業許可への有効期間の設定、兼業先の業務内容の実態把握などを行う必要性も指摘されています。

2　職員の責任

(1)　分限処分

　分限処分とは、職員の身分保障を前提として、一定の事由によって職員がその職責を十分果たすことができない場合のみ、職員の意に反する不利益な身分上の変動をもたらす処分をいいます。これは、職員の身分を保障するとともに、公務能率の維持向上を図るための制度です。分限処分には、免職、休職、降任及び降給の4種類があります。免職とはその意に反して職を失わせること、休職とは職を保有させたまま一定期間職務に従事させないこと、降任とは現に有する職より下位の職に任命すること、降給とは現に決定されている給料の額よりも低い額の給料に決定することをいいます。

　免職及び降任の事由としては、①職務実績が良くない場合、②心身の故障のため、職務の遂行に支障があり、又はこれに堪えない場合、

③その職に必要な適格性を欠く場合、④職制若しくは定数の改廃又は予算の減少により廃職又は過員を生じた場合の4事由があります。休職の事由としては、①心身の故障のため、長期の休養を要する場合、②刑事事件に関し起訴された場合、③条例で定めた事由の3事由があります。降給の事由については条例で定めることになっています（地公法27②、28①②）。

分限処分の手続と効果は、法律に特別の定めがある場合のほか、条例で定めなければならないことになっています（地公法28③）。

⑵　**懲戒処分**

懲戒処分とは、職員の一定の義務違反に対する責任を問うことにより、公務員の規律を維持することを目的として、任命権者が職員に制裁として科する処分のことをいいます。懲戒処分は、職員の道義的責任を追及する制裁である点において、公務能率の維持向上を図るために行われる分限処分とは異なるものです。懲戒処分には、免職、停職、減給、戒告の4種類があります。

免職とは職員たる地位を失わせること、停職とは職員を一定期間職務に従事させないこと、減給とは一定期間職員の給与の一定割合を減額して支給すること、戒告とは職員の義務違反を確認し、その将来を戒めることをいいます。

懲戒処分の事由としては、①地方公務員法などの法律又はこれらに基づく条例、地方公共団体の規則、地方公共団体の機関の定める規程に違反した場合、②職務上の義務に違反し、又は職務を怠った場合、③全体の奉仕者たるにふさわしくない非行があった場合の3事由があります（地公法29①）。実際は、①と②、①と③というように重複することが多いでしょう。

懲戒処分の手続及び効果は、法律に特別の定めがある場合を除くほか、条例で定めることになっています（地公法29④）。手続としては、

処分を行う場合は文書を交付することなどが、また、効果としては、減給の限度、停職の限度とその間給与を支給しないことなどが定められています。

(3) 賠償責任及び刑事責任

職員が職務の執行に関連して地方公共団体や第三者に損害を与えた場合には、民法第709条の問題とは別に法律上の責任を負うことがあります。主なものとして、①会計職員が、故意又は重大な過失（現金については、故意又は過失）により、現金、物品等を亡失・損傷したときや、予算執行職員が故意又は重大な過失により、法令に違反した予算執行行為を行ったときに賠償責任に問われる場合（自治法243の2の2）と、②公権力の行使に当たる職員が故意又は過失によって他人に損害を加えたときに、国又は公共団体が賠償責任を負い（国賠法1①）、その際、その職員に故意又は重大な過失があったときは、国又は公共団体がその職員に対して求償権を行使する場合（国賠法1②）の二つがあります。また、職員としての地位にあることに基づいて、その義務違反又は法益の侵害に対して刑事上の責任を問われ、刑罰を受けることがあります。守秘義務違反など行政法規によって刑罰が科せられるほか、刑法にも職権濫用罪や収賄罪などの罪が規定されています。

3 定年

(1) 定年

定年制度は、職員が一定の年齢に達することにより当然に離職するものとする制度であり、職員の意に反してその身分関係を変動させる点で、分限の一態様ともいえます。地方公務員の定年制度は、職員の新陳代謝を促進し、計画的かつ安定的な人事管理を図るため、昭和60年3月31日から施行されました。定年制度が地方公務員に採用さ

れた背景としては、①民間において定年制度が普及し、また、国家公務員にも採用されたこと、②国の雇用政策が、昭和60年に60歳定年を打ち出したこと、③地方公共団体における勧奨退職制度が、必ずしも効果的な機能を果たしていなかったこと、などが挙げられます。

　その後、複雑高度化する行政課題に対し、高齢期の職員の豊富な知識、技術、経験等を最大限に活用する観点から、「国家公務員法等の一部を改正する法律」（令和３年法律第61号）、「地方公務員法の一部を改正する法律」（令和３年法律第63号）により、国家公務員及び地方公務員の定年がそれぞれ令和５年から令和13年までにかけて、段階的に引き上げられることとなりました。職員は、定年に達したときは、その日以後最初に訪れる３月31日までの間に条例で定める日（定年退職日）に退職します。定年は、国の職員の定年を基準として条例で定めることとなっていますので（地公法28の６②）、国家公務員と同じペースで定年が引き上げられることが原則です。

期間	定年年齢
令和５年４月１日〜令和７年３月31日	61歳
令和７年４月１日〜令和９年３月31日	62歳
令和９年４月１日〜令和11年３月31日	63歳
令和11年４月１日〜令和13年３月31日	64歳
令和13年４月１日〜	65歳

　定年の引上げによって職員が公務に従事する期間が長くなる中で、管理職に一度就いた職員がそのまま在職し続けると、若手、中堅職員の昇進機会の減少により、組織の新陳代謝を阻害し、公務の能率的な運営に支障を生じるおそれがあるとの考えから、役職定年制（管理監督職勤務上限年齢制）が導入されています。

　これは、管理職ポストにある職員が条例で定める上限年齢（役職定年）に達した際には、その日後にくる最初の４月１日までの間に、降

任又は降給を伴う転任をする必要があり、また、上限年齢に達している職員を当該管理職ポストに就けてはならないというものです。

なお、管理職にある職員が降任等した場合に当該職員が担当している特別のプロジェクトの継続が困難になる等、公務の運営に著しい支障が生じる場合など一定の要件に該当する場合には、1年以内（更新3年以内）の範囲内で降任等までの期間を延長し、引き続き当該管理職を務めさせることができる特例任用の規定（地公法28の5①③）が整備されています。

このほか、定年退職の例外として、勤務の特殊性から、その退職により公務の運営に著しい支障が生ずると認められる十分な理由があるときは、条例の定めるところにより1年間（更新3年以内）勤務延長することができます（地公法28の7）。さらに、定年前再任用短時間勤務制及び暫定再任用制度については、第4節を参照してください。

定年制度は、臨時的任用職員、会計年度任用職員など非常勤職員に対しては適用されません。特別職の職員についても同様です。

⑵ 再就職者による依頼等の規制

職員が離職後に営利企業等に再就職した場合には、離職前5年間に在職していた地方公共団体の執行機関の組織等の職員に対して、当該地方公共団体と当該営利企業等との間の契約等事務について、離職後2年間、職務上の行為をするように、又はしないように、要求又は依頼することが禁止されます（地公法38の2）。規制に違反した場合は、過料又は刑罰が科せられます。なお、在職中のポストや職務内容により、規制される内容や期間は異なります。

1 経済上の権利

　職員が地方公共団体に対し勤務を提供する場合の勤務条件（給与、旅費、勤務時間、休日、休暇等）は、職員の経済上の権利として、法律又は条例によって保障されています。また、勤務を提供した反対給付として給与を受けることは、法律上の権利として保障されています。勤務条件については第7節で、給与については第8節で詳しく述べます。

2 労働基本権

⑴ 意義

　憲法第28条は、勤労者の団結権、団体交渉権及び争議権のいわゆる労働基本権を保障しています。公務員もここでいう「勤務者」に当たるという考えが、今日確立された見解となっています。しかし、公務員は全体の奉仕者として公共の利益のために勤務する性格を有しているので、労働基本権についても一定の制約が加えられています。すなわち、争議権は、全ての職員に対して認められていません。さらに、一般行政職員、教育職員の団体交渉権は制限されており、警察職員、消防職員に至っては団結権を含めて全て否定されています（なお、消防職員の団結権については、ＩＬＯの審議経過を踏まえて、消防本部に消防職員の勤務条件等に関して意見を述べる消防職員委員会を設置するなどの代替措置が講じられています。）。一方、企業職員、単純労務職員については、争議権を除いて、民間企業の労働者とほとんど同様の取扱いを受けます。なお、職員の労働基本権が制限されている代償措置として、情勢適応の原則、人事委員会の給与改定の勧告、給与

条例主義、勤務条件の措置要求などにより、職員の経済的利益の保護が図られています。

表2−2　地方公務員の労働基本権

職種	団結権	団体交渉権	争議権
一般行政職員等	○ （職員団体）	△ （団体協約締結権×）	×
警察職員及び 消防職員	×	×	×
企業職員	○ （労働組合）	○ （団体協約締結権○）	×
単純労務職員	○ （いずれも可）	○ （団結権に対応）	×

⑵　団結権

　一般行政職員、教育職員は地方公務員法に基づく職員団体を、企業職員は労働組合法に基づく労働組合を、単純労務職員はいずれをも組織することができます。職員団体は、職員の勤務条件の維持改善を図ることを目的とします。職員団体は、単位団体に限られず、その連合体も職員団体です。職員団体の結成、加入及び脱退は、職員の自由意思に基づいて行われ、いわゆるオープン・ショップ制が採られています。

　行政上の重要な決定を行う職員、行政上の重要な決定に参画する管理的地位にある職員、職員の任免に関して直接の権限を持つ監督的地位にある職員、その他職員団体との関係において当局の立場に立って遂行すべき職務を担当する職員等（いわゆる管理職員等）とそれ以外の職員とは同一の職員団体を組織することができず、両者が混在する団体は、職員団体とは認められていません。管理職員等の範囲は、人事委員会規則又は公平委員会規則で定めます。

　職員団体が地方公務員法の要求する自主性と民主性を具備している

かどうかを確認し、公証するための制度として、第三者機関である人事委員会又は公平委員会による登録制度が設けられています。人事委員会又は公平委員会は、登録を申請した職員団体が必要な要件を満たしているときは、これを登録しなければならず、かつ、登録したことをその職員団体に通知しなければなりません。登録を受けるかどうかは任意であり、当局と交渉を行うことができるという職員団体の基本的な地位は、登録の有無により差があるものではありません。ただし、登録を受けた職員団体は、①当局をして交渉の申し入れに応ずべき地位に立たせること、②法人格の取得、③在籍専従職員設置の許可の付加的利便が与えられています。

　企業職員及び単純労務職員が組織する労働組合の目的・組織等は、労働組合法の一般原則によりますが、若干の特例が地方公営企業等の労働関係に関する法律で定められています。

⑶　交渉権

　職員の組織する職員団体又は労働組合は、それぞれ職員の給与・勤務時間その他の勤務条件等に関し、当局と交渉を行うことが認められています。交渉の当事者、手続、方法等に関する事項については、職員団体と労働組合とでは基本的な違いはありませんが、職員団体の交渉権には、労働協約を締結する権限が含まれていません。職員団体は、法令その他の規程に抵触しない範囲で書面による協定を締結することが認められていますが、この書面協定の効力は道義的責任にとどまるものです。一方、労働組合については、その構成員の勤務条件は給与の種類と基準のみを条例で定めることとされているので、原則として、労働協約を締結することができます。

　交渉の対象となる事項は、職員の勤務条件及びこれに附帯する事項であり、地方公共団体の事務の管理及び運営に関する事項は交渉の対象とすることはできません。適法な交渉は、勤務時間中においても行

うことができます。

⑷ 争議権

　職員は、同盟罷業、怠業その他の争議行為をし、又は地方公共団体の機関の活動能率を低下させる怠業的行為をしてはならない、とされています（地公法37①）。同盟罷業とは、職員が集団的に労務の提供を停止することで、その最も典型的な争議手段がストライキと呼ばれています。怠業とは、作業に従事しながら作業能率を低下させたり、正常な業務を妨害したりして、地方公共団体に損害を与える戦術で、サボタージュと呼ばれています。怠業的行為とは、地方公共団体の公務能率を低下させるもので争議行為に至らない程度のものをいいます。何人に対しても、争議行為や怠業的行為を企てたり又はその遂行を共謀したり、そそのかしたり若しくはあおったりすることは禁止されており、罰則もあります。職員が、以上のような禁止規定に違反する行為をしたときは、行為の開始とともに、法令等に基づいて保有する任命上又は雇用上の権利をもって対抗することができなくなります（地公法37②）。

3　措置要求・審査請求

⑴ 勤務条件に関する措置要求

　職員は、給与・勤務時間その他の勤務条件に関し、人事委員会又は公平委員会に対して、当局により適当な措置が執られるべきことを要求することができます（地公法46）。これは、労働基本権の制約を受けている職員の勤務条件を適正なものにするために設けられたものです。措置要求できる職員には、臨時的任用職員及び条件付採用職員が含まれますが、職員団体及び既に退職した職員は該当しません。また、企業職員及び単純労務職員には、この制度は適用されません。人事委員会又は公平委員会は、措置要求があった場合は、事案について口頭

審理その他の方法による審査を行い、その結果に基づいて、その権限に属する事項については自ら実行し、その他の事項については権限を有する機関に対し必要な勧告をしなければなりません（地公法47）。

⑵ 不利益処分に関する審査請求

懲戒その他その意に反する不利益な処分を受けた職員は、人事委員会又は公平委員会に対して行政不服審査法による審査請求をすることができます（地公法49の2①）。審査請求ができる職員には、臨時的任用職員及び条件付採用職員は含まれません。また、企業職員及び単純労務職員には、この制度は適用されません。この審査請求は、処分のあったことを知った日の翌日から起算して3か月以内にしなければならず、処分のあった日の翌日から起算して1年を経過したときは、することができなくなります。審査請求があったとき、人事委員会又は公平委員会は、事案を調査し審査請求の受理の可否を決定します。受理したときは直ちに審査に入り、その結果に基づいて、裁決を下します。判定の内容には、処分の承認、修正及び取消の3種類があります。

第7節 職員の勤務条件（給与を除く）

⑴ 勤務条件条例主義

職員の勤務条件は、労使の交渉によって決定される民間企業とは異なり、住民の意思を反映した条例で定められます。これを勤務条件条例主義の原則といいます。この原則の趣旨は次の2点にあります。

まず第一に、職員の正当な勤務条件を保障することです。職員は、全体の奉仕者として労働基本権が制限されているので、勤務条件の決定を純粋に労使の交渉に任せることはできません。そこで代償措置と

して条例によって職員の勤務条件を確保する制度が必要なのです。第二に、勤務条件の決定を住民の意思に基づいて公明正大に行うことです。給与をはじめとして勤務条件は、住民の負担につながる問題であることから、納税者である住民のコントロールが必要です。いわゆる財政民主主義の考え方に基づくものです。

⑵ **勤務時間**

　職員は、あらかじめ定められた勤務時間の全てを職責遂行のために用い、地方公共団体がなすべき責めを有する職務にのみ従事しなければならないものとされています。そして、この勤務時間の内容は、勤務条件ですので、条例で定めなければなりません。なお、企業職員及び単純労務職員については、労働協約その他の規則、企画管理規程で定められます。勤務時間は、国や他の地方公共団体との権衡を失しないよう考慮しなければなりません。また、地方公務員法第58条により地方公務員には原則として労働基準法が適用されます（この点、国家公務員と異なります。）ので、同法に定める最低基準を下回ることはできません。

　労働基準法では、一般的に勤務時間は休憩時間を除き1日について8時間、1週間について40時間を超えてはならないとされています。また、同法においては、毎週少なくとも1回の休日を与えなければならないとされています。国家公務員の勤務時間については、従来、1日について8時間、1週間について40時間とされていましたが、民間企業の所定労働時間との均衡を図る観点から、平成21年度から、1日について7時間45分、1週間について38時間45分に改定されています。地方公務員についても、国家公務員の例に準じて、1日につき7時間45分、週38時間45分と定める地方公共団体が多くなっています。職務の性質上、上記の原則的な勤務時間によりがたい場合（例えば保健衛生、清掃職員など）には特例が認められています。

公務上臨時の必要がある場合などには、正規の勤務時間を超えて勤務させることができます。この時間外勤務を命じることができるのは、①災害その他避けることのできない臨時の必要がある場合、②非現業の官公署において臨時の必要がある場合、③現業の官公署において臨時の必要が予想される業務のため、職員団体等と労働基準法第36条に基づく協定（いわゆる三六協定）を締結した場合です。

⑶　休憩

職員を長時間にわたって継続的に勤務させることは、心身の疲労度を高め、結局は能率を阻害する原因となります。そこで、勤務時間の途中に休憩時間が設けられているのが通例です。休憩時間については、労働基準法により、勤務時間が6時間を超える場合には少なくとも45分、8時間を超える場合には少なくとも1時間の休憩時間を与えなければなりません。この休憩は、職員に対して一斉に与えることが原則となっています。また、休憩時間は、自由に利用させなければなりません。休憩時間は、勤務時間ではありませんので、給与支給の対象とはなっていません。

⑷　休日及び休暇

地方公共団体の休日は、条例で定めることになっており、日曜日及び土曜日、国民の祝日に関する法律に規定する休日並びに年末又は年始における一定の日を休日として定めるものとされています（自治法4の2①②）。また、その他、沖縄県の慰霊の日や広島市の平和記念日のように、その地方公共団体において特別な歴史的、社会的意義を有する日については、限定的に、休日として定めることができることになっています（自治法4の2③）。

休暇は、勤務を要する日に法律又は条例に基づいて職務専念義務が免除されるものです。休暇には、ア）年次有給休暇、イ）病気休暇、ウ）特別休暇及びエ）介護休暇の4種類があります。

ア）年次有給休暇は、職員の心身の疲労を回復させ、労働力の維持培養を図ることを目的として、その事由を限定せず、年間一定日数を有給で与える休暇をいいます。労働基準法によれば、6か月間継続勤務し、全勤務日の8割以上出勤した職員には10日の年次有給休暇を与えなければならず、また、勤続年数に応じて日数を加算し、最高20日までの休暇を与えなければならないこととされています。地方公共団体の場合は、国の例に準じて定められているのが一般的です。国の場合は、採用された年においては一定の月割りで定められた日数、翌年からは20日と定められています。

　なお、年次有給休暇の未使用分は、翌年に限って繰越しが認められており、最高20日が翌年の日数に加算されます。地方公共団体の当局は、年次有給休暇の申請があったときは、職員が請求する時季に与えなければなりません。ただし、請求した時季に与えることが業務の正常な運営を妨げる場合には、他の時季に与えることができます。これを時季変更権と呼んでいます。

イ）病気休暇は、負傷又は疾病により療養する必要がある職員に対して、条例で定めるところにより与えられる休暇で、公務上又は通勤による負傷又は疾病の場合はその療養に必要と認める期間、結核性疾患の場合は1年以内でその療養に必要と認める期間、その他の負傷又は疾病の場合は3か月以内（ただし、成人病、精神病及び神経症については6か月以内）でその療養に必要と認める期間が与えられるのが通例です。

ウ）特別休暇は、社会通念上休暇を与えることが適切であると認められる場合に、法律又は条例に定めるところに従って与えられるものです。まず、労働基準法に基づく特別休暇としては、選挙権その他公民権の行使、女性職員の産前産後の休暇、育児時間のための休暇等があります。次に、条例で認められている主なものとしては、選

挙権の行使、結婚、出産、交通機関の事故などが挙げられます。

エ）介護休暇は、配偶者、父母、子、配偶者の父母及び同居の祖父母、兄弟姉妹並びに同居の父母の配偶者などが負傷、疾病又は老齢により一定期間（通例2週間）以上の期間にわたり日常生活を営むのに支障があり、これを職員が介護する場合に6か月以内で認められるものです。ほかの休暇と異なり、介護休暇については、勤務しない時間分の給与は減額される扱いとなっています。

なお、地方公務員の育児休業等に関する法律により、職員（男・女）は、3歳に満たない自分の子を養育するためにその子が3歳に達する日まで休業することができます（その間、職は保有しますが、給与は支給されません。また、その期間の2分の1の月数が退職手当の算定の基礎となる勤続期間から除算されます。ただし、後述のように共済組合から1日につき給料日額の一定割合の育児休業手当金が支給されます。）。育児休業の効果は、休職と同じですが、職員の請求に基づいて承認されるものです。この他に、平成25年の法改正で、外国で勤務等をする配偶者とともに生活することを可能とする休業制度が設けられました。また、骨髄移植のための骨髄液提供に係る検査、入院等のための特別休暇（通称「ドナー休暇」）が認められるようになっているほか、災害時における被災者の支援活動や、障害者の日常生活の支援などのために取得するボランティア休暇を導入する地方公共団体も増加しています。

第8節 給与

1 給与とは

(1) 給与の本質

職員に対しその勤務の対価として、地方公共団体から金銭が支給されます（自治法204①②）。これが給与であり、給与は、その中心となる給料とこれを補完する手当とから成っています。給料は、正規の勤務時間の対価であり、給与全体額の約80％を占めており、職員の職務内容、経験年数等の差異が支給額に反映されるようになっています。しかし、それだけでは職員一人ひとりの生活実態あるいは勤務の特殊性の違いなどを全て反映させることは困難です。そのため、これを補充するように扶養手当、時間外勤務手当、管理職手当等の各種手当が設けられ、給料と合わせて地方公務員の生活を保障する給与制度を形成しています。

(2) 給与決定の原則

民間企業における給与は、同一産業内の他企業の情勢、労使の勢力関係などを背景に、企業の生産した付加価値の範囲内において、労使間の団体交渉によって決定されます。これに対し、地方公務員の給与決定の原則は、次のように地方自治法及び地方公務員法に明示されています。

ａ 職務給の原則

職員の給与は、その職務と責任に応ずるものでなければなりません（地公法24①）。これを職務給の原則といいます。すなわち、職務内容の難易度あるいは複雑さの程度に応じて、また、その責任の軽重によって給与に差を設けようというものです。職務給の原則は、後述する給料表における区分に反映されています。

b 均衡の原則

　職員の給与は、①生計費、②国及び他の地方公共団体の職員の給与、③民間企業の従事者の給与、その他の事情を考慮して定められなければならないと規定されています（地公法24②）。この均衡の原則による給与決定方式は、二つの考え方を背景に持っています。一つは、地方公務員の採用に当たり、民間企業や他の公務員に匹敵する給与を支給しないと、公務に適材を確保することが困難となることです。もう一つは、地方公務員の給与は、住民の租税負担により賄われているため、その給与が民間企業や他の公務員の給与水準を、著しく上回るようなことがあれば、住民の理解を得ることが困難となり、行政への信頼を損ねることにもつながるということです。前者の観点からは給与を高くする方が望ましく、後者の観点からは低くする方が望ましいのですが、この二つの相反する要請を調和させ、適正な給与水準を決定するのが、均衡の原則であるといわれています。一般的な給与水準の比較方法としては、国家公務員の俸給を100とした場合の各地方公共団体の給与水準を示したラスパイレス指数が用いられます。

c 条例主義の原則

　職員の給与は、条例で支給額、支給方法を定めなければならず、また、条例に基づかない限り、職員に支給してはならないと規定されています（自治法204②③、204の2、地公法24⑤、25①）。このように地方公務員の給与について、条例主義の原則が採られる理由は、次の二点にあると考えられます。

①　地方財政の中で、職員の給与費の占める割合は大きく、住民の十分なコントロールが及ばなければなりません。そのため、給与の決定を納税者である住民の意思に基づき、公明正大に行うということです。

② 　公務員の労働基本権を制限するための代償措置として、その勤務条件を保障することが必要ですが、職員の給与を条例で定めることにより、職員に対する給与を権利として保障することになります。

　なお、職員給与の実態を住民が身近に知り得るようにし、住民の納得、支持を得るための一つの手段として、ホームページや広報紙による給与の公表が多くの団体で実施されており、あわせて、団体間の比較分析ができる地方公共団体給与情報等公表システムを総務省ホームページにて見ることができます。

⑶　給与支給の原則

　職員の給与は、法律又は条例により特に認められた場合を除き、①通貨で、②直接職員に、③全額を、支払わなければならないとされています（地公法25②、労基法24①）。これを、給与支給の3原則といいます。これらの原則は、いずれも、職員の利益保護の見地から設けられたものです。

a 　通貨払の原則

　職員の給与は、通貨で支払わなければならず、現物給与は、原則として禁止されています。

b 　直接払の原則

　職員の給与は、原則として、直接、職員本人に支給しなければなりません。

　通貨払及び直接払の原則を徹底すれば給与は現金直接払のみ認められることになります。しかしながら現実には、口座振替の方法によって給与支払が行われています。これは、給与の口座振込が、①職員本人の意思に基づいていること、②職員が指定する、本人名義の預金口座に振り込まれること、③給与の支給日に、給与の全額が払い出せる状況にあること、の3要素が満たされていれば、通貨払

及び直接払の原則に反するとはいえないと解されていることにより
ます。

c　全額払の原則

　職員の給与は、その全額を支給しなければならず、全部又は一部
を控除することは原則として認められません。この原則で問題とな
るのは、懲戒処分による減給や、無給休暇等の理由で給与の減額を
する場合です。この場合には、その原因となる事由の発生時期が、
当該月の給与支払前であれば、ただ単に給与計算の過程での問題だ
けで、支給された給与は計算後の全額ということになり、全額払の
原則に反するものではありません。当該月に減額できなかった場合
であっても、過払いの時期と清算調整の時期が合理的に接着して行
われるほか、労働者の経済生活の安定をおびやかさない場合は許さ
れるとする判例があります。

2　給与の種類と支給の仕組み

(1)　給料

　地方公務員の給与の中心となる給料は、具体的には、給与に関する
条例で定められる給料表をはじめとして、初任給、昇格及び昇給等の
基準を定める規則等によって決定されます。その内容については、諸
条件が異なるため、各地方公共団体により、それぞれ若干の違いがあ
りますが、基本的には、国家公務員の給与制度に準じて定められてい
ます。

a　給料表

　給料表には、部長、課長、係長等、職務の違いによるいくつかの
区分（級）が設けられています。そして、更に級の中でそれぞれい
くつかの区分（号給）が設けられています。職員個々の給料月額は、
この給料表上の級と号給の組合せによって決定されます。給料表

は、職務の種類に応じて、それぞれ別個のものが定められています。現在、国家公務員については17種類の給料表が定められていますが、地方公務員の給料表はもっと数が少なく、職員数の多少及び市

図2－2　地方公共団体の給料表のイメージ

地方公務員の給料表の仕組み

○　給料の支給額は、給料表における「級」と「号給」の組み合わせで決定される。（職種に応じて異なる給料表が適用される。）

（例）

医療職給料表
小中学校教育職給料表
警察職給料表
一般行政職給料表

職員の区分	職務の級 / 号給	1級 給料月額	2級 給料月額	3級 給料月額	4級 給料月額	5級 給料月額	6級 給料月額	7級 給料月額	8級 給料月額	9級 給料月額	10級 給料月額
		円	円	円	円	円	円	円	円	円	円
再任用職員以外の職員	1	134,000	183,800	221,100	262,300	289,700	321,100	367,200	414,800	468,700	534,200
	2	135,100	185,600	223,000	264,400	292,000	323,400	369,800	417,300	471,800	537,400
	3	136,200	187,400	224,900	266,500	294,300	325,700	372,400	419,800	474,900	540,600
	4	137,300	189,200	226,800	268,600	296,600	328,000	375,000	422,300	478,000	543,800
	5	138,400	190,800	228,600	270,700	298,700	330,300	377,600	424,600	481,100	547,000
	6	139,500	192,600	230,600	272,800	301,000	332,500	380,200	427,000	484,200	549,500
	7	140,600	194,400	232,600	274,900	303,300	334,700	382,800	429,400	487,300	552,000
	8	141,700	196,200	234,600	277,000	305,600	336,900	385,400	431,800	490,400	554,500
	9	142,800	198,000	236,600	279,100	307,800	339,200	388,000	434,100	493,400	557,000
	10	144,100	199,800	238,600	281,200	310,100	341,400	390,700	436,400	496,500	558,900
	11	145,400	201,600	240,600	283,300	312,400	343,600	393,400	438,700	499,600	560,800
	12	146,700	203,400	242,600	285,400	314,700	345,800	396,100	441,000	502,700	562,700
	13	148,000	205,000	244,600	287,500	316,900	347,800	398,800	443,200	505,100	564,500
	14	149,500	206,900	246,600	289,600	319,100	349,900	401,100	445,200	508,100	566,000
	15	151,000	208,800	248,600	291,700	321,300	352,000	403,500	447,200	510,500	567,500
	16	152,500	210,700	250,600	293,800	323,500	354,100	405,900	449,200	512,900	569,000
	17	153,800	212,600	252,600	295,900	325,700	356,300	408,200	451,200	515,400	570,500
	18	155,300	214,600	254,600	298,000	327,800	358,300	410,300	453,300	517,400	571,700
	19	156,800	216,600	256,600	300,100	329,900	360,300	412,400	454,800	518,400	572,900
	20	158,300	218,600	258,600	302,200	332,000	362,300	414,500	456,400	519,400	574,100
	21	159,700	220,400	260,500	304,300	334,100	364,400	416,600	458,400	521,200	575,300 （最高号給）
	22	162,300	222,400	262,400	306,400	336,200	366,400	418,600	459,900	522,700	
	23	164,900	224,400	264,300	308,500	338,300	368,400	420,600	461,400	524,200	
	24	167,500	226,400	266,200	310,600	340,400	370,400	422,600	462,900	525,700	
	25	170,200	228,300	268,100	312,600	342,300	372,500	424,700	464,400	527,200	
	26	171,900	230,200	270,100	314,700	344,300	374,500	426,300	465,800	528,200	
	27	173,600	232,100	272,000	316,800	346,300	376,500	427,900	467,200	529,400	
	28	175,300	234,000	273,700	318,900	348,300	378,500	429,400	468,600	530,600	
	41										542,600 （最高号給）
	45									482,600 （最高号給）	
	61								460,300 （最高号給）		
	77							425,900 （最高号給）			
	85						403,700 （最高号給）				
	93	244,100 （最高号給）				391,200 （最高号給）					
	113				357,200 （最高号給）						
	125			309,900 （最高号給）							
再任用職員	▲	186,800	214,600	259,000	279,400	295,000	321,100	364,600	399,000	451,600	534,200

職務の「級」
・職務の複雑、困難及び責任の度に応じて区分するもの
・地方公共団体において級別職務分類表を定める。
・級の上昇が「昇格」

「号給」
・同一級をさらに細分化するもの
・職務経験年数による職務の習熟を給与に反映させる。
・号給の上昇が「昇給」

町村か都道府県かによっても異なります。地方公務員の場合、通常、次のようなものが用いられます。

行政職給料表（一）（二）、公安職給料表（一）、教育職給料表（一）（二）（三）、研究職給料表、医療職給料表（一）（二）（三）、これ以外に、消防職給料表を定めている地方公共団体もあります（イメージは図2−2）。

また、福祉関係職員を専門職として位置付け、適切な評価・処遇を図る必要から、福祉職給料表を設ける地方公共団体もあります。

b 級

級とは、職務給の原則を具体化したものであり、職務の複雑、困難及び責任の度合いに基づいた区分ですが、職員をいずれの級に格付けするかは、標準的な職務の内容を定めた標準職務表を基準としています。ただし、級の数については、各地方公共団体の規模、行

表2−3　X県の標準職務表（行政職）

職務の級	職　務　の　内　容（本庁職員）
1　級	係員の職務
2　級	特に高度の知識又は経験を必要とする業務を行う係員の職務
3　級	係長の職務
4　級	課長補佐の職務
5　級	総括課長補佐の職務
6　級	課長の職務
7　級	総括課長の職務
8　級	次長の職務
9　級	部長の職務

（備考）　1　「総括課長補佐」とは、例えば全般的に課長を補佐し、又は二課以上にわたる人事、予算等の重要な総括的業務を担当する課長補佐を指す。

2　「総括課長」とは、例えば部の業務を統括し、又は全庁にわたる人事、予算等の重要な総括的業務を担当する課長を指す。

3　都道府県の規模、行政組織等によっては、職務の内容に応じて部長について10級を設けることができるものであること。ただし、国における10級は、従来の本府省課長の職責を上回る職務に対応するものであるので、地方公共団体における適用についても、これに相当するような高度又は特に困難な業務を担う職責を有する場合にのみ適用すること。

政組織、職員数等によって異なり、一般的に、国、都道府県、市、町村の順で少なくなります（表2−3）。

c 号給

級は更に号給によって細分化されています。同一級にある職員の給料額に差を設けるのは、職務経験年数が長くなれば、仕事の習熟度が向上するのが一般的であり、これを給料額に反映させるためです。

d 初任給

初任給とは、新たに給料表の適用を受ける職員となった者の給料のことです。初任給の決定に当たっては、新規学卒者など前歴のない職員の場合は、初任給基準表に基づき、試験又は職種の区分、学歴、免許等に応じて決定されます。なお、職員となる前に、臨時職員として公務経験のある者や、民間企業、国等で勤務した経験のある者に対しては、一定の基準によって計算した年数に応じた号給を、初任給基準に加算して決定されます。

e 昇給

昇給とは、同一級内において、現に受けている号給よりも上位の号給に変更することで、職員が、一定期間（通常12か月）を良好な成績で勤務した場合に、2号給から8号給の範囲で職員の勤務成績に応じて上位の号給に昇給することです。

f 昇格

職員が、現在の職務の級に一定年限以上在任し、勤務成績その他の能力が評価され、同一給料表の上位の級に変更されることをいいます。

(2) 諸手当

給料を補完するための諸手当は、原則として、地方自治法第204条第2項に列記されている26種類です。各種手当の額、支給方法等は

各地方公共団体の条例で定めることとされていますが、一般的には、国家公務員の各種手当に準じて定められていますので、以下では、国及び典型的な地方公共団体の例を中心に説明します。

a 扶養手当

扶養親族のある職員に対し、生計費の一助として支給される手当です。扶養親族とは、他の生計の途がなく、主としてその職員の収入によって生計を維持している者で、具体的には、①配偶者、②満22歳に達する日以後の最初の3月31日までの間にある子及び孫、③満60歳以上の父母及び祖父母、④満22歳に達する日以後の最初の3月31日までの間にある弟妹、⑤重度心身障害者がこれに当たります。このうち、②、③、④については、血族のみで姻族は該当せず、⑤は血族、姻族のどちらでも該当します。

b 地域手当

民間賃金の地域間格差が適切に反映されるよう、主に民間賃金の高い地域に勤務する職員に対して支給される手当です。地域手当は、原則として給料、管理職手当及び扶養手当の月額の合計額に、一定の支給割合を乗じて算出します。

c 住居手当

賃貸住宅に居住し、家賃を支払っている職員には、その費用の一部を補填するため、一定の算式により住居手当が支給されます。通常、支給限度額が設定されています。

d 通勤手当

通勤のため交通機関等を利用する職員に対しては、実費弁償に相当する通勤手当が支給されます。手当額は、運賃、距離等の事情に照らして、最も経済的かつ合理的と認められる通常の経路及び方法によって、算出されなければなりません。通常、交通機関（電車、バス等）の利用者に対する支給額には、支給限度額が設定され、交

通用具（自動車、自転車等）の利用者には、それぞれ通勤距離に見合った金額が支給されます。

e　特殊勤務手当

著しく危険、不快、不健康又は困難を伴う特殊な勤務で、給与上特別な考慮を必要とし、かつ、その特殊性を給料で考慮することが、勤務の態様などから適当でないと認められるものに従事する職員に対して支給されます。支給額は、それぞれの勤務の実態に応じて、個別に定められています。

f　時間外勤務手当

正規の勤務時間外に、勤務することを命じられた職員に対し、その時間外勤務の時間数に応じて支給される手当です。勤務を要しない日（通常は日曜日及び土曜日）に行った勤務に対しても、時間外勤務手当が支給されます。その支給額は、時間外勤務1時間につき給与額の100分の125（その勤務が午後10時から翌日の午前5時までの間である場合は100分の150）の割合で算出された額です。

g　管理職手当

管理又は監督の地位にある職員の、職務の特殊性に基づき支給される手当です。管理職手当を受ける職員は、時間外勤務手当、夜間勤務手当、休日勤務手当の支給を受けることができません。支給額は、一般的には、給料月額に職務の内容に応じて100分の25以内の一定率を乗じて得た額とされています。

h　期末手当及び勤勉手当

期末手当は、生計費が一時的に増大する夏季と年末に、その生計費を補充するために支給される生活給的性格を持つ手当です。一方、勤勉手当は、勤務成績に応じて支給される能率給的性格を有しています。両手当とも原則として、6月1日、12月1日（「基準日」といいます。）に在職する職員に対して支給されます。両手当の支

給率を、所定の在職期間の全てを勤務したものとして示せば表2－4のようになります。

表2－4　期末・勤勉手当支給率の例

区　分	6　　月	12　　月	年間支給率
基準日	6月1日	12月1日	合　　計
支給日	6月30日	12月10日	4.4
期末手当	1.2	1.2	2.4
勤勉手当	1.0	1.0	2.0

ⅰ　退職手当

　職員が退職（死亡による退職も含みます。）した場合に、功労報償的及び生活保障的性格を有する一時金として、職員又はその遺族に支給される手当です。退職手当額は、退職時の給料月額に、退職事由及び勤続年数に応じて定められる支給率を乗じて決定されます。ただし、懲戒処分等により退職又は失職した職員には、退職手当は支給されません。

ⅱ　その他の手当

　以上述べてきた諸手当のほかにも、初任給調整手当、単身赴任手当、特地勤務手当、へき地手当、宿日直手当、管理職員特別勤務手当、夜間勤務手当、休日勤務手当、寒冷地手当、特定任期付職員業績手当、任期付研究員業績手当、義務教育等教員特別手当、定時制通信教育手当、産業教育手当、農林漁業普及指導手当、災害派遣手当があります。

(3)　給与改定

　情勢適応の原則（地公法14）に基づき、公務員の給与水準を生計費、国及び他の地方公共団体の職員の給与、民間企業の賃金等と比較検討し（地公法24②）、改めることを給与改定といいます。給与改定には、給料表の改定による給料月額の変更と、諸手当額の改定の2種類があります。前述した昇給が、職員個々の給料が同一の給料表の中で勤続

年数の経過に伴って増額するのに対し、給与改定は、新・旧の給料表の対比において一定の率で全体としての給与水準を変更させるものです。

　国家公務員の給与改定については、毎年8月ごろに出される人事院勧告が大きな役割を果たしています。都道府県においては、人事委員会の給与改定勧告を受けた知事が、また、通常人事委員会の置かれていない市町村においては市町村長が、給与改定のための条例案を議会に提出することになります。

3　旅費

　職員が、公務のため出張、赴任等の旅行を命ぜられたとき、地方公共団体は、その職員に対して旅費を支給しなければなりません。旅費は、条例で定められますが、旅行する際に必要とされる費用に充てる実費の弁償であり、勤務の対価である給料・諸手当とは性格を異にします。

⑴　旅費の種類

　旅費の種類及び分類を示すと、表2－5のようになります。

表2－5　旅費の種類及び分類

旅費の分類	外　国　旅　行　の　旅　費			
	内　国　旅　行　の　旅　費			
	普通旅費		特　別　旅　費	
旅費の種類	鉄道賃　　　船　賃 航空賃　　　車　賃 日　当　　　宿泊料 食卓料		移転料 着後手当 扶養親族移転料 日額旅費※	支度料 旅行雑費 死亡手当 旅行手当

※日額旅費：職員が長期間の研修、講習等のために旅行する場合、又は職務の性
　　　　　　質上、巡回指導、集金、立入調査等のように、常時出張を必要とす
　　　　　　る場合に、他の旅費に代えて支給するもの。内国旅行のみ対象。

⑵ 旅費計算の原則

旅費は、最も経済的な通常の経路及び方法により旅行した場合の費用計算により、算出しなければなりません。そして、旅費計算上の旅行日数は、旅行のため、現に要した日数でなければなりません。ただし、公務上の必要又は天災その他やむを得ない事情によるときは、その現によった経路、方法及び日数によって計算します。なお、食卓料は、船又は航空機を利用する際に、船賃又は航空賃のほかに食費の支払を必要とする場合に限り支給されるものです。

⑶ 旅費の支給手続

旅費の支給を受ける方法として、精算払と概算払の2種類があります。

a 精算払

旅行命令を受けた職員が、費用を立て替えて支払い、旅行を終えて帰庁後精算し、これに基づいて旅費を支給する方法です。

b 概算払

旅行命令を受けた職員に対し、旅行前に見積計算した旅費を支給し、帰庁後精算を行い、過渡し分については返納を、また、不足分については追加支払をする方法です。

旅行を終えて帰庁した職員は、旅費の精算を行うと同時に、旅行の結果を、口頭又は文書で報告（復命）しなければなりません。

第9節 人材育成と人事管理

⑴ 研修

地方公務員法第39条では、職員には、その勤務能率の発揮及び増進のために、研修を受ける機会が与えられるべき旨、また任命権者が

研修を行うべき旨を規定しています。

　現在、人口減少・少子高齢社会を迎え、地域社会を取り巻く環境や行政が担うべき役割も変化する中で、地方公務員に求められる能力・資質も変容しています。DXやGXなどの新たな政策課題や複雑・多様化する行政課題を解決し、行政サービスの向上を図っていくため必要とされる知識・技能を職員が獲得（リスキリング）できる環境や、現在求められている役割の中で職員が知識・技能を向上（スキルアップ）できる環境を整えることが必要と指摘されています。そのため、各地方公共団体においては、目指すべき職員像や求められる知識・技能の下、必要となる人材をリスキリングやスキルアップにより計画的・体系的に育成するための育成プログラムを整備することがますます重要となっています。

　同時に、職員がキャリアを通して、「仕事のやりがい」・「組織への貢献の実感」・「自己成長」を実感できる魅力的な環境の整備がこれまで以上に必要であり、職員が主体的にリスキリングやスキルアップに取り組み、自らキャリア形成できるよう、日々のOJTを通じた実務能力の向上はもとより、高度で専門的な知識・技能の習得や、他の地方公共団体や民間企業の職員等とのネットワークづくり、自発的な学習による幅広い知識・技能の習得等、職員のニーズを踏まえた多様な学習機会を確保することが必要とされています。オンライン研修等、限られた時間の中で効果的・効率的な研修方法も開発され定着してきています。

　皆さんは、新規採用時に研修を受けますが、その後も研修を受けたり自主的に少人数勉強会を開催するなど、積極的にリスキリングやスキルアップに取り組むようにしてください。それが、地域社会に貢献できる地方行政サービスの向上につながるほか、皆さん自身の職業人生を更に豊かなものにすることにつながります。

地方公共団体が実施している研修を実施形態別にみると、次のような例があります。

a 集合研修

研修所で行う研修や部局が主体となって行う集合研修のことです。多数の職員が基礎的又は専門的な知識を体系的に学ぶのに適しています。さらに、講義方式に加えて、事例演習、課題研究、ワークショップ方式など新しい参加型の研修技法が導入されています。

b オンライン研修／e ラーニング

PC やタブレットなど通信機器を用いて物理的に一か所に集合せずとも実施できる研修です。多数の職員が基礎的又は専門的な知識を体系的に学ぶのに適しています。コンテンツを収録しておくことが可能であればいつでも何度でも受講することができ、効率的な研修方法です。

c 委託研修

都道府県の研修所あるいは民間研修機関の行う研修に職員を参加させるものです。独自の研修機関のない市町村等が活用するのはもとより、より高度な知識、技術を身に付けさせるために活用している団体が多くなっています。

なお、自治大学校においても将来の地方公共団体の幹部を養成することなどを目的として、全国から派遣された職員を対象とした研修が行われています。

d 派遣研修

職員を外部の団体に派遣して実務を通じて能力開発を図る方法です。国の各省庁、他の地方公共団体、民間企業等への派遣がよく見受けられます。

e 職場研修

a～dのような職場外研修（off-JT）と並んで重要なのが職場研

修（OJT）です。上司や先輩職員が日常の執務を通して実務的な研修を行います。職場研修の長所は、職務の継続性を失うことが少ない、実践的な研修が行える、職員相互の理解信頼を高めることができる等の点が挙げられます。新規採用職員や配置転換直後の職員に対して行われると効果的です。

⑵ 人事評価

職員の勤務成績を的確に把握し、それに基づいて職務の割当て及び指導を適切に行うことは、公務能率向上のためには不可欠です。正しく評価された職員の勤務成績を、昇任、昇給、配置転換等人事行政上に反映させることは、公正かつ合理的な人事行政運営のために必要なことです。地方公務員法第23条では、任命権者は人事評価を任用、給与、分限など、人事管理の基礎として活用しなければならない旨規定されています。そのために、職員がその職務を遂行するに当たり発揮した能力の評価である能力評価と、職員が果たすべき職務をどの程度達成したかを評価する業績評価の両面から人事評価を行うこととされています。

また、職員の執務については、任命権者は定期的に人事評価を行わなければならず、人事評価の結果に応じた措置を講じなければならないこととされています。

具体的な人事評価の仕組みは各地方公共団体の任命権者が定めることとされていますが、標準的な流れは表2－6のとおりです。

能力評価の評価期間は4月1日から翌年3月31日までの1年間、業績評価の評価期間は4月1日から9月30日まで及び10月1日か

表2－6　人事評価の標準的な流れ

期首面談（目標等の設定）
↓
業務遂行
↓
達成状況等の自己申告 評価・調整・確認
↓
評価結果の本人開示
↓
期末面談（指導・助言）

ら翌年3月31日までの2期（又は、4月1日から翌年3月31日までの1年間）で設定されているのが一般的です。

　まず、業務評価の評価期間のそれぞれの期首に、評価者による面談を経て業務目標を確定します。この業務目標は、何を、いつまでに、どのような水準まで達成するのか、できるだけ具体的に定める必要があります。

　期末までに、目標達成状況について自己申告を行い、評価者による5段階評価が確定すると、評価結果が本人に開示されます。

　そして、この評価結果の開示後又は開示にあわせて、再度、評価者による面談を受け、あわせて指導・助言を受けることにより、主体的に業務改善及び自らの能力開発に取り組むことが期待されています。

第10節　福利厚生

1　福利厚生とは

　福利厚生とは、職員に対する福祉制度のことで、給与制度などとともに、職員の生活を安定させ、職員が安んじて公務に専念することにより公務能率を増進させることを究極のねらいとしています。

　地方公務員の福利厚生の内容としては、職員の保健、元気回復等を図る厚生制度、職員及びその家族が病気やけがをした場合に治療費を給付したり、退職年金を給付したりするなどの共済制度、職員の公務上の災害に対する補償を行う公務災害補償制度、さらに、職員の健康診断、職場環境の整備などを義務付けている労働安全衛生制度が挙げられます。以下、その概要について説明します。

2　厚生制度

　厚生制度は、地方公務員法第42条でその実施が義務付けられていますが、その事業の種類及び内容は法律で定められているものではなく、地方公共団体の規模、職場の年齢構成、職種、所在地域の環境、その他の条件により各団体の自主的な判断と創意工夫によって事業が実施されています。

(1)　厚生事業の内容

　厚生事業の内容は、職員が所属する地方公共団体ごとにまちまちですが、一般に実施されている厚生事業は次のとおりです。

a　住宅関連

① 職員住宅、独身寮

② 持家対策……住宅建設資金貸付、財形住宅融資、住宅ローンあっせん、住宅増改築資金貸付

b　生活経済関係

① 職場食堂、売店等

② 生活物資の割引あっせん、割引契約店指定、代金一括立替払等

c　保健衛生関係

① 診療所、休養室、健康診断、健康相談

② 保養所、山の家、海の家、旅館等の指定とあっせん

d　文化体育関係

① 職員会館、集会室、図書室

② 文化祭、展覧会、文化サークル活動援助、講習会

③ 運動会、体育クラブ活動援助、旅行会

e　慶弔災害見舞い関係

結婚祝金、出産祝金、弔慰金、災害見舞い金

f 保険関係

　　グループ保険、生命保険の団体取扱い、交通災害保険

　上記のうち、地方公共団体が直接実施する事業は、主に職員住宅、独身寮、診療所等の設置、健康診断、健康相談の実施や売店等に使用する施設の提供などで、その他の事業は、次に述べる職員互助組合等が行っているのが通常です。

　なお、後述する職員共済組合も種々の厚生事業を行っています。

⑵　職員互助組合等

　職員互助組合等とは、職員互助組合、互助会その他の名称で呼ばれています。職員（互助組合等の組合員又は会員）の相互扶助と福利の増進を図ることを目的として組織され、各種の給付、貸付事業その他福利厚生事業を行う団体です。職員互助組合等は、地方公共団体の条例で設置されているのが通例で、職員がその身分を取得すると同時に職員互助組合等の組合員又は会員となります。

　職員互助組合等の事業は、主に組合員等の掛金及び地方公共団体の交付金その他の収入をもって実施されています。したがって、各地方公共団体における掛金及び交付金等の額は、その事業の規模又は内容によって異なっています。

3　共済制度

⑴　共済制度の趣旨

　地方公務員共済組合制度は、地方公務員法第43条を根拠とする共済制度で、厚生年金保険法及び地方公務員等共済組合法に基づき実施されるものです。この共済制度は、相互救済の精神に基づいて職員が組織する共済組合が、民間の健康保険制度に相当するものとしての短期給付、厚生年金保険制度による長期給付を行い、かつ、その資金の貸付、保健事業、保養施設の経営などの福祉事業を併せて行うことに

よって、職員の生活の安定と福祉の向上を図ることを目的としている
ものです。地方公務員共済制度の運営の基本は、社会保険として行わ
れるものであり、その財源は、職員が納付する一定の掛金と、地方公
共団体が使用者として、また公的主体として支出する負担金とを原資
としています。

　共済組合は、地方公共団体に常時勤務する地方公務員を組合員とし
て組織される特別な法人ですが、都道府県の職員の場合にあっては主
として職種によって、市町村の職員の場合にあっては団体の区分に
よって、表2－7のように共済組合が設けられ、全ての共済組合で地
方公務員共済組合連合会が組織されています。また、市町村職員共済
組合と都市職員共済組合により、全国市町村職員共済組合連合会が組織
されています。

　指定都市職員共済組合及び都市職員共済組合においては、短期給付
の制度を適用しないで、健康保険組合を設けて健康保険法の医療給付
を行っている組合があります。

表2－7　共済組合の種類

```
地方職員共済組合（1組合）―――道府県の一般職員
公立学校共済組合（1組合）―――都道府県の教育職員、市町村の公立学校職員
警察共済組合（1組合）―――――都道府県の警察職員、警察庁の所属職員
都職員共済組合（1組合）―――――都の一般職員、特別区の一般職員
市町村職員共済組合（47組合）――市町村の一般職員
指定都市職員共済組合（10組合）―指定都市（昭和57年以後に指定された指定都
　　　　　　　　　　　　　　　　市を除く）の一般職員
都市職員共済組合（3組合）―――特定の市の一般職員
```

(2) 共済組合の事業

a 短期給付

　組合員や被扶養者が病気やけがをしたとき、死亡したとき、又は出
産したときなどに、共済組合が必要な給付を行い、組合員の生活を助

けようとするのが短期給付の制度です。給付の種類や内容は民間の被用者に適用される健康保険制度とほぼ同じですが、健康保険制度には見られない共済組合制度独自の給付（休養手当金・災害給付等）もあります。

　主な短期給付には、次のようなものがあります。

① 保険給付

　ア　療養の給付及び療養費

　　　組合員が公務によらない病気又はけがをした場合に給付されます。

　イ　家族療養費

　　　組合員の被扶養者の病気又はけがの療養に要した費用について給付されます。

　ウ　出産費

　　　組合員又は被扶養者である配偶者が出産したときに支給されます。

　エ　埋葬料

　　　組合員が公務によらないで死亡したとき、又は被扶養者が死亡したときに支給されます。

② 休業給付

　ア　傷病手当金

　　　組合員が公務外の病気やけがの治療を受けるため勤務できなくなり、給料の全部又は一部が支給されないときに傷病手当金が支給されます。

　イ　出産手当金

　　　組合員が出産のために勤務できなくなり、給料が支給されないときに出産手当金が支給されます。

　ウ　休業手当金

組合員が被扶養者の病気やけがなどの一定の事由により欠勤し、給料の全部又は一部が支給されないときに休業手当金が支給されます。

エ　育児休業手当金

組合員が育児休業（無給）をしたときに子が1歳になるまでの期間（保育所に入所できない等の一定の事由があれば、2歳になるまでの期間）、育児休業手当金が支給されます。

オ　介護休業手当金

組合員が家族の介護を行うため介護休暇（無給）をしたときに、通算して66日間、介護休業手当金が支給されます。

③　災害給付

ア　弔慰金及び家族弔慰金

組合員又はその被扶養者が非常災害により死亡したときに弔慰金又はその家族弔慰金が支給されます。

イ　災害見舞金

組合員が非常災害により住居又は家財に損害を受けたとき災害見舞金が支給されます。

b 長期給付

組合員が永年勤務して退職したときや在職中の病気やけがが元で心身に故障が生じて退職したとき、あるいは死亡したときに、老後の生活や残された遺族の生活の支えとして支給されるのが長期給付の制度で、民間の被用者と同じ厚生年金保険給付及び公務員独自の退職等年金給付から構成されます。

4　公務災害補償制度

(1)　災害補償制度の意義

地方公務員の公務上の災害の防止については、各地方公共団体の任

命権者が常に留意し努力すべきことは当然のことですが、不幸にして地方公務員が公務上の災害（負傷、疾病、障害又は死亡）や通勤途上に災害を受けた場合には、災害補償制度が適用されることになっています。これは、災害により生じた損害を迅速、公正に補償し、併せて必要な施策あるいは措置を行うことによって、職員やその遺族の生活の安定と福祉の向上に寄与することを目的とするものです。

　地方公務員に対する災害補償は、地方公務員災害補償法に基づいて全国の地方公務員に統一的に行われています。具体的な補償方法については、同法によって地方公務員災害補償基金という特殊法人が設けられ、これが地方公共団体に代わって補償を実施しています。

(2) 公務上の災害及び通勤災害

　例えば、次のような場合は、公務上の災害とされています。

① 　職務を遂行中あるいは出張の途中の場合

② 　任命権者が計画し、実施したレクリエーション等に参加した場合

③ 　公務上の負傷が原因で発病した場合

④ 　一定の職業病

　また、通勤災害とされるのは、職員が通勤のために住居と勤務場所との間を、合理的な経路及び方法によって往復する途上で発生した災害（公務上の災害以外のもの）をいいます。したがって、例えば、帰宅途中に麻雀をし、又は酒を飲んだりした後は、通勤の経路を逸脱又は中断した場合となって、通勤災害とはなりません。

(3) 災害補償の内容

　職員が公務上の災害又は通勤による災害を受けた場合に、基金が行う補償の種類は次のとおりです。

① 　療養補償………治療等に必要な療養の費用

② 　休業補償………療養のため給与を受けないときの給与の支給

③ 　傷病補償年金…療養開始後１年６か月後も傷病が治らない場合に

　　　　　支給

④　障害補償………障害が残った場合に年金又は一時金を支給

⑤　介護補償………介護を必要とする場合に一定の額を支給

⑥　遺族補償………職員が死亡した場合にその遺族に年金又は一時金
　　　　　　　　　を支給

⑦　葬祭補償………職員の死亡に際して葬祭を行った場合に一定の額
　　　　　　　　　を支給

　その他、福祉事業として、リハビリテーション、奨学援助金の支給
等の各種の必要な事業及び措置が行われています。

5　安全衛生

　地方公共団体にとって、職員の健康を維持、増進し、安全を確保することは、職員が安心して職務に専念するために必要なことであるとともに、公務能率を向上させる上で重要な条件です。職員の保健、衛生に関しては厚生制度の項で既に述べましたが、職員の健康診断、職場環境の整備、機械設備の整備など、職員の健康及び安全の保持に必要な措置を講ずることを目的として労働安全衛生法があり、地方公務員には原則としてこの法律が適用されています。

　労働安全衛生法は、労働による災害を防止するため事業者（地方公共団体）に対して、次のことを義務付けています。

①　安全衛生管理体制の整備として総括安全衛生管理者、安全（衛生）
　　管理者、安全（衛生）委員会等の設置（一定の業種及び規模の事業
　　場について）

②　危険を防止又は健康を保持増進するための措置及び規制

③　就業に当たっての安全衛生教育の実施

④　健康診断の実施（採用時及び一般定期健康診断のほか、ストレス
　　チェックや有害業務に従事する職員の特別健康診断の実施等）

職員の安全衛生は、地方公共団体にとって重要なことであり、その
ために法に定められた事項を整備することはもちろんですが、各地方
公共団体は、さらに独自の諸施策を実施しています。

第3章 地方公共団体の税財政と財務

1 地方財政とは

　都道府県や市町村は、中央政府と同様に独立して行政活動を営んでいます。この地方公共団体の行政活動を支えるお金を調達し、また、そのお金を各行政活動に配分していく地方団体の経済活動を、地方財政と呼んでいます。しかし、同じ「財政」でも、国家財政と地方財政とでは大きく異なります。

⑴　地方財政の特色

　令和5年4月1日現在、日本には、47の都道府県と、1,718の市町村があり、これらの地方公共団体がそれぞれ財政活動を行っています。

　国家財政が、日本国政府という単一の行政主体であり、一つの財政であるのに対し、地方財政は、地方の行政主体である多くの地方公共団体の財政の集合体です。

　したがって、各地方公共団体の機能、規模、自然条件、社会的・経済的条件によって、財政の中身が異なっています。これを地方財政の多様性と呼んでいます。

　各地方公共団体の財政活動は、予算・決算の形で表されます。しかも、国家財政の予算・決算が一つの一般会計と数多くの特別会計に分かれているのと同様に、各地方公共団体の予算・決算も一般会計といくつかの特別会計に分かれています。これらの会計区分は、それぞれ

233

の地方公共団体で独自に定めることができることから、特別会計の名称や数、範囲が地方公共団体によって異なり、その結果として一般会計の範囲も異なってきます。

そこで、地方財政を分析、比較、集計するために、各地方公共団体の各会計をその性格によって区分しています。主に税金によって事業を行う「普通会計」、独立採算的な性格を有する「公営企業会計（水道、交通、病院等）」、収益的な性格を有する「収益事業会計（競馬、宝くじ等）」等があります。なお、内閣が毎年度国会に提出する地方公共団体の歳入歳出見込額「地方財政計画」は、この「普通会計」を対象範囲としています。

このほか、地方財政を把握するため、階層別に都道府県と市町村に分類して集計する方法があります。

「地方財政白書」は、これらの方法を用いて、年度ごとに地方財政の決算状況を分析・把握しています。このような分析を行うことを「決算分析」と呼び、その数値を「決算統計」と呼んでいます。

(2) 地方財政の規模と役割

令和3年度の地方財政全体の歳出決算規模は、地方公共団体の企業活動部門以外の一般行政部門（普通会計）ベースで、123兆3,677億円となっています。この歳出規模は、ここ数年増加傾向となっています（表2−9）。

国の歳出決算規模と比較してみますと、令和3年度の国の決算額は、151兆7,863億円となっています。一方国から地方へ、地方から国への移転支出を除いた純計決算額では、地方は国の約1.3倍の122兆5,684億円を支出しています。

このことからも分かるように、国民経済に占める地方財政の割合は国家財政より高く、令和3年度においては、国内総支出の11.7％、公的支出の43.3％を占めています（図2−3、2−4）。

図 2 － 3　国内総生産（支出側）と地方財政（令和 3 年度）

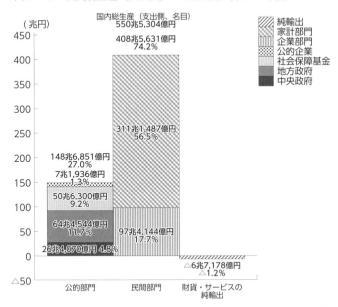

（注）　「国民経済計算（内閣府経済社会総合研究所調べ）」による数値及びそれを基に総務省において算出した数値である。なお、「2021年度（令和 3 年度）国民経済計算年次推計」に基づき、国民経済計算上の中央政府、地方政府、社会保障基金及び公的企業を「公的部門」としている。

図 2 － 4　公的支出の状況（令和 3 年度）

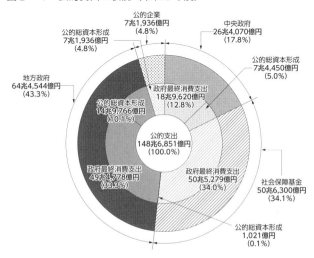

表2−9　地方財政と国の財政との累年比較

区　分	国内総生産（支出側）		歳　出　総　額		国から地方に対する支出（D）	地方から国に対する支出（E）
	実　額（A）	指数	国（B）	地　方（C）		
昭和10年度	167	−	22	21	3	0
16	449	−	81	31	11	0
36	201,708	100	21,645	23,911	10,279	381
平成23年度	5,000,462	2,479	1,058,330	970,026	373,166	7,698
24	4,994,206	2,476	1,044,969	964,186	362,159	9,308
25	5,126,775	2,542	1,058,980	974,120	367,916	7,676
26	5,234,228	2,595	1,060,355	985,228	360,051	7,054
27	5,407,408	2,681	1,061,292	984,052	354,709	7,220
28	5,448,299	2,701	1,064,419	981,415	353,897	8,072
29	5,557,125	2,755	1,057,801	979,984	348,264	7,344
30	5,565,705	2,759	1,061,875	980,206	342,387	7,477
令和元年度	5,568,363	2,761	1,090,758	997,022	356,557	8,555
2	5,375,615	2,665	1,549,074	1,254,588	569,026	9,560
3	5,505,304	2,729	1,517,863	1,233,677	544,779	7,993

2　地方財政と国家財政

　地方財政の仕組みを知るために、その前提として、国家財政との関係がどのようになっているか、まず考えてみることにしましょう。

(1)　地方と国との経費の分担

　昭和24年にシャウプ博士を団長とするアメリカ使節団が行った「シャウプ勧告」は、国と地方との行財政の関係の原則を明らかにしました。その中で、事務配分の原則として、「責任明確化の原則」などを挙げています。責任明確化の原則とは、国、都道府県、市町村の３段階の行政機関の事務を明確に区分して、各段階の行政機関の専管とし、また事務を行うため必要となる経費の負担についても、その事務を行う各機関が責任を持つ、という原則です。つまり、自分の仕事

（単位　億円・％）

歳　出　純　計　額						純計構成比		国内総生産（支出側）に対する割合		
国		地　　方		合　　計						
(B)-(D) (F)	指数	(C)-(E) (G)	指数	(F)+(G) (H)	指数	(F) (H)	(G) (H)	(F) (A)	(G) (A)	(H) (A)
19	－	21	－	40	－	47.5	52.5	11.4	12.6	24.0
70	－	31	－	101	－	69.3	30.7	15.6	6.9	22.5
11,366	100	23,530	100	34,896	100	32.6	67.4	5.6	11.7	17.3
685,164	6,028	962,329	4,090	1,647,492	4,721	41.6	58.4	13.7	19.2	32.9
682,810	6,007	954,877	4,058	1,637,687	4,693	41.7	58.3	13.7	19.1	32.8
691,064	6,080	966,444	4,107	1,657,508	4,750	41.7	58.3	13.5	18.9	32.3
700,304	6,161	978,174	4,157	1,678,478	4,810	41.7	58.3	13.4	18.7	32.1
706,583	6,217	976,833	4,151	1,683,415	4,824	42.0	58.0	13.1	18.1	31.1
710,523	6,251	973,342	4,137	1,683,865	4,825	42.2	57.8	13.0	17.9	30.9
709,537	6,243	972,640	4,134	1,682,178	4,821	42.2	57.8	12.8	17.5	30.3
719,488	6,330	972,729	4,134	1,692,216	4,849	42.5	57.5	12.9	17.5	30.4
734,201	6,460	988,467	4,201	1,722,667	4,937	42.6	57.4	13.2	17.8	30.9
980,048	8,623	1,245,029	5,291	2,225,076	6,376	44.0	56.0	18.2	23.2	41.4
973,084	8,561	1,225,684	5,209	2,198,768	6,301	44.3	55.7	17.7	22.3	39.9

は自分でし、お金も自分で全部払う、という原則です。

　しかし、実際にはこの原則で全て割り切ってしまうと、生活保護のように全国的に行政水準を統一する必要がある事務について、地方公共団体の財政状況により格差が生じるなど、不都合を生じかねません。そこで、地方財政の基本的な事項を定めた地方財政法は、地方公共団体と国との経費負担区分について、次のように定めています。

① 　地方公共団体又はその機関が行っている事務に要する経費については、原則として全額地方公共団体が負担します。

② 　①については、以下の三つの例外があります。

　ア　地方公共団体が専ら国の利害に関係のある事務を行う場合は、国が経費を負担することになります（国庫委託金）。国会議員の

237

選挙費、国勢調査費などが、これに該当します。

イ　国と地方とがその相互の共同責任で仕事をする場合、いわゆる、割勘で経費を負担することになります（国庫負担金）。地方公共団体が仕事をすれば国から地方へ、国が直轄で仕事をすれば地方から国へ、一定の割勘分を払います。国が地方へ交付する負担金には、次の3種類があります。

（i）地方公共団体が法令に基づいて実施しなければならない事務であって、国と地方公共団体相互の利害に関係のある事務のうち、その円滑な運営を期するため、国が進んで経費を負担する必要があるもの（義務教育、生活保護等）

（ii）地方公共団体が、国民経済に適合するよう総合的に樹立された計画に従って実施しなければならない、法律又は政令で定める土木その他の建設事業に要する経費（公共事業）

（iii）地方公共団体が実施しなければならない、法律又は政令で定める災害に係る事務で、その団体の一般財源だけでは十分な財源を得ることが困難なもの（災害援助、災害復旧等）

ウ　国がある施策を奨励する意味で、又は地方公共団体の財源を助ける意味で、特に必要があると国が認めた場合、国は地方公共団体に資金を交付できます（国庫補助金）。

⑵　**地方と国の財源配分**

以上のように、地方と国とで経費の負担を分け合うためには、各々受け持つ仕事を的確に処理していくことができるよう、必要な財源をそれぞれに配分しなければなりません。

各種の行政活動を行う最終的な財源は、大部分が税収です。前に述べましたように、地方公共団体は国の1.3倍の歳出を行っています（純計ベース）が、税収の方は、令和3年度、国税63に対して地方税は37にすぎません（国税71.9兆円、地方税41.4兆円）。ここに、地方と

国の財布の金の出入りからみると、入る方では国が多く、出る方では地方が多い、というギャップが生じています。

　現在我が国では、このギャップを埋め、かつ税源の偏在による地方公共団体間の格差を調整するため、本来地方公共団体に帰属すべき税金の一部を国税として徴収し、これを一定の方式により地方公共団体に配分する地方財政調整制度（地方交付税制度、地方譲与税制度〔後述〕）が設けられています。

　さらに、(1)で触れた国庫支出金（委託金、負担金、補助金）及び国直轄事業負担金を国と地方でやり取りして、最終的には、国2対地方3の配分になります。

　以上をまとめると、図2－5のようになります。

　このような税財源の配分は、地域間の経済力の格差による税源の遍在がある以上、合理的な制度とも考えられますが、一方で、地方分権の進展を踏まえ、財政面における自己決定権と自己責任をより拡充す

図2－5　国・地方間の税財源配分（令和3年度）

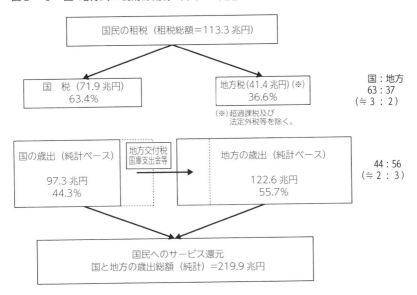

るためには、地方における歳出規模と地方税収入との乖離をできるだけ縮小することが必要です。具体的には、歳入項目のうち、自主財源である地方税を基本としつつ、国からの移転財源への依存度合いをできるだけ縮小し、地方公共団体が、より自立的な財政運営を行えるようにすることが望ましいと考えられます。

このような観点から、税源移譲を含む税源配分の見直し、国庫補助負担金の改革、地方交付税の改革を一体的に行う、いわゆる「三位一体の改革」が実施され、平成18年度税制改正で所得税から住民税に３兆円規模の税源が移譲されました（なお、「三位一体の改革」の具体的内容については、後述します。）。

3　地方財政計画

政府は、毎年度、国の予算案作成とほぼ同時期に、地方交付税法第７条の規定により、翌年度の地方公共団体の歳入歳出総見込額を示す「地方財政計画」を策定します。国の財政と地方財政との関係の調整は、この計画の策定の場において行われています。

(1)　地方財政計画の役割

地方財政計画が地方財政の運営上果たしている役割は、①地方財源の保障、②地方公共団体の行財政運営の指針の提示、③国の施策の確保の三つです。

a　地方財源の保障

地方財政計画は、地方財政全体の歳入と歳出を一定の方法で積算し、その収支を明らかにすることによって、地方公共団体が法律などで義務付けられている仕事やその他の住民福祉を増進するための仕事を、国が期待する水準で行うことができるよう、財源的な補償をするものです。もし、地方財政計画の収支に財源不足が生じるという見通しが明らかなのであれば、何らかの財源措置を講じた上で

収支の均衡が維持された地方財政計画が策定されることになります。毎年度の交付税総額が引き続き地方公共団体の財源不足総額と大きく異なる場合には、地方行財政制度の改正や交付税率の変更を行うこととされていますが（地方交付税法第6条の3第2項）、地方財政計画はまさにこのような事態に対応して必要な制度的措置を行うに当たり、不可欠な役割を果たしています。こうして、地方財政計画は地方財政全体で、いわゆるマクロ的に地方財源の保障を行っています。

b 行財政運営の指針の提示

　地方財政計画には、翌年度のあるべき行政水準を確保するのに必要な経費、行財政制度改正に伴う経費の増減等を標準的姿で歳出に計上し、また経済の動向、税財政制度の改正等を盛り込んだ収入見込額を歳入に計上してあるので、地方公共団体の翌年度の行財政運営の重要な指針となります。

c 国の施策の確保

　国の施策を進め、また経済政策を実施するに当たり、国は地方の協力が必要です。この意味から、国が毎年度予算を編成して施策の具体化を図る際に、同時に地方財政計画を策定し、地方公共団体の側で円滑に受け入れることができるかどうか、調整を行う必要があるのです。

(2) 地方財政計画の見方

　地方財政計画は、通常の予算とは異なります。以下のことを念頭においてみなければなりません。なお、令和5年度地方財政計画の歳入歳出は表2-10のとおりです。

a 普通会計

　計画の対象範囲は、公営企業や国民健康保険などを除いた普通会計に限っています。

表 2 －10　令和 5 年度地方財政計画歳入歳出一覧（通常収支分）　　（単位：億円、%）

区　　　　　分	令和 5 年度(A)	令和 4 年度(B)	増　減　額 (A)－(B)　(C)	増減率 (C)/(B)
地　　　　方　　　　税	428,751	412,305	16,446	4.0
地　方　譲　与　税	26,001	25,978	23	0.1
地　方　特　例　交　付　金　等	2,169	2,267	△ 98	△ 4.3
地　　方　　交　　付　　税	183,611	180,538	3,073	1.7
国　　庫　　支　　出　　金	150,085	148,826	1,259	0.8
地　　　　　方　　　　　債	68,163	76,077	△ 7,914	△ 10.4
うち臨時財政対策債	9,946	17,805	△ 7,859	△ 44.1
うち財源対策債	7,600	7,600	0	0.0
使　用　料　及　び　手　数　料	15,646	15,729	△ 83	△ 0.5
雑　　　　　収　　　　　入	45,867	44,456	1,411	3.2
復旧・復興事業一般財源充当分	△ 3	△ 4	1	△ 25.0
全国防災事業一般財源充当分	60	△ 254	314	△ 123.6
計	920,350	905,918	14,432	1.6
一　　　般　　　財　　　源	650,535	638,635	11,900	1.9
（水準超経費を除く交付団体ベース）	621,635	620,135	1,500	0.2
給　与　関　係　経　費	199,053	199,644	△ 591	△ 0.3
退　職　手　当　以　外	187,724	185,283	2,441	1.3
退　　職　　手　　当	11,329	14,361	△ 3,032	△ 21.1
一　般　行　政　経　費	420,841	414,433	6,408	1.5
補　　　　　　　助	239,731	234,578	5,153	2.2
単　　　　　　　独	149,684	148,667	1,017	0.7
国民健康保険・後期高齢者医療制度関係事業費	14,726	14,988	△ 262	△ 1.7
デジタル田園都市国家構想事業費	12,500	12,000	500	4.2
地　方　創　生　推　進　費	10,000	10,000	0	0.0
地域デジタル社会推進費	2,500	2,000	500	25.0
地　域　社　会　再　生　事　業　費	4,200	4,200	0	0.0
公　　　　債　　　　費	112,614	114,259	△ 1,645	△ 1.4
維　　持　　補　　修　　費	15,237	14,948	289	1.9
うち緊急浚渫推進事業費	1,100	1,100	0	0.0
投　　資　　的　　経　　費	119,731	119,785	△ 54	△ 0.0
直　　轄　　・　　補　　助	56,594	56,648	△ 54	△ 0.1
単　　　　　　　独	63,137	63,137	0	0.0
うち緊急防災・減災事業費	5,000	5,000	0	0.0
うち公共施設等適正管理推進事業費	4,800	5,800	△ 1,000	△ 17.2
うち緊急自然災害防止対策事業費	4,000	4,000	0	0.0
うち脱炭素化推進事業費	1,000	－	1,000	皆増
公　営　企　業　繰　出　金	23,974	24,349	△ 375	△ 1.5
企業債償還費普通会計負担分	13,997	14,398	△ 401	△ 2.8
そ　　　　の　　　　他	9,977	9,951	26	0.3
不　交　付　団　体　水　準　超　経　費	28,900	18,500	10,400	56.2
計	920,350	905,918	14,432	1.6
（水準超経費を除く交付団体ベース）	891,450	887,418	4,032	0.5
地　方　一　般　歳　出	764,839	758,761	6,078	0.8

※ 1　デジタル田園都市国家構想事業費の令和 4 年度の額は、令和 4 年度地方財政計画の歳出に
　　計上された「まち・ひと・しごと創生事業費」（1 兆円）及び「地域デジタル社会推進費」（2,000
　　億円）の合算額である。

※ 2　地方創生推進費の令和 4 年度の額は、令和 4 年度地方財政計画の歳出に計上された「まち・
　　ひと・しごと創生事業費」（1 兆円）の額である。

b 地方公共団体純計

地方公共団体間の重複額は、控除して考えていますので、都道府県から市町村への支出金などは計画に示されません。

c 通常水準標準規模

地方公共団体の実際の決算収支の見込額を推計するものではなく、客観的な通常ありうべき妥当な水準における地方行政に要する経費と収入を示しています。例えば、標準税率を超えた超過課税分（後述を参照のこと。）、国家公務員の給与水準を上回る給与費などは、含まれません。

d 単年度収支

単年度における収支均衡を図るための計画であるため、前年度からの繰越事業費や繰越金、剰余金の積立、取崩しなどは計画外となります。

e 年度当初

年度当初において予測されない歳入・歳出は計上されません。このため、年度中途において地方財政計画が改定されることはありません。

f 地方交付税の不交付団体における平均水準を超える経費

全地方公共団体の中には、税収入の方が標準的に計算された財政需要より多い団体（地方交付税の不交付団体）がありますが、この超過分は当該団体のより良い行政サービスに向けられ、他の財源不足団体に回されることはありません。したがって、この超過分を別建てで歳出に計上しています。

4　地方公共団体の収入

地方公共団体がその行政を実施するために要する経費を賄う収入は、その種類が極めて多く、しかもその源泉（収入の出所）も多岐に

わたっています。国の財政の場合には、その収入の大部分は、租税収入で占められていますが、地方公共団体の場合は、地方公共団体が自ら徴収する地方税、使用料、手数料、負担金、分担金などのほか、国から交付される地方交付税、地方譲与税、国庫支出金など、様々な種

表2－11　歳入決算額の状況

区　　　分	令和3年度					
	都 道 府 県		市　町　村		純　計　額	
地　　　方　　　税	22,203,878	32.5	20,205,060	28.7	42,408,938	33.1
地　方　譲　与　税	1,998,906	2.9	447,861	0.6	2,446,767	1.9
地 方 特 例 交 付 金 等	99,503	0.1	355,204	0.5	454,707	0.4
地　方　交　付　税	10,210,393	14.9	9,294,486	13.2	19,504,879	15.2
市町村たばこ税都道府県交付金	542	0.0	—	—	—	—
利　子　割　交　付　金	—	—	15,784	0.0	—	—
配　当　割　交　付　金	—	—	132,027	0.2	—	—
株式等譲渡所得割交付金	—	—	157,995	0.2	—	—
分離課税所得割交付金	—	—	6,244	0.0	—	—
地 方 消 費 税 交 付 金	—	—	3,023,636	4.3	—	—
ゴルフ場利用税交付金	—	—	31,452	0.0	—	—
自 動 車 取 得 税 交 付 金	—	—	7	0.0	—	—
軽 油 引 取 税 交 付 金	—	—	127,402	0.2	—	—
自動車税環境性能割交付金	—	—	48,038	0.1	—	—
法 人 事 業 税 交 付 金	—	—	255,869	0.4	—	—
小　計　（一般財源）	34,513,223	50.5	34,101,065	48.4	64,815,291	50.5
分 担 金 ・ 負 担 金	278,771	0.4	498,223	0.7	407,313	0.3
使 用 料 ・ 手 数 料	808,877	1.2	1,189,086	1.7	1,997,963	1.6
国　庫　支　出　金	16,175,669	23.7	15,844,938	22.5	32,020,607	25.0
交通安全対策特別交付金	29,406	0.0	21,580	0.0	50,986	0.0
都 道 府 県 支 出 金	—	—	4,595,351	6.5	—	—
財　　産　　収　　入	195,507	0.3	442,580	0.6	638,087	0.5
寄　　　附　　　金	21,536	0.0	884,085	1.3	905,533	0.7
繰　　　入　　　金	1,126,635	1.6	1,711,902	2.4	2,838,536	2.2
繰　　　越　　　金	2,118,707	3.1	2,147,218	3.0	4,265,925	3.3
諸　　　収　　　入	6,513,605	9.5	2,748,350	3.9	8,605,450	6.7
地　　　方　　　債	6,542,400	9.6	5,226,689	7.4	11,745,371	9.2
特別区財政調整交付金	—	—	1,091,571	1.5	—	—
歳　　入　　合　　計	68,324,335	100.0	70,502,639	100.0	128,291,063	100.0

（注）「国庫支出金」には、国有提供施設等所在市町村助成交付金を含む。

類にわたっています。

　以下、地方公共団体の収入を概観してみましょう。なお、令和3年度の収入の決算額は表2－11のとおりです。

（単位　百万円・％）

| 令和2年度純計額 | | 比　　　較 | | | | | | |
| | | 増減額 | 増　減　率 | | | 前年度増減率 | | |
			都道府県	市町村	純計額	都道府県	市町村	純計額
40,825,620	31.4	1,583,318	8.2	△0.5	3.9	△0.9	△1.0	△0.9
2,232,335	1.7	214,432	11.1	3.6	9.6	△17.6	0.8	△14.6
225,609	0.2	229,098	18.0	151.3	101.5	△45.9	△54.8	△51.8
16,988,952	13.1	2,515,927	15.0	14.6	14.8	2.9	0.0	1.5
—	—	—	△36.7	—	—	0.5	—	—
—	—	—	—	△17.1	—	—	2.7	—
—	—	—	—	45.6	—	—	△8.4	—
—	—	—	—	51.3	—	—	79.3	—
—	—	—	—	6.9	—	—	△16.7	—
—	—	—	—	8.9	—	—	22.0	—
—	—	—	—	15.0	—	—	△8.8	—
—	—	—	—	△88.3	—	—	△99.9	—
—	—	—	—	△0.5	—	—	△0.7	—
—	—	—	—	6.4	—	—	102.1	—
—	—	—	—	81.5	—	—	皆増	—
60,272,516	46.3	4,542,775	10.3	5.5	7.5	△1.2	0.8	△1.2
394,550	0.3	12,763	0.5	4.1	3.2	△0.6	△19.8	△23.5
1,984,704	1.5	13,259	△0.5	1.5	0.7	△4.4	△11.1	△8.5
37,402,395	28.8	△5,381,788	31.0	△36.8	△14.4	108.4	154.1	136.9
53,328	0.0	△2,342	△4.4	△4.4	△4.4	8.9	9.0	8.9
—	—	—	—	0.6	—	—	9.7	—
553,562	0.4	84,525	10.5	17.5	15.3	△19.7	△9.0	△12.7
751,398	0.6	154,135	△43.9	24.0	20.5	89.9	33.8	35.9
3,853,037	3.0	△1,014,501	△29.0	△24.4	△26.3	5.6	0.6	2.6
3,303,065	2.5	962,860	38.0	21.4	29.2	9.6	3.6	6.3
9,217,965	7.1	△612,515	△8.2	0.8	△6.6	108.0	31.4	93.1
12,260,718	9.4	△515,347	△2.4	△6.3	△4.2	19.7	5.3	12.8
—	—	—	—	10.6	—	—	△10.2	—
130,047,239	100.0	△1,756,176	10.4	△9.7	△1.4	21.6	27.1	26.0

⑴ 地方税

　地方税は、名実ともに地方公共団体の収入の大宗をなすものであり、地方税法及び条例の定めによって、その団体内の住民から徴収されます。令和３年度決算で歳入総額の33.1％が税収となっています（後述５を参照のこと）。

⑵ 地方譲与税

　本来地方税に属すべき税源を、課税の便宜あるいは税源偏在の調整のため、形式上、一旦国税として徴収し、これを国が地方公共団体に対して譲与する制度です。地方譲与税には、一般財源として都道府県及び市町村に譲与される地方揮発油譲与税、同じく一般財源として都道府県及び政令指定市に譲与される石油ガス譲与税、同じく一般財源として都道府県に譲与される特別法人事業譲与税、同じく一般財源として都道府県及び市町村に譲与される自動車重量譲与税、空港整備等の財源として空港関係都道府県及び市町村に譲与される航空機燃料譲与税、一般財源として開港所在市町村に譲与される特別とん譲与税、森林整備等の財源として都道府県及び市町村に譲与される森林環境譲与税の７種があります。

　これらの地方譲与税は、次の二つのパターンに大別できます。

① 純然たる課税技術上の理由のみにより、一旦国税として徴収し、これを国が地方公共団体に譲与するもの（特別とん譲与税）。

② 賦課徴収の便宜のほか、対象となっている税源に地域的偏在性があるため、一旦国税として徴収した上で、別な基準で地方公共団体に譲与し、団体間の財源調整も行うもの（地方揮発油譲与税、石油ガス譲与税、特別法人事業譲与税、自動車重量譲与税、航空機燃料譲与税、森林環境譲与税）。

⑶ 地方特例交付金

　地方特例交付金としては、令和５年度現在、減収補塡特例交付金が

あります。減収補塡特例交付金は、住宅借入金等特別税額控除による
減収を補塡するために平成20年度に創設されたものです。

⑷　地方交付税

　　地方交付税は単に地方公共団体の歳入の一つというだけではなく、
ナショナル・ミニマムを地域の経済力の強弱にかかわらず全国的に確
保する地方財政調整制度の中心的な役割を果たすものとして、地方財
政の仕組みの重要な柱になっています。

　　決算総額としても、令和3年度で全体の15.2％に上っており、地
方税収とともに一般財源の支えとなっています。

　　以下、その特質と仕組みについて述べてみましょう。

ａ　地方交付税の特質

①　地方公共団体の固有財源

　　　地方交付税は、単なる国庫からの交付金ではなく、本来地方公
共団体に帰属すべきその固有の財源です。地方交付税という名称
からも明らかなように、地方税の代わりをなすものとされ、「間
接課徴形態の地方税」、つまり国が地方に代わって徴収する地方
税ともいわれています。

②　一般財源

　　　一旦交付された地方交付税をどのような使途に当てるかは地方
公共団体の自由裁量に委ねられており、国は地方交付税の交付に
際し、地方自治の本旨を尊重し、これに条件を付けたり使途を制
限したりしてはならないとされています。つまり、地方公共団体
に交付された後は、地方税と同じように使用でき、この点で国庫
補助金とは全く性格の異なるものです。

③　財源保障と財源調整

　　　地方交付税は地方団体が等しくその行うべき事務を遂行するこ
とができるように国が交付する税とされています。この財源保障

は、（ア）国税5税（所得税、法人税、酒税、消費税、地方法人税）の一定割合を交付税として総額を保障する上、（イ）個別の地方公共団体に対しても、標準的な行政を行うことができる財源を保障するものです。後者の個別的保障は、各団体の財源を均衡化させる機能も果たします。

b 地方交付税の仕組み

地方交付税の総額は、国税のうち所得税及び法人税の33.1％、酒税の50％、消費税の19.5％及び地方法人税の全額とされています。

これは二つに分けられ、94％は普通交付税、残り6％は特別交付税として配分されます。

① 普通交付税の配分

普通交付税は、各地方公共団体が通常の状態で合理的で適当な水準の行政活動をしていくのに必要となる経費（「基準財政需要額」といいます。）から、その団体が通常の状態で収入できる地方税等の大部分（「基準財政収入額」といいます。）を差し引いた額によって配分されます。

算式で示せばこうなります。

[基準財政需要額] － [基準財政収入額] ＝ [普通交付税]
　　（A）　　　　　　　　　　（B）　　　　　　　　　（C）

したがって、普通交付税は（A）が（B）より大きい団体にしか配分されません。（A）≦（B）の団体は、「不交付団体」と呼ばれます。

全国の地方公共団体の（C）の合計額が、その年度の普通交付税総額をオーバーするときには、全国一律に一定の率（「調整率」）

で割り落とします。逆に余るときには特別交付税の財源に加えます。

　基準財政需要額は、各行政項目ごとに、

〔単位費用〕×〔測定単位の数値〕×〔補正係数〕＝〔基準財政需要額〕
　（a）　　　　　　（b）　　　　　（c）　　　　　　（A）

で求めます。測定単位とは人口や面積などその行政項目に関する財政需要の大小を示す指標であり、測定単位ごとの標準的な費用（単位費用（a）を定め、それに測定単位（b）の数を乗ずることにより、標準的な経費の額を算出します。さらに、必要に応じてそれを補正する係数（c）を掛けることになります。例えば、行政事務は一般的に「規模の経済」、いわゆるスケールメリットが働きますので、規模の大小による単位当たりの経費の差を補正係数により反映させます。

　基準財政収入額は、通常の状態で徴収しうる税収入（「標準税収入」）の大部分と譲与税等との和になっています。すなわち、

〔〔標準税収入〕＋〔地方消費税収入〕〕×75/100
　　　　　　　　　　　＋〔その他の地方譲与税収入〕等

から求めます。標準税収入の75％としているのは、標準税収入を全て基準財政収入額に計上すると、各団体においては標準的な行政しか執行できなくなることから、政策的な施策へ財源を回すことを可能とするためです。また、この方が各団体の税源涵養努力をうながすことにもなります。

　なお、基準財政需要額の算定については、一層の簡素化を図る

観点から、補正係数の見直し等が行われているほか、地方交付税の予見可能性を高める観点から、人口と面積を基本とした簡素な算定を行う包括算定経費が平成19年度から導入されています。

② 特別交付税の配分

普通交付税だけではどうしても画一的になってしまうので、各地方公共団体の実情とのギャップを是正する必要があること、また普通交付税算定日以後の災害発生などに伴う臨時・特別の財政需要に対処する必要があることから、普通交付税を補完するものとして一定の方式で配分されます。

⑸ 国庫支出金

前述（2⑴「地方と国との経費の分担」を参照のこと。）のとおり、委託金、負担金、補助金より成っています。

この国庫支出金は、歳入決算の2割以上を占めます。また、地方公共団体を通じて地方における行政水準の統一や社会資本の整備に役立っており、また、地方公共団体に対する財政援助的な側面もあります。

しかし、その一方で、従来からいくつかの問題点が指摘されています。第一に、交付の権限を各省庁が保有することによって、地方公共団体の行政について有形、無形の干渉を及ぼしてくることです。これは結局縦割り行政を地方公共団体にも持ち込み、また、地方公共団体側の「補助金待ち」の姿勢を誘発することにつながってきます。

第二に、国庫支出金の交付手続が非常に煩雑で、申請・交付・監査等に多くの時間、労力、経費がかかることです。しかも、特に奨励的補助金の中には零細化しているものも多く、"割に合わない"という問題を生じています。

第三に、国庫支出金の対象、単価等が不当で実情から遠ざかっており、結局地方公共団体がその不足分を補塡しなければならない、とい

う「超過負担」の問題を生じるケースも少なくありません。

　このような観点から、いわゆる「三位一体の改革」において、国庫補助負担金の改革が行われました。この改革においては、国の負担率の引下げにとどまった国庫補助負担金もありますが、国庫補助負担金を廃止して一般財源化したものや、地方公共団体の裁量を高めるために交付金化したものも含まれており、地方の自主性・自立性を向上させる上で一定の成果はあったものと考えられます（具体的内容については、後述します。）。

⑹ **都道府県支出金**

　都道府県が市町村に対して主として特定財源として交付するものであり、目的、効用など国庫支出金とおおむね同様です。その財源の全部又は一部が国庫支出金であるものと、都道府県が独自に出す補助金とがあります。市町村の令和3年度決算では6.5%を占めています。

⑺ **地方債**

　地方公共団体が財源として借入れをすることもあります。地方公共団体の借入れには2種類あります。一つは、毎年度の歳出予算を執行していく際に年度中途の一時的な資金不足をつなぐために短期間借り入れるもので、もう一つは、一定の仕事をするための経費の財源として一会計年度を超えて長期間借り入れるものです。前者は一時借入金と呼ばれ、後者は地方債と呼ばれています。地方債の場合、将来にわたってその償還をしなければなりませんので、地方債を財源とするに当たっては慎重を要します。現行の地方財政法第5条も、「地方公共団体の歳出は、地方債以外の歳入をもつてその財源としなければならない」とする非募債主義を原則としています。

　しかし、単年度に多額の財源を必要とする事業で後年度にわたって負担をせざるを得ない場合、また、一定の施設建設のように後年度の住民の負担を積極的に求め得る場合もあり、現行法制では、地方債に

財源を求めることができる場合、つまり適債性のある場合を制限的に掲げて、法令で定められた仕事のほかは地方債を財源とできないという制度が採られています。

令和3年度決算では9.2％が地方債による収入となっています。

a 地方債を起こすことができる場合

以下の六つのケースに限って起債（地方債を起こすこと）が認められます。

① 交通事業、ガス事業、水道事業その他公営企業に要する経費の財源とする場合

② 出資金、貸付金の財源とする場合

③ 地方債の借換えのために要する経費の財源とする場合

④ 災害応急事業費、災害復旧事業費、災害救助事業費の財源とする場合

⑤ 公共、公用施設の建設事業費の財源とする場合

⑥ 特別立法により起債を認めた場合（臨時財政対策債、退職手当債など）

b 地方債を起こす手続

① 予算

地方公共団体は予算に定めた範囲内でのみ起債できます。この場合には、歳入歳出予算のほかに、起債の目的、限度額、起債の方法、利率、償還の方法についても予算上定めることとなっています。

② 届出・協議

平成17年度までは、地方債の発行には、都道府県や政令指定都市では総務大臣、政令指定都市を除く市町村では都道府県知事の許可がそれぞれ必要とされていましたが、平成18年度から許可制度は原則として廃止され、事前協議制度への移行が図られま

した。その後、地方公共団体の自主性・自立性を高める観点から、平成24年度からは、一定の基準を満たす地方公共団体が民間資金により地方債を発行する場合等は原則として協議を不要とし、事前届出のみで発行できることとされ、さらに平成28年度には、民間資金により地方債を発行する場合には原則として協議が不要となるよう協議不要基準を緩和するなどの地方債制度の抜本的見直しが行われ、事前届出のみで地方債を発行できる団体の対象が拡大しました。

ただし、赤字団体などの財政状況が良好ではない地方公共団体においては引き続き許可制が採られており、地方債の発行には、総務大臣又は都道府県知事の許可が必要です。

c **地方債の資金**

地方債の借入先、すなわちその資金については、大きく区分すると「国内資金」と「国外資金」に分けられ、「国内資金」は更に「財政融資資金」、「機構資金（地方公共団体金融機構資金）」（「財政融資資金」と「機構資金」を合わせて「公的資金」と呼びます。）及び「民間等資金」の3種類に区分されます。「公的資金」は平成13年度から実施された財政投融資制度の改革や平成19年に実施された郵政民営化等の影響で減少傾向にあり、代わりに「民間等資金」が増加しています（平成13年度の地方債計画（国が策定する地方債に関する年間計画）では、「民間等資金」は全体の4割でしたが、令和5年度の地方債計画では、全体の6割近くに達しています。）。「民間等資金」でも、特に市場において発行する市場公募債については、近年その発行量及び発行団体の拡大が図られるとともに、全国型共同発行市場公募債や住民参加型市場公募債といった商品性の向上と、20年債、30年債といった超長期債などの多様化が進められているところです。今後もこの傾向は続くと考えられ、こうした

地方債の市場化を推進し、より有利かつ安定的な資金調達を図るためには、地方公共団体による一層の情報提供やＩＲ活動（市場での適切な評価のため、団体の財政状況を的確に伝える活動のこと）の推進が重要になってきているといえます。

⑻　その他の収入

そのほか、地方公共団体の収入としては、①地方公共団体の行う事業などによって特に利益を受ける者に課する「分担金」、②公営住宅の賃貸料など公の施設の利用等につき徴収される「使用料」、③戸籍手数料など特定の者のためにする事務について徴収される「手数料」、④財産の売払又は運用によって生ずる「財産収入」、⑤一般的な目的又は特定の目的のために任意に受けた「寄附金」、⑥宝くじ、公営競技などの収益事業収入や公営企業収入からの繰入、積立金の取崩し等による「繰入金」などを挙げることができます。

5　地方税制

⑴　地方税の意義と課税の根拠

地方税とは、地方公共団体がその行政に要する一般経費を賄うために、その団体の住民などから徴収する税金をいいます。

都道府県及び市区町村は、地方税を課税、徴収する権能を持っています（地方公共団体の課税権）。これは、憲法と地方自治法の規定により与えられています。この課税権は、実際には住民の意思を代表する地方公共団体の議会において議決された条例の定めに従って、行使されることになります。

このように、地方税は、全国1,700を超える地方公共団体の個別の条例に基づいて賦課徴収されるわけですが、一方で、国税と地方税との調整を行い、国家全体としての租税負担の在り方を大枠として決めておくことも必要です。このような見地から、地方公共団体が賦課徴

収できる税目、税率その他について、枠組を定めている法律が地方税
法です。

　したがって、地方税の賦課徴収の直接的な根拠となるのは条例です
が、その条例の背景には地方税法が存在しているといえましょう。

⑵　地方税の種類

　地方税法によれば、地方税の種類は（法定）普通税、法定外普通税、
（法定）目的税、法定外目的税の４種に分けられています。税収入の
使途が特定されていないものが普通税、特定されているものが目的税
です。

　（法定）普通税は、地方税法上課税するとされている地方税目（普
通税）です。法定外普通税（目的税）は、地方公共団体が特に必要が
ある場合に総務大臣の同意を得て条例で課税する普通税（目的税）で
す。なお、この法定外税については、地方分権一括法による地方税法
の改正により、平成12年度に、法定外普通税の許可制が同意を要す
る協議制に改められるとともに、法定外目的税が新たに創設された経
緯があります。また、（法定）目的税の一部は義務的に課税するもの
とされていますが（狩猟税、入湯税、事業所税）、他は課税するかど
うか地方公共団体で決めることとなっています。

　地方税法に掲げられている税目は、表２－12のとおりです。なお、
東京都と特別区については、それぞれ道府県や市町村と同様の課税を
行うこととされていますが、特別区の区域内は都が固定資産税を課税
するなどの特例があります。法定外普通税には核燃料税、法定外目的
税には産業廃棄物税、宿泊税、環境協力税等の例があります。

　税収全体に占める割合からすれば、道府県税では事業税と道府県民
税が、市町村税では市町村民税と固定資産税が大きな割合を占めてい
ます。

表2-12　地方税の種類

① 道府県税
ア　（法定）普通税…道府県民税、事業税、地方消費税、不動産取得税、道府県たばこ税、ゴルフ場利用税、自動車取得税、軽油引取税、自動車税、鉱区税、固定資産税（大規模償却資産に係る特例課税）
イ　法定外普通税
ウ　（法定）目的税…狩猟税、水利地益税
エ　法定外目的税
② 市町村税
ア　（法定）普通税…市町村民税、固定資産税、軽自動車税、市町村たばこ税、鉱産税、特別土地保有税（平成15年度から新規の課税を停止）
イ　法定外普通税
ウ　（法定）目的税…入湯税、事業所税、都市計画税、水利地益税、共同施設税、宅地開発税、国民健康保険税
エ　法定外目的税

⑶　地方税の原則

　税金には、先に触れた地方税以外にも、所得税、法人税、消費税、酒税、相続税などの国税があります。国税と地方税はどのような考え方に基づいて配分されているのでしょうか。地方税については、全国1,700強の地方公共団体の税制であることから、できるだけ全ての地方団体に普遍的に存在するような税源を対象とするべきであり（税源の普遍性の原則）、地方公共団体が提供するサービスに見合う負担を求める必要があることから、できるだけ住民や企業が受ける利益に応じて負担を求める必要があります（応益原則。逆に、納税者の負担能力に応じて負担を求める考え方は応能原則）。

　このような考え方から、平成15年度税制改正で、法人事業税の一部に外形標準課税が導入されました。それまでの法人事業税は、企業の所得に応じた課税でしたが、改正により、資本金又は出資金が1億円超の法人に対する法人事業税については、所得に応じた課税に加え、付加価値（報酬給与額、純支払利子、純支払賃借料、単年度損益の合計）と資本金等の額に応じた課税が導入されることとなりまし

た。なお、この外形標準課税については、平成27年度及び平成28年度税制改正で、法人事業税の所得割の引き下げと併せて拡大が行われ、導入当初は4分の1であった外形標準課税が、平成27年度から8分の3に、平成28年度からは8分の5に拡大されています。

　また、平成18年の税制改正で、道府県、市町村の個人住民税について、累進税率（所得が高くなるほど税率が高くなる仕組み）から、比例税率（所得の高低にかかわらず一定の税率とする仕組み）に改正されています。

　さらに、偏在性の小さい地方税体系構築に向けた取組が法人課税について進められています。まず、平成20年度税制改正で、法人事業税の一部を国税化し、その税収を譲与税として都道府県に譲与する地方法人特別税・譲与税制度が暫定措置として創設されました。その後、平成26年度税制改正では、地方消費税の増額に併せ、この地方法人特別税・譲与税制度の規模をそれまでの3分の2にするとともに、法人住民税（法人税割）の一部を地方法人税として国税化し、その税収を交付税の原資とする改正が行われ、平成28年度税制改正では、消費税率10％段階において、地方法人特別税・譲与税制度を廃止するとともに、法人住民税のさらなる交付税原資化を進めるための措置が講じられています。

(4)　地方税の賦課徴収の基礎知識

a　課税主体・課税客体・納税義務者

　課税主体とは租税を賦課する権利を有する者で、地方公共団体がこれに当たります。課税客体とは、課税の目的となるべきものをいい、物、行為、所得などがあります。納税義務者とは、法律上その課税客体についての税金を納める義務がある者です。

b　賦課・徴収

　納税義務者に対して、その納めなければならない税額を決定し、

これを通知することが賦課であり、賦課された税金を課税主体が収入することが徴収です。

c　税額の計算

税額は、課税標準に税率を乗じて求めます。

　　課税標準×税率＝税額

課税標準とは、租税を賦課する標準となるもので、課税客体の数量、価額などがこれに該当します。

税率は、この課税標準の一定量について、税として課税される率又は額です。

例えば、固定資産税の場合、原則として、土地・家屋・償却資産（課税客体）の評価額を課税標準とし、これに条例で定められた税率（標準税率なら1.4％）を乗じて、税額を求めます。

d　標準税率・制限税率・一定税率・任意税率

地方税法は、都道府県や市町村が税率を定める場合に通常よるべき税率を示しており、これを標準税率といいます。しかし、特別に財政上の必要がある場合には、地方公共団体の判断で標準税率と異なる税率を条例で定めることができます。

標準税率を超える税率を用いて税金を課税することを超過課税といいますが、税金によっては超過課税の最高限度としての税率（制限税率）が定められています。この場合は条例でこれを超える税率を定めることはできません。

地方公共団体が課税する場合に、これ以外の税率によることを許さないものと地方税法に定めているものは一定税率、逆に、地方税法では税率を定めず、地方公共団体が任意に税率を定めることができるものは任意税率と呼ばれています。

e　納税通知書

税を徴収しようとするときは、納税者に文書による告知をしなけ

ればなりません。納税通知書には、税額、納入期限、納入場所に加え、納税者が課税の内容を理解しやすいように、そして納得した上で納税してもらう趣旨から、課税の法的根拠、税額算定の基礎、課税について納得できない場合に納税者がとれる措置なども記載されています。

f　徴収の方法

地方税の徴収の方法には、普通徴収、特別徴収、申告納付及び証紙徴収の４種類があります。

普通徴収は、納税通知書を納税者に交付することによって地方税を賦課徴収する方法です。特別徴収の場合には、地方公共団体が地方税の徴収について便宜を有する者を特別徴収義務者として指定し、この指定された特別徴収義務者が納税義務者から税金を徴収し、その税金を地方公共団体に納めます。申告納付は、納税者が納めなければならない地方税の課税標準及び税額を申告し、その申告した税額を納付することをいいます。証紙徴収とは、地方公共団体が納税通知書を交付しないで、その発行する証紙で地方税を払い込ませる徴収方法です。

g　滞納処分

納税者が納期限までに納めなかった場合には遅延利息の意味の延滞金が徴収されるほか、地方公共団体自ら滞納となっている税金を強制的に徴収できることとされています。これが滞納処分の手続です。税金の強制徴収は一般の私債権の取立とは異なり、裁判所や執行官の手を借りずに、租税債権の権利者である地方公共団体自身が滞納者について執行し、強制的に取り立てます。

⑸　ふるさと納税

「ふるさと納税」は、都道府県又は市区町村に寄附をすると、寄附金のうち２千円を超える部分について、一定の上限まで、原則として

所得税・個人住民税から全額が控除される仕組みです。自分の生まれ故郷や応援したい地方公共団体など、どの地方公共団体に対する寄附でも控除の対象になります。

　平成21年度に導入されたこのふるさと納税制度は、地方創生の推進に資する観点から、平成27年度税制改正による拡充が図られています。具体的には、控除額の上限がそれまでの約２倍に引き上げられるとともに、確定申告が不要な給与所得者等が一定の場合にふるさと納税に係る寄附金控除をワンストップで受けられる特例的な仕組み（「ふるさと納税ワンストップ特例制度」）が創設されました。

　このような制度改正も受け、その実績は着実に伸びてきており、ふるさと納税を通じて寄せられた資金は、子育てや教育、まちづくりなどに活用され、地域の活性化に資するとともに、災害時における被災地への支援としても役立てられています。

6　地方公共団体の支出

　地方公共団体の支出は、これを行政目的別あるいは性質的に分類することが広く行われています。

⑴　目的別分類

　目的別の分類とは、議会費、総務費、民生費、農林水産業費、土木費、教育費などのように、行政の目的に従って区分するいわば事業別の分類方法であり、地方公共団体における行政サービスの水準や行政上の特色を知るのに役立つ分類方法です。

　令和３年度の目的別歳出決算額の状況を表２−13に示してあります。都道府県・市町村を通じて、民生費、教育費のウエイトが高いことが分かるでしょう。

⑵　性質別分類

　性質別の分類とは、人件費、物件費、扶助費、普通建設事業費のよ

うに、どういう行政目的に使われたかは問わず、横断的にその性質に
よって分類する方法であり、地方公共団体の財政構造、財政運営の特
質を知るために役立つ分類方法です。

この性質別分類を調べる場合、特に注意する必要があるのは、義務
的経費と投資的経費の動向です。義務的経費とは、性質別経費のうち
義務的性格、非弾力的性格の度合いが高いもの、すなわち人件費、扶
助費、公債費を合わせたものです。他方、投資的経費とは、普通建設
事業費に災害復旧事業費、失業対策事業費を加えたものです。一般に、
義務的経費の割合が高いほど財政支出の硬直化が進んでいることを意
味します。

令和3年度の性質別歳出決算額の状況を表2−14に示してありま
す。義務的経費（人件費、扶助費、公債費の合計）が43.9％となっ
ています。

7　三位一体の改革

平成14年度以降、地方における歳出規模と地方税収入との乖離を
できるだけ縮小するという観点に立って、自主財源である地方税を基
本としつつ、国からの財源への依存度合いをできるだけ縮小し、より
自立的な財政運営を行えるようにするため、税源移譲を含む税源配分
の見直し、国庫補助負担金の改革及び地方交付税の改革を内容とす
る、いわゆる「三位一体の改革」が実施されました（以下に掲げる計
数は、平成16年度から平成18年度までの3年間の合計額です。）。

(1)　国庫補助負担金の改革

国庫補助負担金の改革については、おおむね①廃止して一般財源化
すべきもの、②国の役割を縮小するもの（補助率、負担率の引下げ）、
③地方の裁量を増加させるもの（交付金化）、④スリム化するもの、
の四つの類型で見直しが行われました。①としては、公立保育所運営

表2－13　目的別歳出決算額の状況

区　　　　分	令　和　3　年　度					
	都 道 府 県		市 町 村		純 計 額	
議　　　会　　　費	75,565	0.1	328,484	0.5	403,529	0.3
総　　　務　　　費	4,495,877	6.8	8,552,203	12.7	12,431,790	10.1
民　　　生　　　費	9,339,762	14.1	25,559,206	37.8	31,312,993	25.4
衛　　　生　　　費	5,168,271	7.8	6,518,786	9.6	11,375,080	9.2
労　　　働　　　費	192,404	0.3	94,978	0.1	283,168	0.2
農 林 水 産 業 費	2,439,035	3.7	1,337,992	2.0	3,304,462	2.7
商　　　工　　　費	12,107,641	18.3	3,014,967	4.5	14,980,239	12.1
土　　　木　　　費	6,310,533	9.5	6,549,621	9.7	12,685,803	10.3
消　　　防　　　費	230,442	0.3	1,858,158	2.7	2,003,999	1.6
警　　　察　　　費	3,294,879	5.0	－	－	3,292,308	2.7
教　　　育　　　費	10,268,475	15.5	7,667,562	11.3	17,789,581	14.4
災 害 復 旧 費	436,773	0.7	341,788	0.5	706,308	0.6
公　　　債　　　費	7,041,012	10.6	5,652,136	8.4	12,664,971	10.3
諸　支　出　金	33,469	0.1	103,360	0.2	133,262	0.1
前 年 度 繰 上 充 用 金	－	－	208	0.0	208	0.0
利 子 割 交 付 金	15,784	0.0	－	－	－	－
配 当 割 交 付 金	132,027	0.2	－	－	－	－
株式等譲渡所得割交付金	157,995	0.2	－	－	－	－
分離課税所得割交付金	6,244	0.0	－	－	－	－
地 方 消 費 税 交 付 金	3,023,636	4.6	－	－	－	－
ゴルフ場利用税交付金	31,452	0.0	－	－	－	－
自 動 車 取 得 税 交 付 金	7	0.0	－	－	－	－
軽 油 引 取 税 交 付 金	127,402	0.2	－	－	－	－
自動車税環境性能割交付金	48,038	0.1	－	－	－	－
法 人 事 業 税 交 付 金	255,869	0.4	－	－	－	－
特 別 区 財 政 調 整 交 付 金	1,091,571	1.6	－	－	－	－
歳　出　合　計	66,324,162	100.0	67,579,449	100.0	123,367,701	100.0

費や、義務教育費国庫負担金のうち退職手当等の一般財源化などがあ
ります。②としては、義務教育費国庫負担金や、児童手当国庫負担金
の負担率引下げなどがあります。③としては、既存の補助メニューを
整理した上でのまちづくり交付金や安全・安心な学校づくり交付金の
創設などがあります。④としては、公共事業関係経費のスリム化など

（単位　百万円・％）

| 令和2年度純計額 | | 比　　較 | | | | | | |
| | | 増減額 | 増　減　率 | | | 前年度増減率 | | |
			都道府県	市町村	純計額	都道府県	市町村	純計額
406,223	0.3	△ 2,694	0.1	△ 0.7	△ 0.7	△ 3.3	△ 2.5	△ 2.5
22,534,636	18.0	△10,102,846	50.0	△ 57.7	△ 44.8	△ 3.6	182.7	133.0
28,694,223	22.9	2,618,770	△ 4.0	13.7	9.1	18.9	3.2	8.1
9,120,199	7.3	2,254,881	27.9	23.5	24.7	155.5	7.1	43.5
326,384	0.3	△ 43,216	△ 17.1	△ 3.8	△ 13.2	53.8	0.5	33.6
3,410,589	2.7	△ 106,127	△ 2.7	△ 5.0	△ 3.1	2.8	2.1	2.8
11,533,589	9.2	3,446,650	42.3	△ 3.8	29.9	180.7	74.7	141.2
12,690,157	10.1	△ 4,354	0.2	△ 0.5	△ 0.0	6.6	2.4	4.6
2,124,963	1.7	△ 120,964	△ 1.4	△ 5.8	△ 5.7	△ 3.7	2.0	1.6
3,321,070	2.6	△ 28,762	△ 0.8	—	△ 0.9	△ 1.1	—	△ 1.0
18,096,094	14.4	△ 306,513	0.7	△ 4.7	△ 1.7	0.1	7.5	3.3
1,004,653	0.8	△ 298,345	△ 26.7	△ 29.8	△ 29.7	0.9	2.4	△ 0.4
12,063,629	9.6	601,342	6.4	3.2	5.0	△ 0.4	△ 0.9	△ 0.6
132,199	0.1	1,063	11.7	△ 0.2	0.8	△ 5.4	△ 1.8	△ 0.4
236	0.0	△ 28	—	△ 11.9	△ 11.9	—	△ 9.2	△ 9.2
—	—	—	△ 17.1	—	—	2.7	—	—
—	—	—	45.6	—	—	△ 8.4	—	—
—	—	—	51.3	—	—	79.3	—	—
—	—	—	6.9	—	—	△ 16.7	—	—
—	—	—	8.9	—	—	22.0	—	—
—	—	—	15.0	—	—	△ 8.8	—	—
—	—	—	△ 88.3	—	—	△ 99.9	—	—
—	—	—	△ 0.5	—	—	△ 0.7	—	—
—	—	—	6.4	—	—	102.1	—	—
—	—	—	81.5	—	—	皆増	—	—
—	—	—	10.6	—	—	△ 10.2	—	—
125,458,842	100.0	△ 2,091,141	11.1	△ 10.6	△ 1.7	21.0	27.3	25.8

があります。3年間で約4.7兆円の国庫補助負担金が削減され、その
うち一般財源化すべきもの約3兆円が、税源移譲に結び付く見直しと
されました。

⑵　税源移譲

　税源移譲については、国庫補助負担金の改革に応じてその規模を決

表2-14　性質別歳出決算額の状況

区　　　分	令　和　3　年　度					
	都　道　府　県		市　町　村		純　計　額	
人　　件　　費	12,401,205	18.7	10,606,088	15.7	23,007,293	18.6
物　　件　　費	2,793,253	4.2	9,583,250	14.2	12,376,503	10.0
維　持　補　修　費	550,125	0.8	867,416	1.3	1,417,541	1.1
扶　　助　　費	1,207,918	1.8	17,347,575	25.7	18,555,493	15.0
補　　助　費　等	24,896,107	37.5	5,662,193	8.4	20,756,590	16.8
普　通　建　設　事　業　費	8,148,119	12.3	7,762,726	11.5	15,302,836	12.4
うち｛補　助　事　業　費	4,924,625	7.4	3,388,944	5.0	8,075,442	6.5
｛単　独　事　業　費	2,527,243	3.8	4,154,911	6.1	6,449,189	5.2
災　害　復　旧　事　業　費	436,732	0.7	341,017	0.5	706,200	0.6
失　業　対　策　事　業　費	—	—	14	0.0	14	0.0
公　　債　　費	7,018,733	10.6	5,645,512	8.4	12,636,098	10.2
積　　立　　金	2,433,027	3.7	3,018,696	4.5	5,451,723	4.4
投　資　及　び　出　資　金	138,905	0.2	248,545	0.4	387,450	0.3
貸　　付　　金	5,548,970	8.4	1,588,997	2.4	7,111,471	5.8
繰　　出　　金	751,069	1.1	4,907,212	7.3	5,658,281	4.6
前　年　度　繰　上　充　用　金	—	—	208	0.0	208	0.0
歳　　出　　合　　計	66,324,162	100.0	67,579,449	100.0	123,367,701	100.0
うち｛義　務　的　経　費	20,627,856	31.1	33,599,175	49.7	54,198,883	43.9
｛投　資　的　経　費	8,584,851	12.9	8,103,757	12.0	16,009,050	13.0

(注)　普通建設事業費の補助事業費には受託事業費のうちの補助事業費を含み、単独事業費には同級他団体

定すべきものとされ、前述のとおり、約3兆円の税源移譲を実施する
こととされました。具体的には、国税の所得税から地方税の個人住民
税に移譲することとされ、税源の偏在を是正する観点からも、従来の
累進税率（所得に応じて5％、10％、13％）から、比例税率（所得
にかかわらず10％（道府県民税4％、市町村民税6％））に改められ
ました。

(3)　**地方交付税の改革**

　財政健全化の観点から、3年間で約5.1兆円（臨時財政対策債を含み
ます。）削減されるとともに、算定方法の見直しの観点から、行政改革
による歳出削減や徴税の取組強化に伴い増加する経費の基準財政需要
額への算入強化、一部の補正係数の廃止等の見直しが行われました。

（単位　百万円・%）

令和2年度純計額		比　　　較						
		増減額	増　減　率			前年度増減率		
			都道府県	市町村	純計額	都道府県	市町村	純計額
23,028,296	18.4	△ 21,003	△ 0.6	0.5	△ 0.1	△ 0.6	6.6	2.5
10,677,352	8.5	1,699,151	33.8	11.6	15.9	16.7	4.8	7.0
1,371,461	1.1	46,080	4.6	2.6	3.4	9.5	14.3	12.4
15,422,212	12.3	3,133,281	6.6	21.4	20.3	2.2	3.3	3.2
28,785,253	22.9	△ 8,028,663	27.9	△ 69.2	△ 27.9	44.5	316.4	199.0
15,866,337	12.6	△ 563,501	△ 0.6	△ 7.1	△ 3.6	3.1	2.3	2.9
8,241,628	6.6	△ 166,186	2.8	△ 9.3	△ 2.0	12.6	3.8	8.6
6,707,414	5.3	△ 258,225	△ 1.8	△ 5.3	△ 3.8	△ 12.5	0.8	△ 4.3
1,004,503	0.8	△ 298,303	△ 26.7	△ 29.9	△ 29.7	1.1	2.4	△ 0.3
21	0.0	△ 7	−	△ 33.3	△ 33.3	−	△ 12.5	△ 12.5
12,034,169	9.6	601,929	6.4	3.2	5.0	△ 0.5	△ 0.9	△ 0.7
3,012,700	2.4	2,439,023	112.1	61.8	81.0	△ 3.6	6.3	2.3
442,784	0.4	△ 55,334	△ 23.4	△ 5.0	△ 12.5	25.4	12.5	17.4
8,172,341	6.5	△ 1,060,870	△ 15.2	△ 4.1	△ 13.0	151.3	60.2	126.4
5,641,179	4.5	17,102	△ 2.0	0.7	0.3	△ 8.1	△ 5.7	△ 6.1
236	0.0	△ 28	−	△ 11.9	△ 11.9	−	△ 9.2	△ 9.2
125,458,842	100.0	△ 2,091,141	11.1	△ 10.6	△ 1.7	21.0	27.3	25.8
50,484,677	40.2	3,714,206	2.1	10.8	7.4	△ 0.4	3.6	2.0
16,870,860	13.4	△ 861,810	△ 2.3	△ 8.3	△ 5.1	2.9	2.3	2.7

施行事業負担金及び受託事業費のうちの単独事業費を含む。

8　地方公共団体の財政状況の指標と財政健全化制度

　皆さんは、自分の家の家計簿を見ながら、「先月は赤字だったけれど今月は黒字だ」といってみたり、「うちはエンゲル係数が高いのかなあ」などと思ったりすることはありませんか。

　同じように、地方公共団体の財政状況についても、その善し悪しを判断する指標があり、こうした財政指標を総合的に眺めながら自己の団体の財政の健全化を検討することになります。ここでは、地方公共団体の財政状況を示す財政指標を説明したのち、地方公共団体の財政の健全化に関する法律（以下「財政健全化法」といいます。）に基づく財政健全化制度について解説します。

(1) 財政状況の指標

① 財政規模に関する指標；標準財政規模（A）

その団体の標準的な状態で通常収入されると考えられる経常的一般財源総額です。

$$A＝（基準財政収入額－地方譲与税）×100/75＋（地方譲与税）＋（普通交付税）$$

② 財政収支に関する指標；実質収支（B）

当該年度の実質的な収支（黒字か赤字か）を明らかにするものであり、形式収支（歳入決算額から歳出決算額を単純に差し引いた額）から、翌年度に繰り越すべき財源（継続費逓次繰越、繰越明許費繰越、事故繰越等）を差し引きます。

$$B＝（形式収支）－（翌年度へ繰り越すべき財源）$$

なお、これの標準財政規模に対する比率を実質収支比率（B′）といいます。

$$B′（\%）＝（実質収支）÷（標準財政規模）×100$$

地方公共団体の一般会計等を対象とした実質収支が赤字の場合、その標準財政規模に対する比率を実質赤字比率、地方公共団体の全会計を対象とした実質収支が赤字の場合、その標準財政規模に対する比率を連結実質赤字比率といいます。この二つは、財政健全化法に基づく財政健全化制度において、財政の健全化に関する比率とされています。

③ 財政力の強さに関する指標；財政力指数（C）

　地方公共団体が標準的に必要とする一般財源額に対して、制度上現実に収入され得る税収入等がどれだけあるかを示すものであり、基準財政収入額を基準財政需要額で除した数値の過去3年度の平均です。

　C＝（基準財政収入額）／（基準財政需要額）の過去3年度の平均

④ 財政の弾力性に関する指標；経常収支比率（D）

　経常的経費に充当された一般財源の経常一般財源総額に対する比率であり、地方公共団体のエンゲル係数といわれています。

　D（％）＝（経常的経費充当一般財源）／（経常一般財源の総額）×100

　＊　経常一般財源…地方税、普通交付税、地方譲与税等の、毎年度経常的に歳入となる一般財源
　＊　経常的経費充当一般財源…人件費、扶助費、公債費等の、毎年度経常的に歳出となる経費に充当する一般財源

⑤ 公債費に関する指標；公債費負担比率（E）

　Dにも関連しますが、義務的な経常経費のうち公債費の地方公共団体への影響度を示すものであり、公債費に充当した一般財源の額のその年度の一般財源総額に対する比率のことです。

　E（％）＝（公債費充当一般財源）／（一般財源総額）×100

⑥ 実質的な公債費の負担に関する指標；実質公債費比率（F）

一般会計が負担する元利償還金及び準元利償還金の標準財政規模に対する比率です。この比率が18%以上になると地方債の発行に総務大臣又は都道府県知事の許可を要することとなります。またこの比率は、財政健全化法に基づく財政健全化の仕組みにおいて財政の健全化に関する比率とされています。

$$F（\%）=\frac{(a+b)-(c+d)}{e-d}\times100$$

a：地方債の元利償還金（繰上償還分等を除きます）

b：地方債の元利償還金に準ずるもの（準元利償還金。公営企業債の元利償還金に対する普通会計からの繰出金等）

c：元利償還金又は準元利償還金に充当される特定財源

d：元利償還及び準元利償還金に要する経費として基準財政需要額に算定された額

e：標準財政規模

⑦　将来的な負債に関する指標；将来負担比率（G）

　一般会計等が将来負担すべき実質的な負債の標準財政規模に対する比率です。年度末の残高を基礎としていることから、地方公共団体のストックに関する財政指標となっています。この比率も、財政健全化法に基づく財政健全化制度において、財政の健全性に関する比率とされています。

$$G(\%)=\frac{(a+b+c+d+e+f+g+h+i+j)-(k+l+m)}{(n-o)}\times100$$

a：一般会計等の当該年度の前年度末における地方債現在高

b：債務負担行為に基づく支出予定額

c：一般会計等以外の会計の地方債の元金償還に充てる一般会計等からの繰入見込額

d：組合等の地方債の元金償還に充てる当該団体からの負担等見込額

e：退職手当支給予定額のうち、一般会計等の負担見込額

f：地方公共団体が設立した一定の法人（設立法人）の負債の額のうち、当該設立法人の財務・経営状況を勘案した一般会計等の負担見込額

g：当該団体が受益権を有する信託の負債の額のうち、当該信託に係る信託財産の状況を勘案した一般会計等の負担見込額

h：設立法人以外の者のために負担している債務の額及び当該年度の前年度に当該年度の前年度内に償還すべきものとして当該団体の一般会計等から設立法人以外の者に対して貸付けを行った貸付金の額のうち、当該設立法人以外の者の財務・経営状況を勘案した一般会計等の負担見込額

i：連結実質赤字額

j：組合等の連結実質赤字額相当額のうち一般会計等の負担見込額

k：充当可能基金残高

l：特定財源見込額

m：地方債現在高等に係る基準財政需要額算入見込額

n：標準財政規模

o：元利償還金・準元利償還金に係る基準財政需要額算入額

　なお、上記g及びhのうち設立法人以外の者に対する貸付金に係るものについては、平成27年度に行われた財政健全化法の見直しにおいて新たに将来負担比率の要素とされたものであり、平成28年度決算に係る将来負担比率の算定から算入されています。

⑵ 財政健全化制度

　平成21年４月に全面施行された財政健全化法は、それまでの財政再建制度を抜本的に見直し、財政指標の整備とその開示の徹底を図るとともに、財政の早期健全化や再生のための新たな制度を整備しています。それまでの財政再建制度では、分かりやすい財政指標の開示や正確性を担保する仕組みが不十分であること、財政の早期是正機能がないこと、ストックに関する財政指標がないことなどが課題として指摘されていました。

　これに対し、財政健全化法では、財政指標の整備とその開示の徹底に関して、財政の健全性に関する四つの比率（①実質赤字比率、②連結実質赤字比率、③実質公債費比率、④将来負担比率）、いわゆる「健全化判断比率」を定義し、地方公共団体は、毎年度これらを監査委員の審査に付した上で、議会に報告し公表しなければならないこととされています。

　また、地方公共団体は、健全化判断比率のいずれかが早期健全化基準（都道府県：①3.75％、②8.75％、③25％、④400％　市町村：①11.25％〜15％、②16.25〜20％、③25％、④350％）以上となると、財政健全化計画を定めなければなりません。さらに、健全化判断比率のうち①〜③が財政再生基準（都道府県：①５％、②15％、③35％　市町村：①20％、②30％、③35％）以上となると、財政再生計画を定めなければならず、また、地方債の起債が制限されます。財政健全化の段階では、当該団体の自主的な改善努力による財政の健全化が期待されているのに対し、財政状況が更に悪化した場合である財政再生の段階では、国等の関与により確実に財政の再生が図られることとなります。

　なお、令和３年度決算をベースとして健全化判断比率が早期健全化基準以上である団体数は表２−15のとおりです。

表2-15 健全化判断比率が早期健全化基準以上である団体数

	実質赤字比率	連結実質赤字比率	実質公債費比率	将来負担比率	合　計	合　計（純計）
都道府県 （47団体）	0 (R2　0　)	0 (R2　0　)	0 (R2　0　)	0 (R2　0　)	0 (R2　0　)	0 (R2　0　)
政令指定都市 （20団体）	0 (R2　0　)	0 (R2　0　)	0 (R2　0　)	0 (R2　0　)	0 (R2　0　)	0 (R2　0　)
市　　　区 （795団体）	0 (R2　0　)	0 (R2　0　)	1(1) (R2　1(1))	0 (R2　0　)	1(1) (R2　1(1))	1(1) (R2　1(1))
町　　　村 （926団体）	0 (R2　0　)	0 (R2　0　)	0 (R2　0　)	0 (R2　0　)	0 (R2　0　)	0 (R2　0　)
合　　　計 （1,788団体）	0 (R2　0　)	0 (R2　0　)	1(1) (R2　1(1))	0 (R2　0　)	1(1) (R2　1(1))	1(1) (R2　1(1))

(注) 1 （ ）内の数値は、財政再生基準以上である団体数であり、内数である。
　　 2 将来負担比率には、財政再生基準はない。

第2節 地方財務

　地方財務とは、地方公共団体の行政サービスを支えるヒト、モノ、カネのうち、モノとカネの管理を公正かつ能率的に行うための制度です。地方公共団体の財務制度においては、予算から決算に至る一連の過程が議会と住民の民主的コントロールの下に置かれています。

　財務事務に関する規制は、地方自治法とその施行令、施行規則と、各地方公共団体の財務規則を基本法令として、各種の法令に定められています。

　予算の編成から執行、決算までの流れを模式図にしたものが図2-6です。

1　会計年度

　地方公共団体は半永久的に存続し活動するものですが、その活動の状況及び結果を明らかにするためには、一定の期間を定めて締めくく

りをつける必要があります。このために設けられたのが会計年度であり、したがって、会計年度とは、「地方公共団体の収入・支出の計算を区分整理して、その関係を明確にさせるために設けられた一定の期間である」といえます。会計年度は、予算の効力のある期間でもあり、民間企業における事業年度に相当するものです。地方公共団体の会計年度は、毎年4月1日に始まり、翌年3月31日に終わるものとされています（自治法208①）。

ａ　会計年度独立の原則とその例外

各会計年度における歳出は、その年度の歳入をもってこれに充てなければなりません（自治法208②）。会計年度を設けて、その期間の収入支出を区分整理することから生ずる当然の結果です。しかし、会計年度独立の原則を例外なく貫くことは、かえって不便、不経済な面が出てきますので、効率的な財政運営を図るため、次のような例外措置を認めています。

① 継続費の逓次繰越し（自治法212、自治令145①）

継続的に数年度にわたり事業を行っているものについて、経費の総額及び年割額を定め継続費を設定した場合については、毎会計年度の年割額に係る歳出予算の経費の金額のうち未支出のものを、順次翌年度へ繰り越して使うことができます。

② 繰越明許費（自治法213）

歳出予算の経費のうち、その性質上又は予算成立後の事由によって、年度内にその支出が終わらないと見込まれるものについては、予算上定めた上で翌年度に繰り越して使用できます。ただし、この繰越しは継続費と異なって1年に限ります。

③ 事故繰越し（自治法220③ただし書き）

歳出予算の経費の金額のうち、支出負担行為をしたけれども避け難い事故のためにその年度内に支出ができなかったものについ

図2−6 予算の編成から決算までの流れ（市の例）

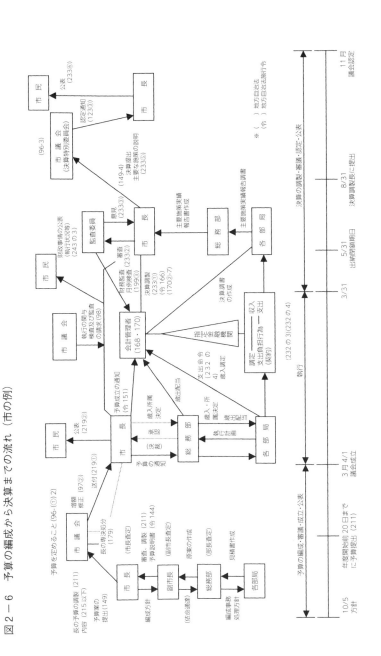

ては、これを翌年度に繰り越して使用することができます。

④　過年度収入及び過年度支出（自治令160、165の8）

　　　出納閉鎖後の収入及び支出は、当該年度の収入及び支出として扱うことはできず、これを現実に収入又は支出した年度の歳入又は歳出として経理します。

⑤　翌年度歳入の繰上充用（自治令166の2）

　　　会計年度が終了した後になって歳入が歳出に不足するときには、翌年度の歳入を繰り上げてこれに充てることができます。この場合には、それに必要な金額を翌年度の歳入歳出予算に編入しなければなりません。

⑥　歳計剰余金の繰越し

　　　「4　決算」を参照してください。

b **会計年度所属区分**

　　会計年度独立の原則により、当該年度の収入によって、他の年度の支出を賄うことができませんから、個々の収入又は支出について、当該収入又は支出がいずれの年度の収入又は支出として経理すべきか、その所属年度を明らかにする必要があります。地方公共団体の収入支出は、会計年度に関係なく連続的に発生するものでありますが、中には権利の発生と徴収手続と現金出納とが時期を異にし、又は支払義務の発生と支出手続と支出時期を異にし、2年以上にわたるものがありますので、いずれの年度に属するか不明確な場合があります。このため、歳入の所属年度の区分及び歳出の所属年度の区分が規定されています（自治令142、143）。

2　一般会計と特別会計

　　単一予算主義の原則からすれば、会計は、一会計年度一会計であることが理想ですが、地方公共団体の行う活動は、複雑化し多岐にわ

たっているので、これを一つの会計だけで経理することは、事務内容の明瞭表示という観点からみるとき、必ずしも適当であるとは限りません。そこで、経理内容を明確にする見地から、基本的な経理を行う一般会計のほかに、特別の経理を行う会計を設けることが認められています。この特別会計は、単一予算主義による不利不便を補い、特別の事業内容を明らかにするために設けられるもので、地方公共団体が、①特定の事業を行う場合、②特定の歳入をもって特定の歳出に充て、一般の歳入歳出と区分して経理する必要がある場合は、条例でこれを設置することができます（自治法209②）。ただし、法律により特別会計の設置が義務付けられている場合には、改めて設置について条例を定める必要はありません。

3　予算

⑴　予算の意義と効力

予算とは、地方自治法及び当該地方公共団体の財務規則に基づいて一定の形式により作成し、議会の議決を経た一定期間の収入・支出の見積りをいい、財政運営の指針となるものです。

予算に定められた事項と金額について、執行者に予算の執行権限を与えると同時に、その執行について一定の拘束力を有します。歳入予算は、収入予定金額の見積りなので、それを超過しても収入することができます。歳出予算は、議会が執行機関に支出権限を許容するものであり、執行機関は、その内容及び金額に拘束されます。予算額に不足を生じたときは、補正予算、予備費充当などの措置を講じなければなりません。

⑵　予算の原則

a　総計予算主義の原則

一会計年度における全ての収入及び支出は、全てこれを歳入歳出

予算に編入しなければならない（自治法210）、とする原則です。これにより、全ての収入及び支出の実体が把握でき、予算の全体を明らかにすることができると同時に、予算執行上の責任を明確にすることができます。

b 予算統一の原則

予算の理解と執行を容易にするため、分科された各予算が系統的に総合調整されていて、収入の源泉及び支出の目的が、一義的に理解できるように統一されていることが必要であるとする原則です。

c 事前議決の原則

予算は、会計年度開始前に議会の議決を経て、その開始と同時に効力を生ずるものとする原則です。都道府県及び政令指定都市にあっては会計年度開始前30日、その他の市及び町村にあっては会計年度開始前20日までに予算を議会に提出し、議決を経るものとされています（自治法211①）。

〔例外……専決処分（自治法179、180）、原案執行予算（自治法177②）、弾力条項（自治法218④）〕

d 予算公開の原則

民主的かつ能率的な行政を確保するためには、予算が住民の理解と協力を得ることのできるものにしなければなりません。そのためには、予算を住民に公開する必要があり、予算要領の公表（自治法219②）、財政状況の公表（自治法243の3①）が規定されています。

(3) 予算科目

予算科目は、歳入歳出予算とも、款・項・目・節で構成されています。このうち、款・項は議会の議決対象となるところから「議決科目」といい、目・節は執行上の手段として用いられるため「執行科目」といいます。款・項・目・節の区分は、地方自治法施行規則に定められています（表2−16）。

⑷ **予算の編成**

a 予算の編成

地方公共団体の予算は、歳入歳出予算を含め次の7項目からなる
ものとされています（自治法215）。

① 歳入歳出予算

一会計年度における収入・支出の見積りであり、予算の主要部
分をなしています。

② 継続費

③ 繰越明許費

④ 債務負担行為

歳出予算の金額、継続費の総額又は繰越明許費の金額の範囲内
におけるものを除いて、地方公共団体が債務を負担する行為をす
るには、予算で債務負担行為として定めておかなければなりませ
ん（自治法214）。債務負担行為は、将来にわたる債務を負担す
る行為をいいますが、必ずしも金銭の給付を伴うものばかりでな
く、損失補償のように信用補完のみで目的を達する場合もありま
す。

⑤ 地方債

⑥ 一時借入金

歳入と歳出との時期のずれにより一時的に支払資金が不足する
とき、歳出予算内の支出をするためになされる借入れです。一時
借入金の最高額は、予算で定めることとされております。同一会
計年度の歳入をもって償還しなければならない点で、後年度の歳
入をもって償還するところの地方債と異なります（自治法235の
3）。

⑦ 歳出予算の各項の経費の金額の流用

歳出予算の経費の金額は、各款の間又は各項の間では原則とし

表2−16　歳入歳出予算の款項の区分及び目の区分

歳　　入					
都　道　府　県			市　町　村		
款	項	目	款	項	目
1　都（道府県）税	1　道府県民税	1　個人 2　法人 3　利子割	1　市（町村）税	1　市町村民税	1　個人 2　法人
	2　事業税	1　個人 2　法人		2　固定資産税	1　固定資産税 2　固有資産等所在市町村交付金及び納付金
	3　地方消費税	1　譲渡割 2　貨物割		3　軽自動車税	1　軽自動車税
	4　不動産取得税	1　不動産取得税		4　市町村たばこ税	1　市町村たばこ税
	5　道府県たばこ税	1　道府県たばこ税		5　鉱産税	1　鉱産税
	6　ゴルフ場利用税	1　ゴルフ場利用税		6　特別土地保有税	1　特別土地保有税
	7　軽油引取税	1　軽油引取税		7　入湯税	1　入湯税
	8　自動車税	1　自動車税		8　事業所税	1　事業所税
	9　鉱区税	1　鉱区税		9　都市計画税	1　都市計画税
	10　固定資産税	1　固定資産税 2　固有資産等所在都道府県交付金及び納付金		10　水利地益税	1　水利地益税
	11　狩猟税	1　狩猟税		11　共同施設税	1　共同施設税
	12　水利地益税	1　水利地益税		12　何税	1　何税
	13　何税	1　何税		13　旧法による税	1　何税
	14　旧法による税	1　何税			
2　地方消費税清算金	1　地方消費税清算金	1　地方消費税清算金			
3　地方譲与税	1　地方法人特別譲与税	1　地方法人特別譲与税	2　地方譲与税	1　地方揮発油譲与税	1　地方揮発油譲与税

歳 出					
都 道 府 県			市 町 村		
款	項	目	款	項	目
1 議会費			1 議会費	1 議会費	
	1 議会費				1 議会費
		1 議会費	2 総務費		
		2 事務局費			
2 総務費				1 総務管理費	
	1 総務管理費				
		1 一般管理費			1 一般管理費
		2 人事管理費			2 文書広報費
		3 広報費			3 財政管理費
		4 文書費			4 会計管理費
		5 財政管理費			5 財産管理費
		6 会計管理費			6 企画費
		7 財産管理費			7 支所及び出張所費
		8 支庁及び地方事務所費			8 公平委員会費
		9 恩給及び退職年金費			9 恩給及び退職年金費
		10 諸費			
	2 企画費	1 企画総務費			
		2 計画調査費			
	3 徴税費	1 税務総務費		2 徴税費	1 税務総務費
		2 賦課徴収費			2 賦課徴収費
	4 市町村振興費			3 戸籍住民基本台帳費	
		1 市町村連絡調整費			1 戸籍住民基本台帳費
		2 自治振興費			
	5 選挙費	1 選挙管理委員会費		4 選挙費	1 選挙管理委員会費
		2 選挙啓発費			2 選挙啓発費
		3 何選挙費			3 何選挙費
	6 防災費	1 防災総務費			
		2 消防連絡調整費			
	7 統計調査費	1 統計調査総務費		5 統計調査費	1 統計調査総務費
		2 何統計費			2 何統計費
	8 人事委員会費	1 委員会費			
		2 事務局費			
	9 監査委員費	1 委員費		6 監査委員費	1 監査委員費
		2 事務局費			

て流用できません。例外的に同一款内での各項の経費の金額は、あらかじめ予算として定めておくことにより、長が必要に応じて流用することができます（自治法220②）。

b　予備費

予算は、元来目的をもって計上されるものですが、将来の不測の事態等の発生に備えて、目的を定めないで予備費として歳入歳出予算に計上しておき、予算外の支出又は予算超過の支出に充てることが認められています（自治法217①）。

(5)　補正予算

当初予算（本予算又は通常予算ともいわれ、一会計年度を通じて定められる基本的予算）の調製後に生じた事由（災害の発生、物価の変動、施策の変更等）に基づいて既定予算に過不足が生じ、又はその内容を変える必要が生じた場合に、既定予算を変更する予算をいいます（自治法218①）。

(6)　暫定予算

当初予算が年度の開始前に成立しない場合は、当初予算が成立するまでの間、行政運営が中断しないよう一定期間に係るつなぎ予算として暫定予算を組みます。暫定予算は、当該会計年度の予算が成立したときは、効力が失われ、暫定予算に基づいて執行された支出又は債務の負担があるときは、当該会計年度の予算に吸収され、当該会計年度の予算に基づく支出又は債務の負担とみなされます（自治法218②、③）。

(7)　予算編成作業の流れ

地方公共団体における当初予算の編成作業の流れの例として、図2−7を挙げておきます。近年は、行政評価を踏まえた予算編成や、予算編成権限の各部への移譲など、団体間で予算編成作業が多様化しています。

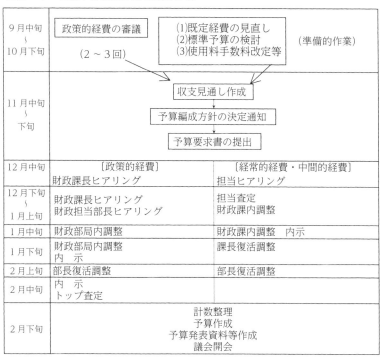

図2－7　当初予算編成作業の流れの例

4　決算

(1)　決算の意義

決算は、一会計年度が終わった後、その歳入歳出予算について、その執行の実績を示すために調製される計算表です。予算は見積りですから、必ずしも予算どおりそのまま実行されるものではありません。予算執行の過程において、経済変動等により、過不足を生じるのが一般的ですので、決算により地方公共団体の財政運営の適否を判断すると同時に、将来の財政計画の資料とするものです。

(2)　決算の調製

予算は、地方公共団体の長によって調製されますが、決算は、会計管理者がこれを調製します。その調製の時期は、出納閉鎖後3月以内、

すなわち、8月31日までに行わなければなりません。調製された決算は、証書類その他政令で定める書類（歳入歳出決算事項別明細書、実質収支に関する調書及び財産に関する調書）を併せて、長に提出します。長は、決算の提出を受けたときは、監査委員の審査に付さなければなりません。

　長は、監査委員の審査が終わると、決算に監査委員の意見を付けて、次の通常予算を議する会議までに、議会の認定に付さなければなりません。議会における認定は、予算執行の結果を確認するとともに、その適否を明らかにするものであって、議会の認定が得られなくても、決算の効力には影響しません。長は、決算をその認定に関する議会の議決と併せて、その要領を住民に公表しなければなりません（自治法233）。

⑶　出納整理期間・出納閉鎖日

　出納整理期間とは、前年度末までに確定した債権債務について所定の手続を完了し、現金の未収及び未払の整理を行うために設けられている期間であって、翌年度4月1日から5月31日までの2か月間をいい、その終期である5月31日を出納閉鎖日といいます。地方公共団体の一般会計においては、現金の収入及び支出の事実に基づいて経理記帳がされますが、年度末までに収支原因の発生したものは、原則として全てその年度の収支として整理しなければなりませんから、年度経過後に現金の収入及び支出の事実が生じる場合に対応するため、一定の期間現金の収支の整理期間を設ける必要があるわけです。

⑷　歳計剰余金

　歳計剰余金とは、一会計年度における実際の収入済額から実際の支出済額を差し引いた残額をいい、予算の執行の結果生ずる剰余金です。歳計剰余金は、翌年度の歳入に繰り入れるか、基金に積み立てます（自治法233の2）。

5　収入と支出の手続

⑴　会計機関

　地方公共団体の会計事務については、近代会計法の原則に従い、予算執行機関から会計機関を分離した構造になっています。前者の収入・支出の命令を行う機関は知事や市町村長であり、後者の命令を受けて出納事務を行う機関が会計管理者です。会計管理者は、知事や市町村長の補助機関としてその会計監督権に服するのですが、出納その他の会計事務の執行については独立の権限を持っています。

　なお、公金の出納事務を行う金融機関を指定して、出納事務の効率化と安全を図る制度があります（自治法235）。都道府県は必ずこの金融機関を置くこととなっていますが、市町村にあっては任意とされています。

⑵　収入の手続

　収入とは、地方公共団体が行政目的を推進するための各般の需要を賄うために、現金を収納する行為をいいます。したがって、支払の財源とならない預かり金、例えば、歳入歳出外現金（契約保証金、源泉徴収所得税等）や一時借入金の受入は、ここでいう収入には含まれません。

　以下、収入の手続を概観してみましょう。

🅐　歳入の調定

　地方公共団体が歳入を収入しようとする際に、地方公共団体の長が、当該歳入について、所属年度、歳入科目、納入金額、納入義務者、歳入の権利発生の根拠等、その歳入の内容を調査して、収入の意思決定をします。これを歳入の調定といいます（自治令154①）。

🅑　納入の通知

　歳入を収入しようとするとき地方公共団体の長は、納入義務者に

対して、所属年度、歳入科目、納入すべき金額、納期限、納入場所及び納入請求の事由を記載した納入通知書を発行して通知することになっています。ただし、その性質上納入通知書によりがたい歳入については、口頭、掲示その他の方法によることができます。なお、地方交付税、地方譲与税、補助金、地方債、滞納処分費その他その性質上納入の通知を必要としない歳入については、納入の通知をしなくてもよいこととされています（自治令154②③）。

c **歳入の収納**

a、bによる収入命令機関の行為を受けて、会計機関が収納を行うことになります。通常は納入義務者が金融機関や団体のそれぞれの窓口で現金で納めますが、次のような方法も認められています。

① 収入証紙による収入の方法

納入義務者の利便と収入事務の簡素化、能率化を図るため、少額で取扱件数の多い使用料及び手数料の徴収については、条例の定めるところにより、証紙による収入の方法が認められています。証紙は、その売りさばき代金をもって歳入とすることが法定されています（自治法231の2②）。

② 口座振替による収入の方法

住民の利便を考慮して設けられた制度で、納入義務者が、地方公共団体の指定金融機関、指定代理金融機関又は収納代理金融機関若しくは収納事務取扱金融機関に預金口座を設けている場合に限って、納入義務者の預金口座から地方公共団体の預金口座へ振り替える方法によって歳入を納付することができます（自治令155）。

③ 証券による納付

指定金融機関を置く地方公共団体にあっては、住民の利便のため証券による代用納付の制度が認められています（自治令156）。

④　クレジットカード決済・スマートフォンアプリ等による納付

　　地方公共団体が指定する指定納付受託者に対して、クレジット
カードやスマートフォンアプリ等により納付を委託することによ
り、歳入を納付することができます（自治法231の２の２）。

d 納入の確保

　　地方公共団体の歳入を納期限までに納付しない者があるときは、
期限を指定して督促しなければならないことになっています。督促
をした場合には、条例の定めるところにより、手数料及び延滞金を
徴収することができます。なお、分担金、加入金、過料又は法律で
定める使用料等の歳入については、督促に指定された期限までに納
付されないときは、地方税の滞納処分の例により処分することがで
きます（自治法231の３）。

e 収入事務の流れ

　　原則的な収入事務の流れは、おおよそ図２−８のようになってい
ます。

図２−８　収入事務の流れ

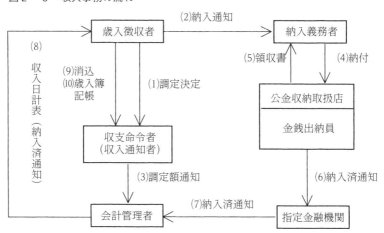

⑶ 支出の手続

支出とは、地方公共団体がその事務の経費を支弁するための現金の支払をいいます。支出は、地方公共団体の支出の原因となる契約その他の行為（支出負担行為）に始まり、支出命令と支出負担行為の確認を経て、最後に現金の支払によって完了するまでの手続を含んでいます。この支出の範囲には、公金振替による会計間の移動も入りますが、歳入歳出外現金や一時借入金の償還等のための現金の支払は、経費の支弁のためのものでないので、支出に含まれません。

a　支出負担行為

支出負担行為とは、地方公共団体の支出の原因となるべき契約、補助金の交付決定、給与その他の給付決定、会計間の繰入れ等、支出の原因となる一切の行為をいい、歳入の調定行為に相当するものです。

支出負担行為は、地方公共団体の長がこれを行います。しかし、多額の経費負担を伴う契約の場合には、住民の利害や財政の運営に大きな影響を与えることとなるので、あらかじめ住民の代表である議会の議決を得ることとされています。

支出負担行為は、通常、支出負担行為伺を担当者が作成し、地方公共団体の長の決裁を受ける形式で行います。

しかし、全ての支出負担行為を直接地方公共団体の長が決裁することは効率的ではないため、専決規定により補助機関に一部の権限が委譲されています。

b　支出命令及び支出命令審査

支出命令とは、地方公共団体の長が当該団体の債務が確定したことを会計管理者に通知し、その支出を命令することをいいます。支出命令は、通常、債権者から提出された請求書又は担当者が作成した支出調書に支出命令印を押して、会計管理者へ交付する方法で行

います。

　この命令を受けて、会計管理者は支出することになりますが、この場合、支出負担行為が法令又は予算に違反していないこと及び支出負担行為に係る債務が確定していることを確認しなければ、支出することはできません。この支出負担行為を確認する権限を、会計管理者の支出命令審査権と呼んでいます（自治法232の4）。

c　支出

　地方公共団体の支出は、債務金額が確定し、支払期限が到来していることが必要であり、債権者のためでなければこれをすることができないのが原則です（自治法232の5①）。

　支出の方法は債権者の請求に基づき、会計管理者が指定金融機関を支払人とする小切手を振り出し、又は公金振替書を当該金融機関に交付して行う（小切手払）、又は債権者からの申出があるときは、会計管理者は、自ら現金で小口の支払をし、又は当該金融機関をして現金で支払（直接払）をしています（自治法232の6）。これに対して、①資金前渡、②概算払、③前金払、④繰替払、⑤隔地払、⑥口座振替、⑦私人に対する支出事務の委託による支出の特例があり（自治法232の5②）、一般的には口座振替による支出が用いられています。

① 資金前渡

　資金前渡とは、当該地方公共団体の職員（特に必要があるときは、他の地方公共団体の職員）に概括的に資金を交付して現金支払をさせる方法で、資金の前渡を受けた職員は、当該資金を保管し、交付を受けた経費の目的に従って債務を負担し、自己の名と責任において正当債権者に対して支払をする制度です。一般の支出原則と異なる点は、債務金額は確定しているが債権者が未確定であるか、又は債務金額及び債権者とも未確定であり、したがっ

て履行期限も到来していないことです（自治令161）。

② 概算払

概算払とは、債権者は確定しているが、その支払うべき債務金額が未確定の場合において、あらかじめ概算額をその債権者に交付し、後日債権額が確定したときに精算する制度です。過渡しについては返納を、不足については追加支出をすることになります（自治令162）。

③ 前金払

前金払とは、金額の確定した債務について、相手方の義務の履行前又は納付すべき時期の到来前に支出する制度です。前金払の金額は、契約又は法令によって確定されているものですから、その性質上精算を伴いません（自治令163）。

④ 繰替払

繰替払とは、地方公共団体の歳入の収入に係る現金を、経費の支払に一時繰り替えて使用する支出の方法です。事後において、繰替払した経費は歳入に振り替えられます。この繰替払は、収納事務のみを取り扱うことのできる収納代理金融機関も行うことができます（自治令164）。

⑤ 隔地払

隔地払とは、遠隔地にいる債権者に支払をする場合に、会計管理者が、支払場所を指定し、指定金融機関又は指定代理金融機関に必要な資金を交付して送金の手続をさせ、その旨を債権者に通知して行う支出の方法です（自治令165）。

⑥ 口座振替

口座振替とは、指定金融機関、指定代理金融機関その他地方公共団体の長が定める金融機関に預金口座を設けている債権者からの申出により、指定金融機関又は指定代理金融機関に通知して、

地方公共団体の預金口座から債権者の預金口座へ振り替えて支出する方法です（自治令165の2）。

⑦　支出事務の委託

支出事務の委託とは、経費に関する事務を私人に委託して行わせることをいい、債権者の利便又は支出事務の迅速かつ効率的処理などの必要性に基づき、おおむね資金前渡に相当する経費・貸付金につき私人に委託する制度です（自治令165の3）。

6　契約

⑴　契約の意義

地方公共団体が私人と行う売買、貸借、請負その他の契約は、地方公共団体が私人と対等の地位において、法的効果の発生を目的として行うものであり、原則として民法その他の法令の規律に服し、いわゆる契約自由の原則や信義誠実の原則が適用されます。

しかしながら、地方公共団体の締結する契約は、公共の福祉を達成する手段として行うものですので、行政目的をより効果的に達成するために、契約の公正性、経済性及び履行の確実性が確保される必要があります。このため、地方公共団体のみならず契約の相手方をも拘束するなどして、公益確保のための規制が置かれています（自治法234）。

⑵　契約上の規則

a　契約締結の方法

契約手段の公正等を図るために、一般競争入札によることを原則とし、政令で定める場合に限り、指名競争入札、随意契約、せり売りによることができます。

b　相手方の制限

不誠実な者を排除し、契約の履行を確保するため、入札参加者の

資格、制限、審査、入札保証金の制度などが設けられています。

c 契約履行の確保

適正な履行を確保するとともに、不履行による損失補塡を容易にするために、契約保証金を徴収し、あるいは必要な監督又は検査を職員に義務付けています。

d 議会の関与

契約の締結は長の権限に属しますが、一定金額以上の契約を締結する場合には、議会の議決を必要としています。

e 予算による規制

契約は、予算で定める目的と金額の範囲内で行わなければならないことはもちろんです。

(3) 契約締結の方法

a 一般競争入札

一般競争入札とは、地方自治法上契約締結の方法の原則とされており、契約締結に必要な条件を一般に公告し、不特定多数の者を誘引して、入札によって申込みをさせる方法により競争させ、そのうちで地方公共団体にとり最も有利な条件を提示した入札者と契約を締結する方法です。この方法は、誰にでも入札に参加する機会が与えられるという機会均等性と、地方公共団体に最も有利な条件を提示した者と契約を締結するという経済性とを特色としています。

しかし、その反面、入札手続が複雑で、かつ、公示等の経費を必要とし、更に、優良な信用ある業者が落札するかどうか、また、確実な契約の履行を期待できるかどうかが的確につかめず、かえって地方公共団体が損失を被るおそれがあるなどの難点があります。

b 指名競争入札

指名競争入札とは、資力、信用その他について適切と認められる特定多数の者を指名し、その者に一般競争入札の手続に準じて競争

を行わせ、そのうち最も有利な条件を提示した入札者と契約を締結する方法です。指名競争入札は、一般競争入札と随意契約の長所を採り入れた方法であるといわれ、不誠実な者等を排除し、手続も比較的簡単であるという長所を持っていますが、反面、短所として、入札者の範囲が限定されるので競争の効果は減退し、業者間の談合により競争の実を失うおそれもあります。

　指名競争入札のできる場合は次のとおりです（自治令167）。

①　工事又は製造の請負、物件の売買その他の契約でその性質又は目的が一般競争入札に適しないものをするとき。

②　その性質又は目的により競争に加わるべき者の数が一般競争入札に付する必要がないと認められる程度に少額である契約をするとき。

③　一般競争入札に付することが不利と認められるとき。

　なお、競争入札において、最も有利な価格で申込みをした者を契約の相手方とする、という原則に対する例外があります。具体的には、低入札価格調査制度（価格が低く、契約の履行されないおそれがある場合、次順位の者を落札者とする制度）、最低制限価格制度（ダンピングを防ぐため、あらかじめ最低制限価格を決めておく制度）及び総合評価制度（価格以外の条件も考慮して落札者を決める制度）があります。

c　随意契約

　随意契約とは、競争の方法によらないで、地方公共団体が適当と認める相手方を選んでその者と契約を締結する方法です。この方法は、手続が簡単であり、経費も少なくて済むという利点がありますが、反面、契約担当者に相手方の選択権があるため、情実に左右されたり、不正が行われたりしやすいという欠点があります。

　随意契約できる場合は次のとおりです（自治令167の2）。

① 売買、貸借、請負その他の契約でその予定価格（貸借の契約にあっては、予定賃貸借料の年額又は総額）が地方自治法施行令別表第五の定める額の範囲内において地方公共団体の規則で定める額を超えないものをするとき。

② 不動産の買入れ又は借入れ、物品の製造、修理、加工又は納入に使用させるために必要な物品の売払いその他の契約でその性質又は目的が競争入札に適しないものをするとき。

③ 地方公共団体の規則で定める手続により、障害者支援施設等で製作された物品を買い入れる契約、シルバー人材センター等から役務の提供を受ける契約等をするとき。

④ 地方公共団体の規則で定める手続により、新商品の生産により新たな事業分野の開拓を図る者として長の認定を受けた者が、新商品として生産する物品を買い入れる契約をするとき。

⑤ 緊急の必要により競争入札に付することができないとき。

⑥ 競争入札に付することが不利と認められるとき。

⑦ 時価に比して著しく有利な価格で契約を締結することができる見込みのあるとき。

⑧ 競争入札に付し入札者がないとき、又は再度入札に付し落札者がないとき。

⑨ 落札者が契約を締結しないとき。

d せり売り

　せり売りとは、売買価格につき、多数者を口頭で競争させ、その中で最も有利な価格を申し出た者と契約を締結する方法です。せり売りは、一般競争入札又は指名競争入札と異なり、他の競争者の申出価格を直接知ることができ、競争者は売主に何度でも有利な価格を申し出ることができます。せり売りは、動産の売払いで当該契約の性質がせり売りに適している場合に限られています（自治令167

の 3)。

なお、「政府調達に関する協定」及び関連する法令により、都道府県及び指定都市における一定規模に達する物品・サービスの調達契約については、国際ルールに沿った手続が必要となりますので留意が必要です。また、入札手続の適正化、公共工事の品質向上の観点から、平成12年に「公共工事の入札及び契約の適正化の促進に関する法律」が、平成17年には、「公共工事の品質確保の促進に関する法律」が制定されました。

⑷ **参加資格の制限**

地方公共団体の締結する契約の内容が確実に履行される必要があることから、入札等の参加者について次のような制限がなされています。

① 当該地方公共団体に対して不正行為等のあった者等を競争入札に参加させないことができます。

② 地方公共団体の長は、必要があるときは、あらかじめ契約の種類及び金額に応じ、工事、製造又は販売等の実績、従業員の数、資本の額その他の経営の規模及び状況を要件とする資格を定めることができます。

③ 地方公共団体の長は、一般競争入札、せり売りの場合に特に必要があると認める場合は、②の資格を有する者につき、さらに、入札参加者の事業所の所在地又は工事等の経験若しくは技術的適性の有無等に関する資格を定めることができます。

⑸ **予定価格**

「予定価格」とは、契約金額を決定する基準として、あらかじめ設計書、仕様書等により地方公共団体が作成するものであり、原則として、この範囲内で最低（支出の原因となる契約）又は最高（収入の原因となる契約）の価格で申込みをした者と契約を締結することになり

ます。

⑹　契約の履行の確保

　契約の適正な履行を確保するため、又はその受ける給付の完了の確認をするため、必要な監督又は検査を義務付けるとともに、契約保証金の制度を設けています（自治法234の2①、自治令167の16）。

　監督は、立会い、指示その他の方法によって行います。完了検査は、契約書、仕様書及び設計書等によって行うものとされています。契約保証金は、相手方の完全な履行を確保するとともに、債務不履行の事態が発生した場合にその受ける損害の補塡を容易にするため、契約の相手方から納付された保証金です。

⑺　支払遅延の防止

　地方公共団体の契約については、「政府契約の支払遅延防止等に関する法律」に、支払が不当に遅れることの防止などの定めがあります。これによれば、地方公共団体が契約の対価を支払うのは、給付完了の確認又は検査を終了した後、相手方から適法な支払請求書を受理した日から、原則として、工事代金については40日、その他の対価は30日以内にすることとされています。

7　財産

　地方公共団体は、土地や建物、債権などの財産を所有していますが、地方自治法は、財産を公有財産、物品、債権及び基金の4種類に区分し、かつ、それぞれの範囲を明確にしています（図2−9）。不動産、動産、用益物権、無体財産権、有価証券、金銭債権等およそ財産権の対象となるもので、地方公共団体に属するものは、全て財産の範囲に入ります。しかし、歳入歳出に属する現金（歳計現金）は、支払のための金であるので、ここでいう財産とは別の扱いがなされます（自治法235の4①）。

図2－9　地方自治法上の財産

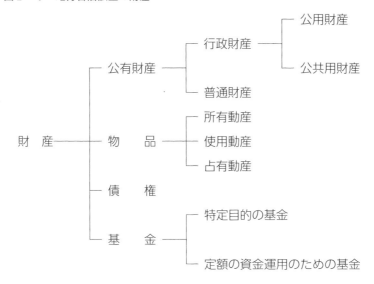

財産は、原則として、条例又は議会の議決による場合を除くほか、これを交換し、出資の目的とし、若しくは支払手段として使用し、又は適正な対価なくしてこれを譲渡し、若しくは貸し付けることはできません。これらの行為は、ともすれば総計予算主義の原則を無視し、あるいは財産運営上多大な損失を生ぜしめること等となるので、条例又は議会の議決を要件とすることにより財産運用の民主化と財政運営の健全化を図っているのです（自治法237②）。

⑴　公有財産

a　公有財産の範囲

　地方自治法上公有財産とは、地方公共団体に属する財産のうち次に掲げるもの（基金に属するものを除きます。）をいいます（自治法238）。

①　不動産

　土地及び土地の定着物（建物、立木、石垣、溝渠等）をいいま

す。

② 船舶、浮標、浮桟橋及び浮ドック並びに航空機

　動産は、原則として物品の範囲に入るものですが、これらの動産は不動産に劣らない重要な価値を有しているため、公有財産とされています。

③ 上記①及び②の従物

　従物が主物の効用を助けていることに着眼して公有財産として扱うこととされています。

④ 地上権、地役権、鉱業権その他これらに準ずる権利

⑤ 特許権、著作権、商標権、実用新案権その他これらに準ずる権利

⑥ 株券、社債権、地方債証券、国債証券その他これらに準ずる有価証券

⑦ 出資による権利

　一般社団法人、一般財団法人、株式会社等に対する出資・出捐に伴う権利をいいます。

⑧ 財産の信託の受益権

b **公有財産の分類**

　公有財産は、その使用目的に応じて、行政財産と普通財産に分類されます（自治法238③）。

① 行政財産

　行政財産とは、公用又は公共用に供し、又は供することを決定した財産をいい、一般の住民が自由に使用できるかできないかによって、公用財産と公共用財産とに分かれます（自治法238④）。

（ⅰ） 公用財産

　公用財産とは、庁舎、議会議事堂、市長公舎等地方公共団体がその事務・事業を執行するため直接使用することを目的とし

ている財産です。

（ⅱ）　公共用財産

公共用財産とは、道路、公園、学校、病院、図書館等住民の一般的共同使用に供することを目的としている財産です。

② 普通財産

普通財産とは、廃道敷、廃川敷等行政財産以外の一切の公有財産をいいます（自治法238④）。普通財産は、行政財産のように直接行政目的のために供されるものではなく、地方公共団体が一般私人と同じように、もっぱら経済的価値を発揮するために管理する財産です。

c　職員の行為制限

公有財産に関する事務に従事する職員は、その取扱いに係る公有財産を譲り受け、又は自己の所有物と交換することは禁止されており、これに違反する行為は無効とされています（自治法238の3）。これは、公有財産に関係する職員が、自らの取扱いに係る公有財産の買受人となり、又は交換の当事者となることは、不合理な価格による売払いなど、不適切な行為の生ずるおそれがあることから、公有財産の処分の公正を確保するために設けられた制度です。

d　行政財産の管理及び処分

行政財産は、その適正かつ効率的な管理を期するため、これを①貸し付け、②交換し、③売り払い、④譲与し、⑤出資の目的とし、若しくは、⑥信託し、又はこれに⑦私権を設定することを禁止され、これに違反する行為は無効とされています。しかし、行政財産の効率的運用の見地から、一定の場合について、土地及び庁舎等の建物の貸付け、土地に対する地上権又は地役権を設定することが認められているほか、行政財産本来の用途又は目的が阻害されないかぎり、行政上の許可処分として使用させることが認められています

（目的外使用の許可）（自治法238の4）。

e 普通財産の管理及び処分

　普通財産は、直接行政目的のために供されるものではないので、貸付け、交換、売払い等の処分をすることは本来差し支えありませんが、交換し、出資の目的とし、若しくは支払手段として使用し、又は適正な対価なくしてこれを譲渡し、若しくは貸し付ける場合には、条例又は議会の議決を得ることを要件としています（自治法238の5①、96①六）。

f 公有地信託

　普通財産である土地（その土地の定着物も含みます。）は、当該土地に建物を建設したり造成したりした上で、これらの管理・処分を行うことを信託の目的とした場合に限って、信託に付することが認められています（自治法238の5②）。信託の受益者はその地方公共団体に限られ、その信託受益権も公有財産となります。信託を行うに際しては、議会の議決が必要となります。

(2)　物品

a 物品の範囲

　物品とは、地方公共団体の所有に属する動産及び地方公共団体が使用のために保管する動産をいいます。ただし、次のものは除かれています（自治法239①、自治令170）。

①　現金（現金に代えて納付される証券を含む。）

②　公有財産に属するもの

③　基金に属するもの

④　警察法の規定により都道府県警察が使用している国有財産及び国有の物品

b 物品の分類

　法令に別段の規定が置かれていないので、地方公共団体が財務規

則の中に物品の用途、構造、品質、保管上の便宜等により適宜決め
ることになります。

c　職員の行為制限

　物品の処分の公正を確保するために、物品に関する事務に従事す
る職員は、その取扱いに係る物品を地方公共団体から譲り受けるこ
とは禁じられており、これに違反する行為は無効とされています
（自治法239②③）。しかし、公有財産の場合と異なり、公正を確保
することに支障のない次の場合は、譲受けを認めています（自治令
170の 2 ）。

①　証紙その他その価格が法令の規定により一定している物品

②　売払いを目的とする物品又は不用の決定をした物品で地方公共
　　団体の長が指定したもの

d　占有動産

　占有動産とは、地方公共団体の所有に属さない動産で、地方公共
団体が使用のためでなく保管するもののうち、次のものをいいます
（自治令170の 5 ）。

①　地方公共団体が寄託を受けた動産

②　遺失物法第 4 条第 1 項又は第13条第 1 項の規定により保管す
　　る動産

③　児童福祉法第33条の 2 の 2 若しくは第33条の 3 の規定により
　　保管する動産

④　生活保護法第76条第 1 項に規定する遺留動産

⑶　債権

　地方自治法上、財産としての債権は、金銭の給付を目的とする地方
公共団体の権利を指します。地方税、分担金、使用料、手数料の公法
上の収入に関する債権であると、物件の売払代金、賃貸料等の私法上
の収入に関する債権であるとを問いません。

これらの債権については、その保全・取立等の管理を的確に行わなければなりません（自治法240）。

⑷　基金

基金は、学校や庁舎の建設など、特定の目的のために財産を維持し、資金を積み立てるものと、中小企業への資金の貸付けなど、特定の目的のために定額の資金を運用するものとに大別されます。基金は条例により設置し、また条例で定めた特定の目的に応じ、確実かつ効率的に運用しなければならないとされています。この基金の運用から生じる収益及び基金の管理に要する経費は、それぞれ毎会計年度の歳入歳出予算に計上しなければなりません（自治法241）。

8　公の施設

⑴　公の施設とは

公の施設とは、学校、病院、文化ホールなどのように、住民の福祉を増進する目的をもって住民の利用に供するため、地方公共団体が設ける施設をいいます（自治法244①）。したがって、住民の利用に供さない試験研究所や、財政上の必要のために設置される競輪場、競馬場は該当しません。

公の施設の設置及び管理については、法律又は政令に特別の規定があるもののほか、条例で規定しなければなりません（自治法244の2①）。また、地方公共団体は、正当な理由がない限り、住民が公の施設を利用することを拒んではなりませんし、住民が公の施設を利用することについて、不当な差別的取扱いをしてはなりません（自治法244②③）。

⑵　指定管理者制度

地方公共団体は、公の施設の管理について、条例の定めるところにより、法人その他の団体で地方公共団体が指定するもの（指定管理者）

に行わせることができます（自治法244の2③）。この指定管理者制度は、平成15年の法改正により導入された制度です。

　従来は、地方公共団体は、「地方公共団体が出資している一定の法人又は公共団体若しくは公共的団体」に限定して、公の施設の管理を「委託」していましたが、民間事業者のノウハウの活用による住民サービスの向上や施設管理の効率化等を目的として指定管理者制度が導入されました。この制度では、営利企業やNPOを含んだ「法人その他の団体」に、公の施設の管理権限を「委任」することができます。

　指定管理者の指定の手続、管理の基準及び業務の範囲等は条例で定めることとされています。また、指定管理者の指定は、議会の議決を経た上で期間を定めて行います。さらに、地方公共団体は、適当と認めるときは、指定管理者に管理する公の施設の利用料金を当該指定管理者の収入として収受させることができます（自治法244の2）。

【参考文献】
「地方交付税のあらまし」地方交付税制度研究会　地方財務協会
「基礎から学ぶ地方財政（新版）」小西砂千夫　学陽書房
「地方交付税を考える―制度への理解と財政運営の視点」
　　　　　　　　　　　　　　　　　　黒田武一郎　ぎょうせい
「地方債のあらまし」地方債制度研究会　地方財務協会

第3編

地方公共団体の施策と課題

は　じ　め　に

　第3編では、第1章で地方公共団体の主な施策、第2章で地方分権の時代と地方公共団体の課題について述べます。

　地方公共団体の主な施策についてですが、私たちの毎日の暮らしに関係の深い身近な公の仕事の大部分は、都道府県や市町村が行っています。

　例えば、マイナンバーカードの交付、戸籍や住民基本台帳の記録、保育所、幼稚園、小中学校、図書館、公民館などの設置や運営、ごみ・し尿処理、上下水道などの施設の建設や維持管理、道路や公園の整備、警察や消防など、いろいろな仕事を行って、社会全体の発展と住民生活の安定向上に地方公共団体は大きな役割を果たしています。

　財政的な面でも、公共部門における地方公共団体の比重が高く、全体の約55.7％を占める公共サービスが地方公共団体を通じて提供されています。また、国の各省庁の縦割りの行政に対して、地方公共団体は、まちづくりや文化行政などに見られるように、それぞれの地域における行政を自主的かつ総合的に実施する役割を果たしています。

　日本の社会は、現在急激な変貌を遂げつつあります。戦後は先進国並みの経済力を達成することを目標に政策運営が行われてきましたが、その後は国民がゆとりと豊かさを実感できる社会の実現が目標となり、このような背景から、地方分権が推進されるとともに、それにふさわしい体制づくりのために市町村合併などが進められてきました。

　地方分権の時代である今日、人口減少・少子高齢化により生じる様々な課題を解決するためには、地方公共団体が多様な住民ニーズをすばやく感知し、環境の変化に適切に対応するための政策を立案し、

実施していくことが大切です。

　フレッシャーズにとっての第一歩は、まず公務員としての心構えをしっかりと身に付けるとともに専門的知識や技術を習得して行政のプロになることですが、これにとどまらず、地方公共団体の施策や課題を理解して、課題発見・解決能力を修得し、政策形成のための訓練を若い頃からしておくことも大切です。

　新たな情勢とより高度な行政に十分に対応できる能力と知識を地方公務員が涵養することこそが、今後の地域づくりと地方分権の推進の基盤であるといえるでしょう。

第1章

地方公共団体の主な施策

第1節 健康の確保と福祉の充実

　住民の健康で文化的な生活を確保することは、地方公共団体の最も重要な仕事の一つです。

　民生や衛生などの仕事がそれにあたります。

1　民生

　地方公共団体は、社会福祉の充実を図るため、児童、高齢者、心身障害者等のための各種福祉施設の整備及び運営、生活保護の実施等の施策を行っています。

　これらの諸施策の推進に要する経費である民生費の令和3年度の決

図3－1　民生費の目的別内訳

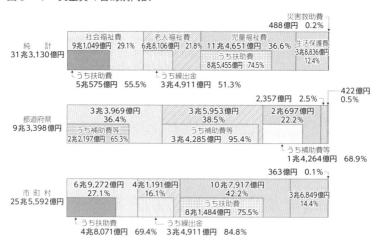

算額は31兆3,130億円で、目的別の内容は図3－1のとおりとなっています。これを見ると、市町村の民生費は、都道府県の約2.7倍となっていますが、これは児童福祉に関する事務及び社会福祉施設の整備・運営事務が主として市町村によって行われていること、生活保護に関する事務が市町村（町村については、福祉事務所を設置している町村に限る。）によって行われていることなどによるものです。民生費の中では、児童福祉費が最も大きな割合を占めており、以下、知的障害者等の福祉対策や他の福祉に分類できない総合的な福祉対策に要する経費である社会福祉費、老人福祉費、生活保護費などとなっています。民生費の決算額の推移をみると、図3－2のとおりです。

　民生費を10年前（平成23年度）と比較すると、総額は約1.4倍となっています。これは、児童福祉費、老人福祉費、社会福祉費がそれぞれ高い伸びとなっていることなどのためです。これらの経費については、今後更に少子・高齢化の進展が予想されることなどから、ます

図3－2　民生費の目的別歳出の推移

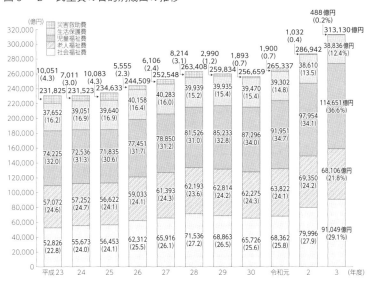

ますの増加が見込まれます。

2　衛生

　戦前の衛生行政は取締りを主としていたため、その実施は警察が担当していた分野が多くありました。しかし、戦後は、その実施も衛生部局が担当することとなり、内容も著しく拡大され、保健、予防、検疫、母体保護、精神保健及び環境衛生を主とする公衆衛生のほかに、医事及び薬事の仕事も行われています。

　衛生行政のうち、国は、医師、保健師などの国家試験や免許、医薬品などの製造業者について許可や免許などを行い、その他の衛生行政は、ほとんど、都道府県と市町村の手によって行われています。

　こうした衛生行政は保健所などを通じて行われています。保健所は、都道府県、政令指定都市、中核市、地域保健法施行令で保健所を設置することと定められている市又は特別区に設置され、第一線機関として健康診断、食品衛生関係の各種の仕事、衛生思想の普及、旅館、公衆浴場、理容院、美容院等の環境衛生関係業者の監視指導など極めて多方面にわたる仕事をしています。

　この保健所は、令和5年4月1日現在で、都道府県立352か所、政令指定都市立26か所、中核市立62か所、その他の市立5か所、特別区立23か所、合わせて468か所が設置されています。また、市町村における地域保健活動の拠点として、老人保健事業や母子保健事業など身近で利用頻度の高い保健サービスを住民に提供する市町村保健センターは、令和5年4月1日現在で2,419か所が設置されています。

　また、市町村が行う最も基礎的な仕事の一つに、ゴミやし尿の処理があります。

　令和3年度におけるごみ総排出量は4,095万トン（東京ドーム約110杯分）、1人1日当たりのゴミの排出量は890グラムとなってい

ます。廃棄物の適正な処理は、衛生水準の向上ばかりでなく、街の景観の美化、快適な日常生活の維持などその果たす役割には大きなものがあります。

経費別にみた衛生費の内容は図３－３のとおりで、都道府県、市町村ともに公衆衛生費の割合が大きくなっています。

図３－３　衛生費の目的別内訳

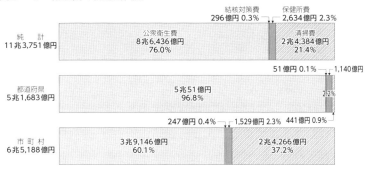

3　労働

地方公共団体は、就業者の福祉向上を図るため、職業能力開発の充実、金融対策、失業対策等の施策を行っています。

これらの諸施策に要する経費である労働費の令和３年度の決算額は2,832億円となっています。

一方、労働費の性質別経費の内訳は図３－４のとおりであり、物件費等が29.8％を占め、以下、人件費、補助費等の順となっています。

図３－４　労働費の性質別内訳

環境の保全

　公害対策の推進をはじめ環境の保全を図ることは、地方公共団体が先駆的に取り組んできた重要な仕事です。特に最近は、地球温暖化を始めとする世界規模での環境問題が大きくクローズアップされるようになり、人類社会の維持可能な発展を図る上で、環境の保全は、ますます重要になっています。

　このような中で、地方公共団体は、地域の環境を保全することを目的とする様々な施策を推進しています。具体的にいいますと、まず大気汚染防止対策としては、汚染物質を排出するおそれのある施設の監視等を行っています。また、水質汚濁防止対策としては、汚濁物質の排出規制をしたり、生活雑排水対策や下水道の整備を推進したりしています。さらに、農用地の土壌汚染対策、騒音防止対策、振動防止対策、地盤沈下防止対策、悪臭防止対策その他の公害対策も地方公共団体の重要な仕事です。加えて、地方公共団体は、県立自然公園の指定、鳥獣保護区の指定等の自然環境保全対策にも取り組んでいます。また、環境への負荷の少ない、自然と調和した環境型社会の形成を推進するため、廃棄物の発生抑制、リサイクルの推進にも力を入れています。地球温暖化防止対策のような地球環境問題への対応も、地方公共団体の重要な施策となってきています。

産業の振興

　農林水産業の効率的な経営を進め、同時に我が国における食料の安定供給を図ることも地方公共団体の重要な任務です。

　さらに、商工業の経営の合理化を図るため中小企業に指導をしたり、融資したり、企業誘致活動を行ったり、観光振興施策の推進を行ったりすることも地方公共団体の大事な仕事です。

　これら産業経済振興のための施策は、自然的・社会的条件などの特性に応じて、地域ごとにその重点の置き方や予算の振り分け方が大きく異なっているのが特色です。

1　農業の振興

　農業行政の主眼は、従来は、生産性の向上や農産物の価格安定にありましたが、平成11年に農業基本法が廃止されるとともに、新たに食料・農業・農村基本法が制定され、現在は、食料の安定供給の確保、自然環境の保全等多面的機能の発揮、農業の持続的な発展、農村の振興などにウエイトが置かれています。

　地方公共団体は、このような農業行政を実施するため、生産基盤の整備、構造改善、消費流通対策、技術の開発及び普及などといった様々な施策を展開しています。

　我が国の耕地面積は、約435万ヘクタールで国土の約11.7％を占めており、これを耕して生活をしている農業就業者数は、令和2年度で約136万人となっています。農業就業者数は、高度成長時代を通じ、農業の働き手が都市へ出て行ったため大幅に減少しました。安定成長時代になっても農業労働者の高齢化が進行しており、担い手の確保が大きな課題となっています。

　なお、令和3年度に地方公共団体が支出した農林水産費は、約3兆3,045億円となっています。その内訳は図3－5のとおりで、都道府県では農業基盤整備等に要する経費である農地費が最も多く、林業費がこれに次ぎ、市町村では、農業改良普及事業、農業構造改善事業等に要する経費である農業費が最も多く、農地費がこれに次いでいます。

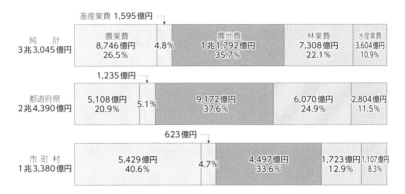

図3－5　農林水産業費の目的別内訳

純　計
3兆3,045億円

畜産業費 1,595億円

| 農業費 8,746億円 26.5% | 4.8% | 農地費 1兆1,792億円 35.7% | 林業費 7,308億円 22.1% | 水産業費 3,604億円 10.9% |

都道府県
2兆4,390億円

1,235億円

| 5,108億円 20.9% | 5.1% | 9,172億円 37.6% | 6,070億円 24.9% | 2,804億円 11.5% |

市町村
1兆3,380億円

623億円

| 5,429億円 40.6% | 4.7% | 4,497億円 33.6% | 1,723億円 12.9% | 1,107億円 8.3% |

2　林業の振興

　我が国の森林面積は、全国土の66.3％に当たり、2,505万ヘクタールに達しています。

　これを所有形態別にみますと、国有林は758万ヘクタール、民有林は1,747万ヘクタールとなっています。

　平成13年に林業基本法が改正され、新しく森林・林業基本法となりました。これにより現在の林野行政の主眼は、国土の保全、水源のかん養、自然環境の保全、地球温暖化の防止、林産物の供給等森林の有する多面的機能が発揮されるよう森林の適正な整備・保全を図るとともに、林業の持続的かつ健全な発展を図ることにウエイトが置かれています。

　地方公共団体は、このような林野行政を実施するため、地域森林計画や市町村森林整備計画に関する事務、保安林の整備、治山事業、構造改善、担い手対策、消費流通対策などの様々な施策を展開しています。

3　水産業の振興

　我が国の漁業・養殖業生産量は、令和 2 年度は約423万トンとなりました。

　漁業就業者は令和 2 年度に約13万 6 千に上っていますが、大部分を占める個人経営の漁家は極めて零細なものが多く、そのほとんどが沿岸漁業に依存している状態です。

　地方公共団体の仕事としては、沿岸漁業の振興のため、漁港の整備や漁ろう技術の近代化、漁礁の増設などの諸事業を行うことや、これに並行した零細な沿岸漁家に対する各種の対策が主なものとなっています。

　海洋200海里時代を迎えた後の漁業は、様々な規制が各国で採られるようになって、魚をこれまでのように多く獲ることは困難な状況になっており、我が国の200海里水域の十分な活用を図るとともに、環境との調和に配慮した養殖業の積極的展開により、水産物の安定した供給を確保することが大切です。

　令和 3 年度に地方公共団体が支出した水産業費は、約3,604億円となっています。

4　商工業の振興

　国及び地方公共団体は、商工業の振興のため種々の施策を講じています。我が国の産業構造の特徴として、資本集約的な生産性の高い大企業と労働集約的な生産性の低い中小企業との二種構造になっていることが指摘されていますが、地方公共団体の行政としては、中小企業の育成・指導のウエイトが高くなっています。地方公共団体は、その他にも、消費流通対策、観光の振興などのための施策を実施しています。

都道府県が行っている主な仕事は、中小企業に対する経営や技術の指導、各種の試験研究、設備の近代化に要する資金の助成やあっせん、物産のあっせん・紹介、観光施策の総合調整などであり、市町村の主な仕事は、商工業に関する調査や商工業の振興奨励、観光資源の宣伝、整備などです。

　中小企業者への間接的な低利融資などの政策融資（協調融資）のための金融機関への預託や信用保証協会への出資をしたり、中小企業者が金融機関から融資を受ける場合に金融機関に対して損失補償をしたり、あるいは総合的な起業支援や、大学・産業界と連携した新規産業の創出なども、地方公共団体の最近の大きな仕事になってきています。

　令和３年度に地方公共団体が支出した商工費は、約14兆9,802億円となっており、その内容は、図３－６のとおりです。なお、令和３年度は、営業時間短縮要請に応じた事業者に対する協力金の給付などの新型コロナウイルス感染症対策のため、補助費等が令和２年度比164.3％増となっています。また、制度融資の減少により、貸付金は令和２年度比13.0％減となっています。このため令和３年度は、貸付金と補助金等がほぼ同額となっていますが、例年は、貸付金が全体

図３－６　商工費の性質別内訳

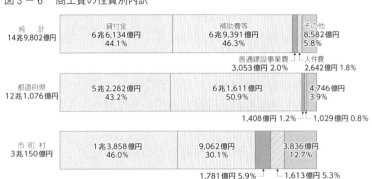

の約3分の2、補助金等が約1割を占めています。

第4節 地域発展の基盤整備

　地方公共団体は、地域を住みよく、快適なものとするために様々な社会資本の整備事業を行っています。例えば、道路や河川などの建設・改良を進めたり、都市の街路や公園を整備したり、住宅を建設したりしています。地方公共団体のこうした土木費の内訳は、図3−7のとおりです。

図3−7　土木費の目的別内訳

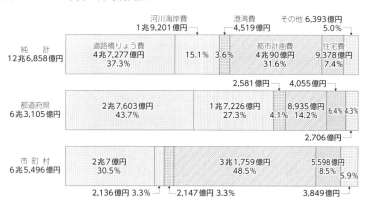

1　都市計画

　「都市計画」とは、都市の発展を計画的に誘導し、秩序ある市街地の形成を図ることにより、市民の健康で文化的な生活と、機能的な活動を確保することを基本として定められる土地利用、都市施設、市街地開発事業等の計画のことをいいます。

　まず、一体の都市として総合的に整備、開発及び保全する必要があ

表 3 － 1　都市計画区域の指定状況

（令和 3 年 3 月31日現在）

| | 都　市　数 | | | | 都市計画
区 域 数 | 面　積
（k㎡） | 現在人口
（万人） |
	市	町	村	計			
都市計画区域（A）	787	529	36	1,352	1,001	102,762	11,962
区域区分対象	441	173	11	625	256	52,170	8,926
全国市町村数（B）	793	743	183	1,719	—	377,974	12,665
A／B（％）	99.2	71.2	19.7	78.7	—	27.2	94.4

（注）東京都区部は 1 市と見なして計上。

表 3 － 2　市街化区域及び市街化調整区域の決定状況

（令和 3 年 3 月31日現在）

区　分	都市計画 区域数	区域内 都市数	区域区分対象 面積 （ha）[a]	市街化区域 面積 （ha）[b]	市街化調整 区域面積 （ha）	b/a
決定済	256	625	5,216,992	1,453,194	3,763,798	27.9%

表 3 － 3　主な都市施設の決定状況

（令和 3 年 3 月31日現在）

| 施設区分 | 都市数 | 面積・延長等 | | | 箇所数 | |
		単位	計画	供用又は完成 （概成含む）	計　画	供用又は完成 （概成含む）
道　　　路	—	km	71,478.0	47,859.6	—	—
都市高速鉄道	175	km	2,352.5	2,063.9	377	—
自動車駐車場	210	ha	271.8	248.8	474	—
公　　　園	—	ha	111,601.4	79,548.9	40,477	38,771
緑　　　地	628	ha	58,395.8	18,745.3	2,483	2,286
公共下水道	—	m	92,290,577	86,567,804	—	—
流通業務団地	21	ha	1,754.7	—	26	—

る区域である都市計画区域の指定状況は、表 3 － 1 のとおりです。都市計画区域は、既に市街地を形成している区域及びおおむね10年以内に優先的かつ計画的に市街化を図るべき区域である市街化区域と、市街化を抑制すべき区域である市街化調整区域に区分されており、その決定状況は表 3 － 2 のとおりです。

　また、都市計画には、その年に必要な道路、公園、下水道等の都市

表 3 － 4　　主な市街地開発事業の決定状況

（令和 3 年 3 月31日現在）

	都市数	地区数	計画面積（ha）
土地区画整理事業	969	5,132	278,769.8
新住宅市街地開発事業	36	48	15,358.0
工業団地造成事業	41	55	8,587.2
市街地再開発事業	298	1,232	1,767.7
住宅街区整備事業	4	5	43.4

施設が定められていますが、主な施設の計画決定及び事業の決定の状況は表 3 － 3 のとおりとなっています。このうち市街地開発事業は、都市における面的整備事業であり、現在、土地区画整理事業、新住宅市街地開発事業、工業団地造成事業、市街地再開発事業、新都市基盤整備事業及び住宅街区整備事業といった種類がありますが、その決定状況は表 3 － 4 のとおりとなっています。

2　道路

　我が国の道路は、道路法によって高速自動車国道、一般国道、都道府県道、市町村道の 4 種類に区分されています。そして、高速自動車国道は国土交通大臣が、一般国道は原則として国土交通大臣（その一部については都道府県又は政令指定都市）が、都道府県道は都道府県又は政令指定都市が維持管理し、市町村道は、市町村が維持管理することとなっています。これらの道路のうち、国道はわずかで、ほとんどは都道府県道と市町村道です。

3　河川

　河川に関する仕事は、河川の維持管理、河川の改良及び水防などです。

　河川の種類は、河川法の適用を受ける 1 級河川と 2 級河川、河川法

の規定を準用する準用河川、河川法の適用を受けない普通河川の４種類に分けられます。これらは、国土保全とか国民経済からみた重要性、公共の利害との関連性などを考慮して指定されています。これら河川の管理については、１級河川は国土交通大臣、都道府県知事又は政令指定都市の長、２級河川は都道府県知事又は政令指定都市の長、準用河川は市町村長がそれぞれ行うこととされています。令和４年４月現在において、河川延長は、１級河川が88,092km、２級河川が35,868km、準用河川が20,089kmとなっています。

河川の管理は、災害の防除の上からも極めて大切なことです。また、洪水による災害を防ぐとともに、農業や水道、工業用水など水を総合的に利用するためにダムも数多く建設されています。これらの種々の目的にかなうように総合的に計画されるダムは多目的ダムといいます。

最近では、河川は、住民にとって、やすらぎといこいのある快適な環境（アメニティ）を提供してくれる場としても見直され、こうした見地に立った整備が進んでいます。

4　その他の土木行政

地域の健全で秩序ある発展を図るために、地方公共団体は、都市計画、道路、河川のほかにもいろいろな公共事業関係の整備を行っています。

具体的には、住宅建設、下水道整備、港湾施設、海岸事業、治山事業、森林整備、漁港整備などの整備が着実に推進され、人々がどこに住んでも充実した生活を送ることができるような様々な条件整備が進められています。

第5節 教育文化の振興

1 教育

　教育は、地方公共団体の最もウエイトの大きい仕事の一つです。戦後の制度の改革によって6・3・3・4制の学校制度が採用されています。この新制度の下に9か年の義務教育が定着し、教育の機会均等は大きく促進されました。学校教育の普及度は、欧米諸国と比べても高い地位を占めるに至っています。また、教育の仕事を地方公共団体が自主的な立場で民主的に行えるよう、昭和23年から地方公共団体に教育委員会が設けられています。

　この学校制度の中で、義務教育は、最も基本的なものであり、住民と密接な関係を持っていますので、原則的に市町村が小学校及び中学校を設置することになっています。

　高等学校は、国、地方公共団体、学校法人のいずれが設置してもよいこととされていますが、地方公共団体、特に都道府県の設置するものが最も多くなっています。さらに、特別支援学校は、都道府県が設置することとされています。

　このほか、小学校から中学校までの義務教育を一貫して行う義務教育学校、中高一貫教育を行う中等教育学校、高等教育を行う大学なども地方公共団体により設置・運営されています。

　地方公共団体の教育費の総額は、令和3年度で約17兆7,896億円で、地方公共団体の歳出の14.4%に当たっています。また、都道府県と市町村では、前者が10兆2,685億円、後者が7兆6,676億円で、都道府県が市町村の1.3倍程度の経費を支出しています。地方公共団体のこうした教育費の内訳は図3-8のとおりです。

　教育費の内容を見ると、都道府県では、その72.8%が教職員の給

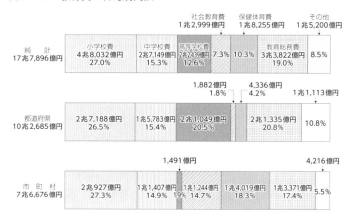

図 3 － 8　教育費の目的別内訳

料であり、市町村では、その21.5％が小・中学校などの建設費です。

　令和３年度の小・中学校の数などは、次のとおりです。小学校数は19,336校、児童数はおよそ622万人でそのほとんどは市町村立です。中学校は10,076校で、生徒数はおよそ323万人でこれもほとんどが市町村立です。高等学校は、4,856校、生徒数は301万人です。高等学校を設置者別にみると公立が66.1％で最も多く、私立が33.6％、国立はごくわずかとなっています。

2　文化

　近年、生活のゆとりや心の豊かさを求める傾向を反映して、社会全体で文化振興が進められています。地方公共団体は、文化財保護をはじめとする文化行政を担ってきましたが、今日では、地域における個性豊かな文化芸術の振興、文化を支える人材の育成などが大きな課題となっています。

　公立文化施設は、地域文化芸術の拠点として、住民に対し音楽、演劇等の舞台芸術の鑑賞機会や文化活動の成果の発表の場を提供するなど、地域の文化芸術の水準の向上を図る上で重要な役割を担っていま

す。

　令和 3 年度末現在、県民会館、市民会館及び公会堂は3,582箇所（前年3,540箇所）で、その面積は1,483万㎡（前年1,468万㎡）となっております。

　また、図書館は、令和 3 年末現在で3,316館あります。

第6節　安全な生活の確保

　近年、国民生活を取り巻く環境は、大きく変わってきました。国民の生活水準は上昇し、交通などの都市機能も以前と比べると目覚ましい発達を遂げ、日常生活はより快適に、便利になりました。その反面、いろいろな新しい危険が生じてきています。犯罪の凶悪化、組織化、広域化が一層深刻化するとともに、東日本大震災に代表されるように、災害は大規模化し、一度に多くの人々の生命が危険にさらされたり、奪われたりする事例も発生しています。

　人命の安全は、全てに優先されなければなりません。国民生活の安全を確保する対策は、その目的によって危険や災害の発生そのものを防止する方法と発生した災害による被害を最小限にくいとめる方法とに分けられます。

　消防や警察、さらに、住民で結成されている防災組織など多くの関係機関が、国民生活の安全を確保するため、日夜努力を続けているのです。

1　警察

　警察行政は、戦前は国が直接行っていましたが、戦後は、そのほとんど全てを都道府県が行っています。

321

国の機関としては、国家公安委員会と警察庁があって、警察制度全体の企画や調整などの仕事と、教養、通信、鑑識などの仕事を行っていますが、その他の住民の日常生活に直接関係のある警察活動は、全て都道府県の仕事です。

　都道府県には、公安委員会と警察本部があり、その下に警察署、交番又は駐在所が置かれています。東京都の警察本部だけは、特に警視庁と呼ばれています。令和4年4月現在における警察署の数は1,149、警察職員総数は25万9,089人（令和4年度定員）です。警察官は、巡査、巡査部長、警部補、警部、警視、警視正、警視長、警視監及び警視総監の階級に分かれていますが、警視正以上は国の職員であり、警視以下は、都道府県の職員とされています。

　令和3年度における都道府県の警察費の決算額は、3兆2,923億円となっています。

2　消防

　消防は、火災や地震、風水害などの災害から住民の生命、身体及び財産を守る仕事です。

　消防行政は、戦前は、国家消防として、警察が担当していましたが、戦後は、市町村が受け持つことになっています。

　なお、特別区の消防は、消防組織法の規定により特別区が連合して設置する機関ですが、その管理は東京都知事が行い、名称は東京消防庁と呼ばれています。東京消防庁は、消防組織法では、特別区の消防本部ですので、市町村の消防本部（消防局）と同じ位置付けとなります。また、東京都の市町村（島しょ部を除く。）のほとんどが、消防事務を東京消防庁へ委託しています。

　市町村では、火災を予防するための必要な措置を命じたり、火災の発生のおそれのある建物や公衆の多数出入りする場所の立入検査をし

たり、警報を発して火災の警戒をしたり、消火活動を行ったりするほかに、災害の時の水防や人命救助、急病の時の救急業務などを行っています。

　市町村における消防体制は、大別して①消防本部及び消防署のいわゆる常設の消防と、②常設ではない自衛消防としての消防団とがあります。近年は、消防を常備している市町村が増え、令和4年4月現在、常備化市町村数は1,690市町村となり、常備化率は、市町村数で98.3％に達し、人口の99.9％が常備消防によってカバーされており、全国的にみた場合、主に山間地、離島にある町村の一部を除いては、ほぼ常備化されるにいたっています。また、平成18年に消防組織法が改正されて以来、各都道府県において、消防広域化推進計画に基づき、市町村消防の広域化が進められています。

　一方、非常備の消防機関である消防団は、ほとんどの市町村において常備消防と併存して置かれています。そして、それを支える消防団員はそれぞれ職業を持つかたわら「自らの地域は自らで守る」という郷土愛護の精神に基づいて参加し、地域住民を守るため昼夜を問わず消防活動にあたっています。令和4年4月1日現在、全国に78万人弱の消防団員がいますが、少子高齢化による若年層の減少、就業構造の変化等の社会環境の変化に伴い、年々減少が続いています。消防団は常備消防と連携して活動していますが、常備消防と比べて、即時対応力、要員動員力、地域密着力に特徴があり、地域防災力の中核として欠かせない存在です。近年、東日本大震災という未曾有の大災害をはじめ、これまでにあまり経験したことがない台風、集中的な豪雨、大雪、竜巻などが次々に発生し、さらに近い将来の大規模な地震発生も危惧されていることから、地域に密着し相当数の人員をもつ消防団の役割はますます重要になっています。こうした状況を背景に、平成25年に制定された「消防団を中核とした地域防災力の充実強化に関

する法律」の趣旨を実現し、住民の積極的な参加の下に消防団を中核とした地域防災力の充実強化を図り、住民の安全の確保を進めていくことが喫緊の課題となっています。

　なお、消防についての国の機関としては、総務省の外局として消防庁があり、消防制度全体の企画や調整などの仕事を行っています。

　令和3年度における市町村の消防費の決算額は2兆40億円となっています。

3　災害対策

　災害の防除も、地方公共団体の大切な仕事です。災害対策基本法は、防災全般を通じる総合的な防災組織として、国に中央防災会議、都道府県に都道府県防災会議、市町村に市町村防災会議を設置することとし、行政機関のほか、日本赤十字社など関係公共機関の参加を得て、それぞれ災害予防、災害応急対策及び災害復旧の各局面に有効に対処するための防災計画の作成と、その円滑な実施を図ることを定めています。

　また、災害に際して防災上必要がある場合には、国に特定災害本部、特別の対応が必要な場合においては非常災害対策本部、特に異常で激甚な災害緊急事態においては緊急災害対策本部を、都道府県及び市町村においては災害対策本部を設けて対策を推進することにしています。

　災害による被害を最小限にするためには、防災機関による十分な連携活動が必要なことはもちろんですが、日頃から防災訓練を実施し、非常時に備えた実践的な能力を養っておくことが肝要です。また、都市計画や土地利用においても、防災面を十分考慮し、災害に強い安全なまちづくりを推進していくことが必要です。

　近年、東海地震、東南海・南海地震、日本海溝・千島海溝周辺海溝

型地震及び首都直下地震の発生が指摘されており、これらの地震災害
やその他の自然災害による被害を最小限にするためには、消防団や自
主防災組織を含めた十分な連携活動が必要なことはもちろんですが、
日頃から防災訓練を実施し、非常時に備えた実践的な能力を養ってお
くことが肝要です。

　災害が発生すると、まず第一に被災者に対して応急的な救助の手を
さしのべ、被災者の保護と社会の秩序の保全が図られなければなりま
せん。これを災害救助といい、被災者の救助、医療、埋葬、炊出し、
被服寝具の供与、応急仮設住宅の供与などの応急救助が行われます。
災害救助は、被災地の都道府県知事が行い、市町村長が知事を助ける
こととされています。救助に要する費用は、都道府県の負担となりま
す。

　次に災害復旧があります。災害の復旧は、１箇所の工事費が一定額
に満たない小規模なものを除き、国がその費用の一部を負担して実施
されます。

　災害の復旧は、壊れた施設を原形に復旧することが原則ですが、再
び同じような被害を受けないように改良して復旧することも場合に
よっては可能です。そして、被災年を含めて３年以内に復旧を完了す
るようにすることを原則として、復旧事業の早急な推進が図られてい
ます。

　災害は突然襲ってきて、その爪跡は極めて大きく、しかもどうして
も復旧しなければならないものです。したがって、災害の応急対策や
復旧事業を実施するための費用は、しばしば地方公共団体の手に負い
かねる場合があります。そこで、地方公共団体が負担する公共土木災
害の復旧事業費に対しては、その額が地方公共団体の財政力に比べて
大きくなればなるほど、大きな比率で国が費用を負担する仕組みに
なっています。

地方公営企業の経営

　地方公共団体が行う仕事に要する費用は通常税金で賄われますが、中には、住民にサービスを提供し、その対価として料金を徴収し、その収入で事業運営に必要な経費を賄うことを原則としている仕事があり、地方公共団体が行うこのような種類の仕事を地方公営企業と呼びます。

　地方公営企業として行われている代表的な事業を挙げますと、水道、交通、病院、下水道、工業用水道、電気、ガス、市場、と畜場などがあります。また、地域の実情に応じて、各種の観光、宅地造成なども行われています。

　地方公営企業は、地方公共団体の経営する企業ですから、公共の福祉の増進をその本来の目的としています（公共性）。しかしながら、同時に企業としての採算性も必要であり、企業としての経済性が発揮されなければなりません。このため、水道、工業用水道、交通、電気、ガスといった主要な事業については、一般会計の方式とは違った民間と同じような複式簿記の会計方式を採用し、企業の経営状況がはっきり決算に表せるようになっています。また、仕事の内容が一般行政事務とは違って経済活動であり、経済情勢の変化に応じた機敏な活動が要求されるので、経営責任者として、民間企業の社長に当たる企業管理者を長の任命により設置することとし、企業運営についての広い権限を与えています。企業に従事する職員については、一般職の地方公務員とは異なり、国の現業職員と同じく、労働組合を結成し、団体交渉をして労働協約を締結する権利が与えられています。

　このように地方公営企業には、民間企業に近い諸制度が採用されており、民間企業と違い営利そのものを目的とするものではないとして

も、企業としての経済性を発揮できるような配慮がなされています。しかしながら地方公営企業の場合は、住民の福祉の増進のため、あえて採算のとれない事業をやらなければならない場合もあります。へき地の病院や下水道などはこの例であり、こうした場合は一般会計でも経費を負担するようになっています。

　令和3年度末において、地方公営企業を経営している地方公共団体の数は1,781団体あります。これらの団体が経営している地方公営企業の事業数は8,108事業で、前年度末と比べて57事業減少しています。これを事業別にみますと図3-9のとおりで、下水道事業が最も多く、以下、水道事業（簡易水道事業を含む。以下同じ。）、病院事業の順となっています。

図3-9　地方公営企業の事業数の状況

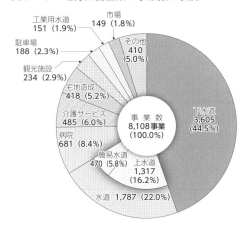

　民営を含めた公益事業全体において地方公営企業の占める地位を主な事業についてみると、
①　水道事業では、給水人口1億2,382万人のうち99.6％が公営
②　交通事業（バス）では、年間輸送人員34.7億人のうち19.9％が公営

③　病院事業では、全病院の病床数150万床のうち13.5％が公営と
なっています。

令和３年度の地方公営企業の決算規模は17兆9,766億円となってい
ます。これを事業別にみますと、図３－10のとおりであり、病院事

図３－10　決算規模の推移

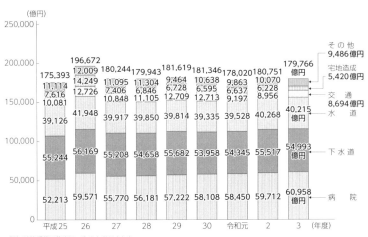

（注）決算規模の算出は、次のとおりとした。
　　　法適用企業：総費用（税込み）－減価償却費＋資本的支出
　　　法非適用企業：総費用＋資本的支出＋積立金＋繰上充用金

図３－11　建設投資額の推移

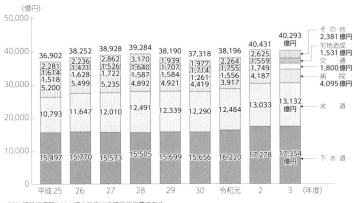

（注）建設投資額とは、資本的支出の建設改良費である。

業が最も大きな割合を占め、以下、下水道事業、水道事業、交通事業の順となっています。

　また、建設投資額は、図３－11のとおり、４兆293億円となっています。これを事業別にみますと、下水道事業が最も大きな割合を占め、以下、水道事業、病院事業の順となっています。

　令和３年度末における地方公営企業に従事する職員の数は42万6,762人となっています。

　これを事業別にみますと、病院事業が最も大きな割合を占め、33万6,079人、以下、水道事業４万344人、交通事業２万2,482人、下水道事業１万9,178人の順となっており、これら４事業で職員数全体の98.0％を占めています。

【参考文献】

「地方財政白書」総務省

「公共施設状況調経年比較表」総務省

「地方公営企業年鑑」総務省

「環境白書」環境省

「一般廃棄物処理事業実態調査」環境省

「食料・農業・農村白書」農林水産省

「森林・林業白書」林野庁

「水産白書」水産庁

「国土交通白書」国土交通省

「都市計画現況調査」国土交通省

「学校基本調査」文部科学省

「警察白書」警察庁

「消防白書」消防庁

「日本の図書館 統計と名簿 2021」日本図書館協会

第2章 地方分権の時代と地方公共団体の課題

　地方公共団体の仕事は、「ゆりかごから墓場まで」といわれるように、住民生活のあらゆる面に関係しており、地方公共団体が取り組まなければならない課題も無数にあるといってよいでしょう。しかも、21世紀に入り、時代は大きく変貌を遂げています。ここでは、地方公共団体が直面する課題として、地方分権の推進と地方創生の推進について取り上げ、そのような変化に応じて地方公共団体とその職員に求められるものについて触れて、本書のまとめとしたいと思います。皆さん方も、これらの課題に対して十分な認識を持ちながら、日々の仕事に取り組んでいただきたいと思います。

1　地方分権の推進

　グローバル化、人口減少・少子高齢化等といった社会経済情勢の変化に対応し、国民の多様なニーズに即応しつつ、国民がゆとりと豊かさを実感できる「個性豊かで活力に満ちた地域社会」を築き上げていくために、地域の総合的な行政主体である地方公共団体の果たすべき役割はますます大きくなっています。こうした中で国民の期待に応えていくため、住民に身近な行政は住民に身近な地方公共団体において処理することを基本に、地方分権の推進が図られてきました。

　これまでの地方分権の推進の取組を大まかにまとめると、第一地方分権改革と第二次地方分権改革及びそれ以降の取組に分けられます。第一次地方分権改革は、平成7年7月に成立した「地方分権推進法」（平成7年法律第96号）に基づく「地方分権推進委員会」の勧告事項

を中心に、平成11年7月に成立した「地方分権の推進を図るための関係法律の整備等に関する法律」（平成11年法律第87号。「地方分権一括法」といいます。）により具現化されました。その後の第二次地方分権改革は、平成18年12月に成立した「地方分権改革推進法」（平成18年法律第111号）に基づく「地方分権改革推進委員会」の勧告に基づき、第一次から第四次までの「地域の自主性及び自立性を高めるための改革の推進を図るための関係法律の整備に関する法律」（「分権一括法」といいます。）により具現化されました。この分権一括法は、その後も引き続き制定され、令和5年度の時点で第十三次までの分権一括法が制定されています。

(1)　第一次地方分権改革

　平成7年5月に、地方分権を総合的かつ計画的に推進することを目的とする「地方分権推進法」が制定され、この法律に基づいて発足した「地方分権推進委員会」において地方分権推進計画の作成のための具体的な指針が審議され、機関委任事務制度の廃止等を内容とする五次にわたる勧告が、内閣総理大臣に提出されました。また、政府においては、閣議決定により「地方分権推進計画」が作成されるとともに、平成11年7月には、「地方分権一括法」が制定され、平成12年4月に施行されました。

　この第一次地方分権改革の主な内容は次のとおりとなっています。

① 　機関委任事務制度の廃止

　地方分権一括法の施行により、これまで中央集権型の行政システムの中核的部分を形づくってきた機関委任事務制度が廃止されました。機関委任事務とは、国の事務を地方公共団体の長等の地方公共団体の機関に委任するものであり、主務大臣が包括的な指揮監督権を持つものでした。従前の機関委任事務は、国の直接執行事務とされたもの及び事務自体が廃止されたものを除いて、「自治事務」と「法定受託事

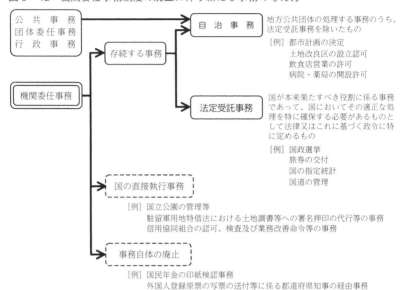

図 3 −12　機関委任事務制度の廃止に伴う新たな事務の考え方

```
公 共 事 務
団 体 委 任 事 務  ─────────→   自 治 事 務     地方公共団体の処理する事務のうち、
行 政 事 務                                 法定受託事務を除いたもの

               存続する事務                  [例]　都市計画の決定
                                                  土地改良区の設立認可
                                                  飲食店営業の許可
                                                  病院・薬局の開設許可

機関委任事務  ─────────→   法定受託事務    国が本来果たすべき役割に係る事務
                                               であって、国においてその適正な処
                                               理を特に確保する必要があるものと
                                               して法律又はこれに基づく政令に特
                                               に定めるもの

                                               [例]　国政選挙
                                                     旅券の交付
                                                     国の指定統計
                                                     国道の管理

             国の直接執行事務

             [例]　国立公園の管理等
                   駐留軍用地特借法における土地調書等への署名押印の代行等の事務
                   信用協同組合の認可、検査及び業務改善命令等の事務

             事務自体の廃止

             [例]　国民年金の印紙検認事務
                   外国人登録原票の写票の送付等に係る都道府県知事の経由事務
```

図 3 −13　機関委任事務と自治事務及び法定受託事務の法律上の取扱いの違い

	機 関 委 任 事 務		自 治 事 務	法 定 受 託 事 務
条 例 制 定	原則として不可 （地方公共団体の事務 ではないため）	⇒	法令に違反しない限り制定できる	法令に違反しない限り制定できる
議 会 の 権 限	・検閲検査権等は、自治法施行令で定める一定の事務（国の安全、個人の秘密に係るもの、地方労働委員会・収用委員会の権限に属するもの）は対象外 ・調査権の対象外	⇒	・原則として及ぶ 〔労働委員会・収用委員会の権限に属するものに限り対象外〕 ・条例による議決事件の追加可	・原則として及ぶ 〔国の安全、個人の秘密に係るもの、収用委員会の権限に属するものは対象外〕 ・条例による議決事件の追加については、政令で除外されているもの以外であれば可
監査委員の権限	自治法施行令で定める一定の事務は対象外	⇒		
行 政 不 服 審 査	国等への審査請求は原則として可	⇒	国等への審査請求は原則として不可	国等への審査請求は原則として可
国 等 の 関 与	包括的な指揮監督権個別法に基づく関与	⇒	関与の新たなルール（法定主義・必要最小限度の原則、関与の手続ルール等）	

務」という新たな事務区分に整理され、これに合わせて従前の団体事務に関する公共事務等の区分も改められ、全て「自治事務」に整理されました。

　これらの事務はいずれも「地方公共団体の事務」であり、地方公共団体においては、法令に違反しない限り独自の条例の制定が可能となるなど自己決定権が拡充し、これまで以上に地域の事情や住民のニーズ等を的確に反映させた自主的な行政運営を行うことができるようになりました（図３－12・図３－13参照）。

② 国と地方公共団体の関係についての新たなルールの創設

　地方分権一括法の施行により、国と地方公共団体の新しい関係を確立するため、機関委任事務制度の下における国による包括的な指導監督権を廃止し、「国の関与等の一般原則」に基づいて、新たな事務区分（自治事務と法定受託事務）ごとの「関与の基本類型」が、国と地方公共団体の関係を定める基本法である地方自治法において定められました。

　また、国と地方公共団体の関係の公正・透明性を確保するため、国の関与の手続と係争処理のための制度が定められました。

③ 権限移譲の推進

　地方公共団体の自主性・自立性を高める観点から、地方分権一括法の施行により国の権限が都道府県に、また、都道府県の権限が市町村に移譲されました。特に、住民に身近な地方公共団体である市町村への権限移譲を推進するため、市町村の規模に応じ、一括して権限の移譲を図る観点から、地方自治法等の改正により、人口20万人以上の規模の市に権限をまとめて移譲する「特例市」の制度が創設されました。

　また、都道府県から市町村への権限移譲を推進するため、「条例による事務処理の特例」の制度が創設されました。これらの制度によって、地域の実情に応じた事務の移譲が図られるようになりました。

④ 必置規制の見直し

　地方分権一括法の施行により、国が地方公共団体に対して、その組

織や職の設置を義務付けている「必置規制」について、地方公共団体の自主組織権を尊重する観点から、その廃止や緩和が図られました。これに伴い、地方公共団体は、それぞれの団体の状況に応じた行政の総合化・効率化を推進していくことができるようになりました。

⑤　国庫補助負担金の整理合理化と地方税財源の充実確保

「地方分権推進計画」では、地方公共団体の自主性・自立性を高めるとともに行政責任の明確化を図る観点から、国と地方公共団体の財政関係を見直し、財政面における地方公共団体の「自己決定・自己責任の原則」の拡充に向けた改革を推進することとしています。

これらについては、法定外普通税制度の創設など地方分権一括法で措置された事項や、一部の国庫補助金の廃止又は一般財源化など措置済みとなったものもありますが、抜本的な地方税財源の充実確保については、地方分権一括法施行後の大きな検討課題となり、①国庫補助負担金の改革、②税源移譲を含む税源配分の見直し、③地方交付税の改革の三つを一体的に見直す「三位一体の改革」が行われました。

⑵　第二次地方分権改革及びそれ以降の取組

第一次地方分権改革の後、平成18年12月に、これまでの地方分権の推進の成果を踏まえ、更なる地方分権の推進を目的として、地方分権改革を総合的かつ計画的に推進するための「地方分権改革推進法」が成立しました。同法は、地方分権改革の推進について、その基本理念や国と地方双方の責務、施策の基本的な事項を定め、必要な体制を整備するものです。第二次地方分権改革においては、同法に基づき設置された「地方分権改革推進委員会」による勧告を具体的な指針として、政府において講ずべき必要な法制上又は財政上の措置等を定めた「地方分権改革推進計画」を策定するという仕組みが採られました。この「地方分権改革推進委員会」は、平成19年4月に発足して以降、平成22年3月末に「地方分権改革推進法」が効力を失うまでの3年

間に、４つの勧告と２つの意見をそれぞれ時の内閣総理大臣あてに提出しました。

　政府においては、地方分権改革の総合的な推進を図るため、平成19年５月、閣議決定により、内閣総理大臣を本部長とし、全閣僚を本部員とする地方分権改革推進本部を設置し、平成21年12月には、「地方分権改革推進委員会」による勧告を踏まえた「地方分権改革推進計画」を閣議決定しました。同計画は、義務付け・枠付けの見直しと条例制定権の拡大、国と地方の協議の場の法制化等を取り上げており、同計画を踏まえ、「地域の自主性及び自立性を高めるための改革の推進を図るための関係法律の整備に関する法律」（平成23年法律第37号）が制定され、以降「地域の自主性及び自立性を高めるための改革の推進を図るための関係法律の整備に関する法律」（平成26年法律第51号）までの四次にわたる地方分権一括法により、地方に対する事務・権限の移譲及び規制緩和（義務付け・枠付けの見直し）について、具体的な改革が積み重ねられてきました。

　その後、平成26年には、これまでの成果を基盤とし、地方の発意に根差した新たな取組を推進することとして、「地方分権改革に関する提案募集の実施方針」（平成26年４月地方分権改革推進本部決定）により、地方分権改革に関する「提案募集方式」が導入され、その後の第五次地方分権一括法以降は、毎年度、地方分権一括法を制定し、地方公共団体からの提案に基づき、更なる事務・権限の移譲等が行われています。

■ 2　地方創生・デジタル実装の推進

　我が国は世界に類をみない急速なペースで人口減少・少子高齢化が進行しており、生産年齢人口の減少が、我が国の経済成長の制約になることが懸念されています。また、人口が減少する中で、地方の過疎

化や地域産業の衰退が大きな課題となっています。

　人口減少を克服し、将来にわたって成長力を確保するためには、地方に、「しごと」が「ひと」を呼び、「ひと」が「しごと」を呼び込む好循環を確立することにより、地方への新たな人の流れを生み出すこと、その好循環を支える「まち」に活力を取り戻し、人々が安心して生活を営み、子どもを産み育てられる社会環境をつくり出すこと（「まち・ひと・しごと創生」）が急務です。その実現に向け、平成26年11月には、地方創生の理念等を定めた「まち・ひと・しごと創生法」（平成26年法律第136号）及び活性化に取り組む地方公共団体を国が一体的に支援する「地域再生法の一部を改正する法律」（平成26年法律第128号）の地方創生関連2法が成立するとともに、政府は、同年12月に、日本の人口の現状と将来の姿を示し、2060年に1億人程度の人口を確保する長期展望を提示する「まち・ひと・しごと創生長期ビジョン」及びこれを実現するための今後5か年の目標や施策、基本的な方向を提示する「まち・ひと・しごと創生総合戦略」を閣議決定しました。さらに、「まち・ひと・しごと創生総合戦略」における最終年の令和元年12月に、政府は、「まち・ひと・しごと創生長期ビジョン」を改訂し、また、第2期「まち・ひと・しごと創生総合戦略」を閣議決定しました。

　その後、新型コロナウイルス感染症が拡大したことに伴い、観光業などの地方経済を支える産業への打撃や、地域コミュニティの弱体化等、地方の経済・社会は大きな影響を受けました。一方で、新型コロナウイルス感染症の影響により、デジタル・オンラインの活用が進み、地方でも、官民の様々な主体により、デジタル技術の活用が多方面で進みつつあります。

　このように、社会情勢がこれまでとは大きく変化している中、地域の個性を活かしながらデジタルの力によって地方創生の取組を加速

化・深化させていく必要があります。その実現に向け、政府は、令和
４年12月に、「デジタル田園都市国家構想」を閣議決定しました。

　デジタル田園都市国家構想においては、①地方にしごとをつくる、
②人の流れをつくる、③結婚・出産・子育ての希望をかなえる、④魅
力的な地域をつくるの４つの類型に分類して、取組を推進していま
す。デジタルの力を活用した地方の社会課題解決・魅力向上等につい
て、2027年までの成果指標を定め、それぞれに政策パッケージを示
しています。また、その進捗について、重要業績評価指標（KPI）で
検証し、改善する仕組み（PDCA サイクル）を確立することとして
います。

　地方公共団体においては、各団体がそれぞれの「地方版総合戦略」
を改訂するよう努め、具体的な地方活性化の取組を果敢に進めること
とされており、その際には、共通する社会課題を抱える地域において
は、デジタルの力も活用しながら、地方公共団体の枠組みを越えた地
域間の連携を推進していくことが重要とされています。

　国においては、デジタル実装の前提となる①ハード・ソフトのデジ
タル基盤整備、②デジタル人材の育成・確保、③誰一人とり残されな
いための取組の三つの取組を強力に推進することとしています。

　以上のように、地方公共団体は具体的な取組を進め、国は環境整備
を進めるという役割分担がありますが、国民が期待しているサービス
を提供するためには、デジタル技術を活用して、国・地方が一体的に
取組を実施することが必要です。国と地方公共団体が手を携えて、人
口減少克服・地方創生の実現に力強く取り組むことにより、活力ある
日本社会の未来を切り拓いていくことが期待されています。

3　地方公共団体に求められるもの

　地方分権の推進により、地方公共団体の「自ら治める」責任の範囲が拡大しています。すなわち、地方公共団体の条例制定権の範囲が広がることなどに伴い、地域住民の代表機関としての地方議会と首長の責任は、従来に比べて重くなっています。また、各地域の総力を挙げた「地方版総合戦略」の中心的な担い手として、地方公共団体には、それぞれの地域の将来を見据えた特色ある施策の展開が、一層求められています。

　このような中で、住民に身近な行政サービスを広く総合的に担う地方公共団体には、次のような事項に留意しつつ、住民の行政ニーズを迅速かつ的確に把握し、その行政に反映していくことがますます求められています。

⑴　住民参加・住民参画・公民連携の推進

　地方公共団体は、様々な情報をもとに、複雑・多岐にわたる行政を行っています。また、近年ではSDGs（持続可能な開発目標）への取組など世界的な標準にも沿った対応が求められます。その際、住民との協働、民間企業等の多様な主体とのパートナーシップによる施策の展開を図る必要があり、そのためには、住民や民間企業等の行政ニーズを的確に把握することはもちろんのこと、住民や民間企業等が必要なときに必要な情報を可能な限り得られるようにすることがその重要な前提となります。この際、デジタル技術を活用した効率的・効果的な取組を行うことも重要な観点です。

　真の住民自治を実現していくためには、住民意思の施策への反映や民間活動等との連携・協力を図っていくことが重要であり、広報広聴活動や情報公開の充実と併せて、住民参加・住民参画・公民連携を積極的に推進していく体制の整備と施策の充実が求められています。

(2) 地方行政の執行体制の見直し

　地方公共団体の役割がますます増大していますが、これに対応する地方公共団体の行政運営は、効率的なものでなければならないことから、縦割りの弊害を改め、組織や定員管理、施設管理の執行体制の徹底した見直しを引き続き推進するとともに、地域における官民連携体制を一層強化していく必要があります。また、職員数が減少することが見込まれ、職員の確保が難しくなる中、採用方法の見直しを行うことや男性職員の育休取得の推進、テレワーク機会の確保等の職場環境の整備にも取り組むことが求められています。

(3) DX の推進

　デジタル技術の活用がますます拡大していく中、効率的・効果的な行政サービスを提供するためには、地方公共団体においても、業務プロセスを見直し、デジタル技術を活用することを前提とした行政運営が求められています。

4　職員に求められるもの

　地方公共団体の改革の実現のためには、その担い手である職員自身にも、自らの意識や行動を変革していくことが求められます。

　地方公共団体は、今後、日常の事務の執行はもとより、困難な事態に直面した場合等においても、主体的に自ら判断することが必要となります。特に今日では、深刻な財政難などの課題が山積している中で、地方公共団体の職員には、次のような事項に留意しながら、その意識や行動の改革を主体的に進めていくことが強く求められています。

(1) 政策形成能力や政策法務能力の向上

　地方公共団体が、地域における行政を主体的かつ総合的に担っていくに当たり、その地方公共団体独自の政策目標を企画立案し、それを遂行することができるよう、「政策形成能力」の向上を図っていくこ

とがますます重要となっています。

　また、条例等の自治立法の役割がますます重要となっていることに伴い、地方公共団体においては、自主的に決定できる行政の範囲などを正確に見極め、法的なルールづくりができる「政策法務能力」を磨くことも期待されています。

⑵　住民の視点に立った仕事の企画と実施

　国の法令や通知を読みこなして実践していくことにとどまらず、地域社会に目を向けて、現地を視察したり、対話を重ねること、統計や調査結果の分析に基づく課題抽出を行うことなどにより、住民の真の行政ニーズを汲み上げていく一層の努力が必要です。例えば、いつ、誰が、どのように、何の行政サービスを使うのか、具体的な事例を考えることは、行政ニーズの把握のために効果的です。この際、特に行政手続については、自らも一人の住民として手続をしますが、その自らの体験から課題（こうなったら「ラク」）を見つけることが、行政内でのDXを進めるきっかけになります。そして、国の制度を最大限に活用しながら、住民の行政ニーズに沿った施策を企画立案し、その実現に向けてねばり強く取り組んでいく姿勢が望まれます。

　特に、日頃から地域の住民と密接に関わる機会の多い市町村職員においては、これまで以上に住民とともに地域社会の問題を考え、生活感覚を磨き、住民の視点に立って仕事に取り組むことがポイントとなります。

⑶　積極的な自己啓発の努力等

　地方公共団体の在り方、そこに働く職員の在り方を常に見直すとともに、課題解決に向けて自らの知識や能力を引き出すことができるよう、職業人としてあらゆる面で不断の自己啓発を行う努力が必要です。また、より良い行政サービスを提供するためには、縦割り行政の弊害をなくし、地方公共団体内での横の連携を密にすることはもとよ

り、他の地方公共団体の動向等にも十分注意を払い、日頃から職員同
士や民間企業等の他の業種の職員とのネットワークを作っておくな
ど、情報収集に努めることが重要です。

地方公務員フレッシャーズブック（第6次改訂版）

令和5年12月25日　第1刷発行

編　集　自 治 研 修 研 究 会

発　行　株式会社　ぎょうせい

〒136-8575　東京都江東区新木場1-18-11
URL：https://gyosei.jp

フリーコール　0120-953-431

ぎょうせい　お問い合わせ　検索　https://gyosei.jp/inquiry/

©Jichikensyukenkyukai　2023　Printed in Japan

印刷・製本　ぎょうせいデジタル（株）

＊乱丁、落丁本はお取り替えいたします。

ISBN978-4-324-11364-6
(5108922-00-000)
〔略号：フレッシャーズブック（6訂）〕